操盘名家华南课堂内部培训资料
新股民入市交易技术必备基本功

股市交易
实战指南

GUSHIJIAOYI
SHIZHANZHINAN

铁手◎著

SPM
南方出版传媒
广东经济出版社
·广州·

图书在版编目（CIP）数据

股市交易实战指南／铁手著．—广州：广东经济出版社，2015.7
ISBN 978－7－5454－3903－8

Ⅰ．①股…　Ⅱ．①铁…　Ⅲ．①股票交易－指南　Ⅳ．①F830.91－62

中国版本图书馆CIP数据核字（2015）第030901号

出版发行	广东经济出版社（广州市环市东路水荫路11号11～12楼）
经销	全国新华书店
印刷	广州家联印刷有限公司 （广州市天河区东圃镇吉山村坑尾路3－2号）
开本	730毫米×1020毫米　1/16
印张	15.5　1插页
字数	254 000字
版次	2015年7月第1版
印次	2015年7月第1次
印数	1～5 000
书号	ISBN 978－7－5454－3903－8
定价	45.00元

如发现印装质量问题，影响阅读，请与承印厂联系调换。
发行部地址：广州市环市东路水荫路11号11楼
电话：（020）38306055　37601950　邮政编码：510075
邮购地址：广州市环市东路水荫路11号11楼
电话：（020）37601980　营销网址：**http://www.gebook.com**
广东经济出版社新浪官方微博：**http://e.weibo.com/gebook**
广东经济出版社常年法律顾问：何剑桥律师

前言

不论做什么工作，我们都需要一个学习和练习的过程。炒股，更是一项需要融合多种技术并非常考验心理素质的工作。当然，你也可以说它是一项游戏，一项博弈游戏。面对这项游戏，要想通观全局，把握战机，并且安然胜出，那也是需要很好的心理素质和炒股技术的。

可是，在笔者接触的股民朋友中，几乎有半数的人是连均线是什么都不知道的，其他的倒知道点技术指标的用法，但是真正拥有自己的交易系统，有明确的交易计划且能严格遵守交易纪律的人，真的是微乎其微。大多数人都是凭感觉或听推荐来购买股票。难道在所有的专业工作中都需要经过几年甚至更长的时间去学习，而在股票市场中却不需要吗？显然不是这样的。投资者更需要学习，更需要培训。在很多工作中，做不好可能只是不赚钱，然而在股海里驰骋，做不好就是要亏钱的。

根据我多年与股民朋友接触的经验，在实际操作中，绝大部分交易者是常年保持亏损的状态的，而很多飞涨的牛股，大家不是没有买到过，只是买了却未必能享受到牛股飞涨后的成果。也有些是经常能赚点小钱的，但每回都是赚一点点就走了，而亏损的交易却是经常发生的。还有些人很有耐心，但每每都是买的跌势股，越持有亏得越多。那么，要如何才能做到赚多亏少，买了牛股就要分享到牛股的上涨，买了弱势股就要将亏损降到最低呢？这就要求投资者必须学会并熟练掌握股市投资中的方法和技术，有一个良好的心态，能够严格地遵守交易纪律，要在不断的操作中总结经验，并将这些经验积累起来，融入自身的股市操作中去。

炒股这门课说难则难，说简单其实也简单。如何进行学习呢？

一、端正炒股的观念。炒股是为了什么？赚钱。是的，但是赚钱要订立一个合理的目标，连股神巴菲特平均年收益率都不过是30%，我们就不能要求太高。尤其是初级投资者，只要自己开始能保本就是很不错的成绩了，不能上来就指望日进斗金。另外，不能过于依赖专家朋友的推荐，要学可以跟他们学习选择股票的思路和方法，不可偷懒，总是实施“拿来主义”。这样，出现错误了还不知错在哪里，碰巧赚钱了也不知是如何赚来的。

二、好好学习股市分析技术。像K线组合、形态、均线、趋势线、波浪理论、技术指标等这些经典的技术分析理论，都是技术分析的基础，需要好好学习。在掌握基础的东西之后，再学习各种招法，然后找到适合自己操作的方法，并把这个方法运用纯熟，形成自己的交易系统。

三、强有力的纪律性。一旦形成了自己的交易系统，就要严格地去执行。在每次操作之后检验自己的系统，把问题记录下来，好的要发扬，不好的要改善，经过长时间多次的改进，让系统趋于完善。不要朝秦暮楚，一会用这招，一会又用那招，那样终难得到长进。把一个系统一以贯之，是最能提升成功率的。

把这三点做到了，炒股赚钱将不是问题，而是水到渠成的事情了。

本书总结了我们在培训过程中的一些学员提出来的常见问题，这些问题都是学员在实际操作中所产生的。全书包括三个部分：炒股观念篇、炒股技能篇和炒股实战解读篇。在这三个部分里，在每一个问题中，为学员作实战性的解答，使大家明其然并明其所以然。希望通过本书，也能给股民读者解开一些疑惑，也不枉本书的出版了。原是培训课程的内容，根据当时学员的情况所设，有未尽然的内容，还请读者海涵。

最后，愿股民朋友旗开得胜，赚个盆满钵满！

铁　手

目录

第一部分　观念篇

第二部分 技能篇

第三部分 实战解读篇

第一部分

观念篇

如何炒股才能赚钱

A 先生： 我从 2007 年开始利用业余时间炒股，算来也有三年多的炒股经历了。可是，至今我不仅仍然无法稳定地赚钱，而且账户总体还是亏损的。因此，想问一下炒股赚钱的诀窍是什么？有什么办法可以快速提高炒股的水平？

铁手： 天下熙熙，皆为利来；天下攘攘，皆为利往。每个进入股市的人都是为了赚钱，不过真正能从股市中赚钱的人少之又少，这就是股市的残酷之处。要想在如此恶劣的环境中生存下来，除了提高自身的修养，别无他法，不知这能不能算是诀窍？

如果认同这一观点，我们就可以聊聊炒股赚钱的四大要素：技能、交易系统、纪律和心态。

1. 技能

首先谈谈炒股的技能，像基本分析、技术分析、资金管理、风险管理等都算是炒股的技能。这是炒股的基础！很多投资者连什么是基本分析、什么是技术分析都还没有分清楚就匆忙入市，不亏钱才怪！

有些朋友同我讨论，说炒股很简单，只要高抛低吸不就行了，何必掌握那一大堆阳线、阴线、均线、切线。大道至简！这句话确实道明了炒股的本质。不过，要将这么简单的道理运用得当可不是什么容易的事。最简单的一个问题：你如何区分股价的高和低？

我喜欢用实例说话，请看下面的这张 K 线图。当个股发展到此刻时（2009 年 3 月 3 日），其股价是高还是低呢？如果不进行技术分析，相信投资者很难判断股价的高低。如果进行最简单的技术分析（这是看图最直观的分析方法），可以发现：相比前期的低点 1.56 元，此时的股价高；相比前期的高点 2.47 元，此时的股价低。股价的高低已经可以进行判断了，不过结论让人无所适从：此时的股价既高又低。面对这样的局面，投资者根本无法决定是高抛还是低吸。如果强行进行操作，不论买还是卖，都不过是在赌大小而已，胜负完全要靠运气了。

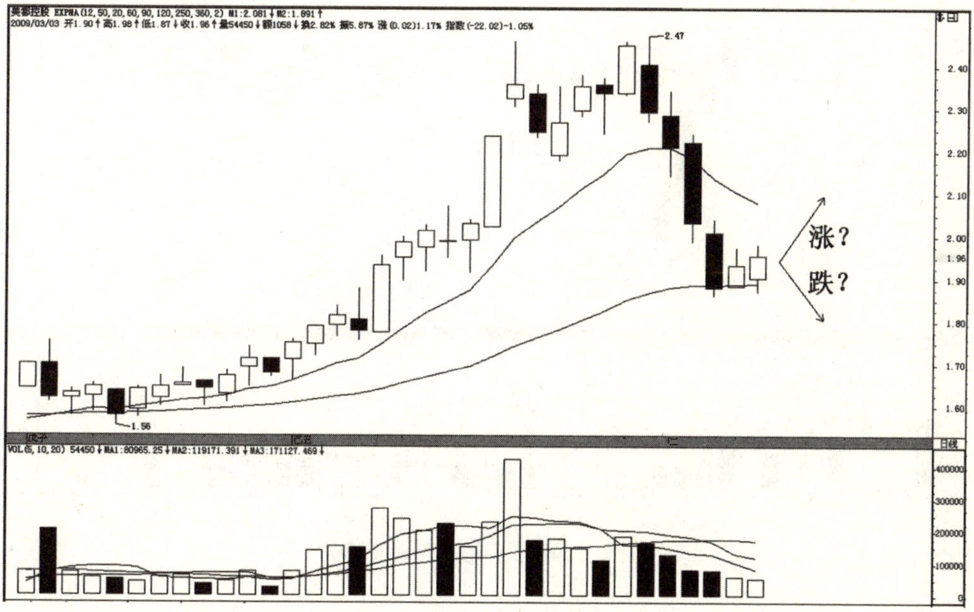

图 1　美都控股（600175）

接下来，让我们利用技术方法进行分析，就可以从这张图中看出更多的信息。首先，股价经过一波快速下跌后，连续3 个交易日在 EXPMA 的长期曲线上方获得支撑，说明在此价位的卖压明显减弱。在没有突发力量介入的前提下，股价就此形成反弹的可能性高。其次，EXPMA 的短期曲线在长期曲线之上，说明该股仍然处于上涨趋势中，此波下跌可以暂时认定为回调。再次，在股价上涨的过程中成交量明显放大，在股价下跌的过程中成交量明显萎缩，说明涨时参与的热情高，跌时则明显惜售，从另一个侧面反映了投资者对该股的判断：该股在此价位附近有一定的持有价值。

通过这三个简单的技术分析，就可以推断该股后市上涨的概率大于下跌的概率。然后，需要下一个交易日的走势确认这个判断了。

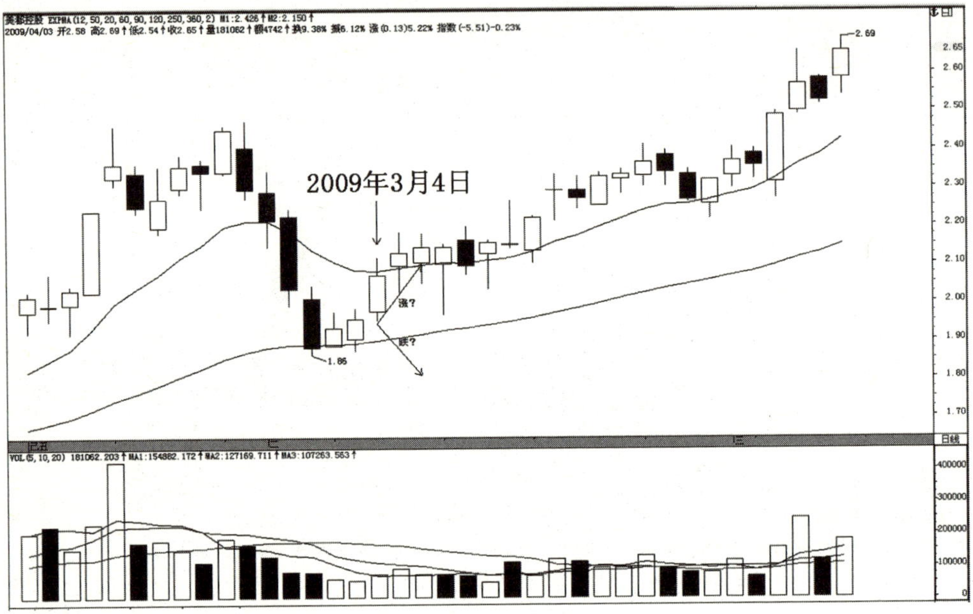

图 2　美都控股（600175）

2009 年 3 月 4 日，该股跳空高开，并最终以 5.80% 的涨幅报收，完全在意料之中，后市值得高看一线，投资者可以择机建仓了。此后，该股沿着 EXPMA 短期曲线缓慢爬升，并顺利创出新高，未来应该还有上升的空间。

通过这个例子，可以得出一个明显的结论：技术分析有很强的实战价值。当然，这里没有讨论基本分析（也是用于判断股价的高低，与技术分析有异曲同工之妙）、资金管理等其他技能的作用。如果投资者深入研究，就会发现每种技能都有其可取之处。比如，股神巴菲特的股票投资之路，就是把基本分析、资金管理和风险管理运用到极致的完美案例。

2. 交易系统

熟悉并掌握炒股的技能，只能算是炒股赚钱的第一步。我有一个朋友，谈起技术分析的各种手法如数家珍，然而实战中的战绩并不理想。同他多次切磋，发现他总是孤立地看待技术分析，并没有将其完善成一套适合自己的交易系统。个人观点，这应该是妨碍其进步的关键，也是很多投资者的通病。

上次碰到一位朋友向我抱怨，说三角形向上突破买入的方法不好用，屡屡导致其追高套牢。和他回头对这些交易进行复盘时发现，他根据这个方法入场 7 次，有 3 次参与后涨幅超过 20%，剩余 4 次均为假突破，按理说至少应该是保本出场。然而，上涨的 4 次，他买入后不知道何时离场，结果赚钱的交易多变成微利出场；假突破的 3 次，他买入后不知道止损，结果导致亏损失控。另外，他对仓位的控制也有些问题，建仓规模忽大忽小，仓位小时操作相对果断，仓位大时操作明显犹豫。

因此，炒股的技能并不难学，难点在于如何将其纳为己用，即将其转化为交易系统。比如，投资者都非常熟悉的均线系统，就是简单的 5 日均线、10 日均线、20 日均线……在有些朋友手中那就是驰骋沙场的利器，但在有些朋友手中就是厅堂里的老古董——摆设。

关于交易系统，我只能简单分享一些经验之谈，毕竟其具有很强的个性化。

（1）交易系统的种类

根据投资者的交易习惯，交易系统可以大致划分为两大类：短线交易系统和长线交易系统。

短线交易系统会提供很多买卖信号，主要通过积少成多来获利，因此必须讲究系统的成功率，至于对每笔交易的盈利率并不苛求。

长线交易系统发出的交易信号明显较少，主要通过小亏大赚来获利，因此必须讲究系统的盈利率，不会苛求系统的成功率。

这两类交易系统没有优劣之分，适合的就是最好的。投资者应该搞清楚自己的交易偏好，然后选择适合自己的交易系统。如果水平高超，也可以同时设置这两类交易系统，大鱼小鱼通吃。不过，千万不要将二者嫁接使用：短线交易系统入场，长线交易系统出场；或者，长线交易系统入场，短线交易系统出场。

（2）交易系统的内容

我的交易系统包括以下一些内容：

①技术分析系统：买入信号和卖出信号。比如，股价放量突破 W 底颈线时，买入信号；股价跌破 EXPMA 短期曲线时，卖出信号。市场上有很多种买入信号和卖出信号，投资者应该选择适合自己的信号进行组合。

②仓位的控制。不同的买入信号，建仓的规模并不相同。买入信号的可靠性越高，建仓的规模可以越大。比如，股价突破 W 底颈线时的仓位，要低于股价突破头肩底颈线时的仓位，因为相对而言头肩底见底的可能性更高。

③判断失误时的应对措施。比如，根据一个买入信号进场后，发现股价并没有按照预期的方向发展，而且跌破了建仓时设置的止损点，这时应该快速离场。

④交易系统的测试。交易系统需要经过测试有效之后才能投入实战运用，这就是我多次提醒投资者在实战交易之前要进行模拟交易的原因。当然，投资者也可以选择历史数据进行交易系统验证。

⑤交易系统的优化。市场在变，投资者在变，个人的投资水平和资金规模也在变。为了适应这些变化，就需要投资者对交易系统进行优化。注意，是优化而不是推倒重来。只要投资者的交易系统经过严格的测试之后才投入使用，通常不需要从头再来。

3. 纪律

建立了有效的交易系统并不是就万事大吉了。我刚开始形成交易系统时，以为随后赚钱就不困难了，结果发现事实并非如此。毕竟，交易系统是交易系统，交易者是交易者，要想将两者完美结合起来，困难重重。人，真的非常情绪化，赚钱的时候容易贪婪，亏损时容易恐惧。如果控制不住，本来挺好的交易系统也会被交易者捣鼓得面目全非。

我有一位好友，模拟炒股的战绩非常好。2009 年年初，在不到 2 个月的时间内本金就增长了 60%，考虑到当时的市场环境，这一成绩非常出众了。然而，当他投入资金开始实战之后，交易战绩却大幅下滑。本来，他选择 2009 年 3 月中下旬开始真实交易，可以说非常善于选择介入时点，然而，此后大盘飞涨至 3478 点，他的真实账户却只是小幅盈利。如果就此离场，那至少也还是赚钱的。随后，大盘见顶开始暴跌，他没有及时离场，结果直至 2009 年 9 月还被中度套牢，确实令人“大跌眼镜”啊！

对比其模拟账户和真实账户的交易记录可以发现；模拟账户的交易基本都有明确的进出规则，出现错误修正也比较及时；反观真实账户，交易明显缺乏规律性，追涨杀跌痕迹明显，模拟交易形成的交易系统形同虚设。

为了消除这个弊病，只能借助铁的纪律。出现买入信号时，毫不犹豫入场。错了怎么办？止损就行了。出现卖出信号时，坚决卖出。错了怎么办？机会还很多，下次再来。

如果你拥有良好的交易系统，并且能够严格遵守交易的纪律，稳定持续地获利不是梦。

4. 心态

这是一个复杂而庞大的话题，这里就不再展开了。简单一句话，平和的心态是决定一个人炒股成败的关键因素。希望大家可以用内心的宁静来面对股市中的惊涛骇浪！

至于有些朋友希望寻找的炒股捷径，我是没有找到的，如果谁找到了，不妨共享一下。最后，借用韩愈的一句名联：“书山有路勤为径，学海无涯苦作舟。”与大家共勉！

•拓展阅读•

什么是技术分析

技术分析是指以市场行为为研究对象，以判断市场趋势并跟随趋势的周期性变化来进行股票及一切金融衍生物交易决策的方法的总和。技术分析认为市场行为包容消化一切。这句话的含义是：所有的基础事件——经济事件、社会事件、战争、自然灾害等——作用于市场的因素都会反映到价格变化中来。因此，技术分析者认为只要关注价格趋势的变化及成交量的变化，就可以找到盈利的线索。

什么是基本分析

基本分析是指通过对决定股票内在价值和影响股票价格的宏观经济形势、行业状况、公司经营状况等进行分析，评估股票的投资价值和合理价值，与股票市场价进行比较，相应形成买卖的建议。

基本分析包括以下三个方面内容：

①宏观经济分析。研究经济政策（货币政策、财政政策、税收政策、产业政策等）、经济指标（国内生产总值、失业率、通胀率、利率、汇率等）对股票市场的影响。

②行业分析。分析产业前景、区域经济发展对上市公司的影响。

③公司分析。具体分析上市公司行业地位、市场前景、财务状况。

什么是交易系统

交易系统是一套完整的交易规则，这一交易规则是客观的、唯一的、量化的，它严格规定了投资的各个环节，要求投资者完全按照其规则进行操作。其组成部分包括：预测分析模块、风险管理和投资策略。预测分析模块的功能是给出入场、出场信号；风险管理的功能是保护资金和利润；投资策略的功能是指示在不同的实际情况下的具体操作。

如何进行有效的技术分析

A 先生：此前，我研究过很多技术分析的手法，但总体感觉实战效果有限。这次听您的课，主要的内容也是技术分析，而且感觉与看过的书有许多相似之处。想请教一下，是否学会技术分析就可以保证赚钱啊？

铁手：技术分析只是一个基础，学会技术分析是非常容易的一件事情。至于学会技术分析是否可以铁定赚钱，答案自然是否定的。正如我们学习汉字一样，认字很容易，理解字背后的真实含义就比较困难了，还要将众多的字组成一首诗、一篇文章则是难上加难，再要求这首诗、这篇文章具有很高的文学价值那就不是普通人可以做到的了。那么，对于炒股的投资者而言，学会技术分析的各种手段只是基本功，只有准确理解技术分析的本质并合理运用，才是可行的赚钱之道。

举个例子，图 3 中的方框所示是希望之星或者说早晨之星组合，相信其形状大家都已经非常熟悉了。至于希望之星的含义，通常的解释如下：希望之星是由三根 K 线组成，股价在跌至新低（或前期成交密集区）时，往往会收一根中阴线或大阴线，看似大势不妙；然而，第二天股价只是小幅跳空下行，收盘时收出一条实体部分较短，带有上下影线的小阳线（或小阴线），形成星体部分；第三天，股价就在平开或微微开高后，一路上行，最终收出一条中阳线（或大阳线），企稳待涨信号正式发出。投资者在K线图上发现希望之星组合，并据此进行建仓，这就是最简单的技术分析了。从本例来看，根据希望之星建仓能有不错的收益。

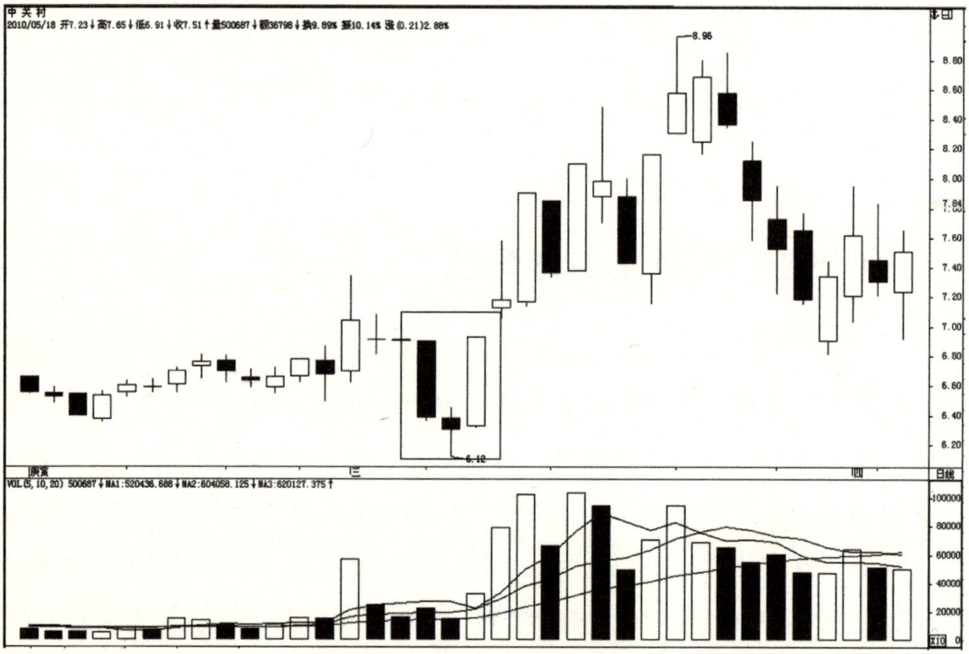

图3　中关村（000931）

如果利用希望之星就可以获得如上例一般的收益，那么这个世界上就不会有人亏损了。再看一个例子，图4中也出现了一个希望之星组合，如果投资者根据这个组合建仓，短期内将陷入亏损的泥潭中。通过这两个例子，向大家传递一个观点：技术分析并不是万能的，掌握技术分析并不能保证你赚钱。

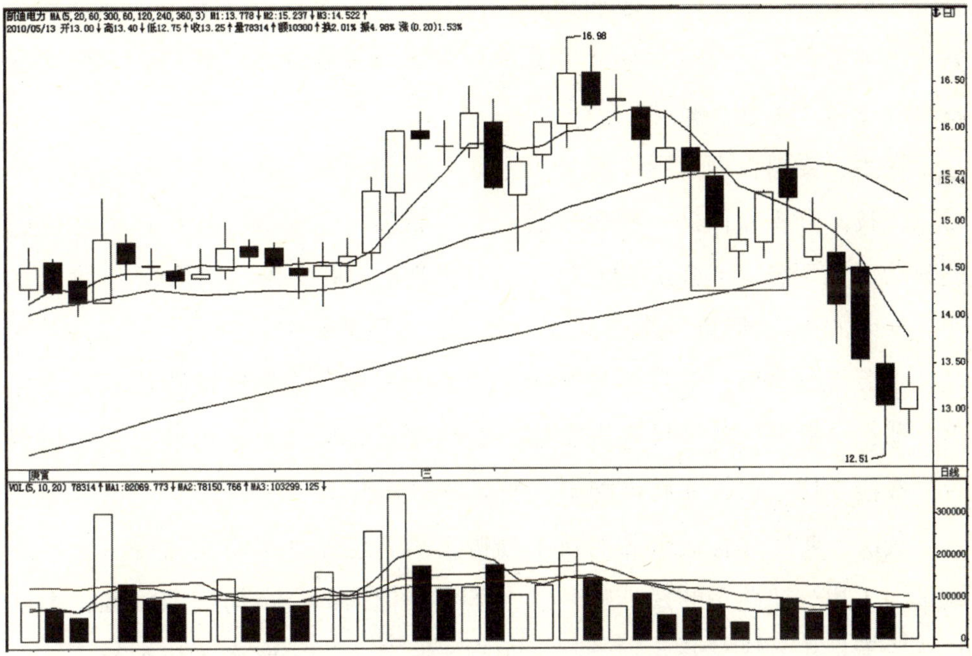

图4 凯迪电力（000939）

A 先生：既然学会技术分析不能保证赚钱，那还有学习技术分析的必要吗？

铁手：买卖股票必须要进行分析。如果投资者能够进行有效的基本面分析，确实没有必要进行技术分析。股神巴菲特大家一定都很熟悉吧，他完全采用基本分析判断股价的高低，如今他已经富可敌国了，足以证明不学习技术分析完全可行。不过，对于普通投资者而言，要想进行有效的基本面分析太难了，因此才不得不采用技术分析。

我之所以强调技术分析不是万能的，是因为很多投资者盲目夸大技术分析的作用，沉迷于寻找所谓的股市“圣杯”而不可自拔。其实，炒股赚钱的根本不在于技术分析或者基本分析，其关键在于进行分析的人。只要投资者能够合理运用技术分析，赚钱应该就是水到渠成的事情了。

B 先生：我非常赞同这个观点。技术分析只是一种工具，成与不成关键看用得怎么样。因此，我更加关心如何运用技术分析。请问，如何才算是合理运用技术分析呢？

铁手：要想合理运用技术分析，首先要正确看待技术分析。各位朋友可以将技术分析看作是一种概率游戏。以希望之星为例，假设该信号见底的成功率是55%，也就是说在这个信号出现的100次中，股价55次就此见底，其余的45次股价继续走低，因此希望之星被看作是见底信号。这其实是技术分析的本质，它只管某个信号的涨跌概率，不管涨跌背后的真实原因。那么，根据这些信号进行交易，必然有可能赚钱也有可能亏钱。投资者只有接受这一点，才有可能坦然面对技术分析。

其次，要选择合适自己的技术分析工具。想那孙悟空龙宫寻宝，还不就是为了找一把趁手的武器嘛！这大圣本有把大刀，奈何武器太轻，不遂它意，于是才前往东海龙宫。到了龙宫，老龙王先后取出了一把神刀、一根九股叉和一柄方天戟，可惜大圣依然不满意。最后，老龙王把一根本非武器的神铁——定海神针送给了孙大圣。大圣一耍，顺手啊，那就是这根铁棒了。选择炒股的利器同样如此，各位应该亲自试一试各种技术分析方法，不要偷懒想直接套用别人的方法，别人合适的你不一定合适。接下来我会给大家介绍很多技术分析方法，就像老龙王搬出很多武器一样，希望各位朋友能从中寻找到最合适自己的武器。

再次，要建立一个技术分析系统。单一的技术分析方法，其成功率比较有限，投资者需要对其进行优化。仍以希望之星为例，对于很多投资者而言，利用希望之星交易的成功率并不能令人满意。那么，为了提高希望之星的成功率，我们应该选择其他的技术手段进行辅助，如移动平均线、成交量等，即形成技术分析系统。如果构筑了一个成熟的技术分析系统，赚钱的前提条件才真正具备。

图 4 中出现希望之星组合时，股价没有大幅度下滑（即没有超跌），而且受制于刚刚跌破的支撑线——20 日均价线。另外，希望之星确认后，

成交量没有随之放大，由此可以判断股价就此见底的可能性降低，即这个希望之星信号不值得信任。通过进一步技术分析的辅助，就可以提高希望之星组合的成功率了。

不过，这并不意味着通过更多的技术分析，就可以提升交易的成功率，而且绝对不可能将成功率提升至100%。相反，有时错误的技术分析反而会降低交易的成功率。

最后，测试、优化技术分析系统，然后将其应用至实战交易中。

我有一个朋友，去年才开始跟我学炒股。经过一段时间的学习之后，他感觉自己对K线形态最有感觉，因此决定建立以K线形态为核心的技术分析系统，至于K线组合、移动平均线、MACD之类的不再深入研究。至今，他的技术分析系统在运用中不断优化，已经基本成型，近期的交易战绩非常稳定。这就是合理运用技术分析的一个很好的榜样。有些不太顺手的技术分析方法简单了解一下就行了，实在没有必要深入研究。

下面选取他实战中的两只股票，看看他是如何进行技术分析的。

图5中有一个明显的W底，这种K线形态是他每日看盘的重点，即看盘的核心内容。当他发现这只股票出现W底时，他开始利用其他技术分析方法进行辅助判断：

①当股价向上突破W底颈线时，成交量明显放大，进一步确认W底的看涨信号。

②5日、20日和60日均线呈现多头排列，说明该股处于上升趋势中。

③经过一波下跌后形成了W底形态，表示股价止跌。另外，W底的两个低点均恰好在60日均线之上，说明该股依然处于上升趋势中，此前的下跌为回调。

④MACD处于0轴之上，同样确认该股处于上涨趋势中。

综合上述判断，这个W底构筑的防线值得信任。因此，在股价突破W底颈线时，应该在盘中择机进行建仓。

图6是W底确认之后的股价走势图，不论从短线还是长线来看，这次

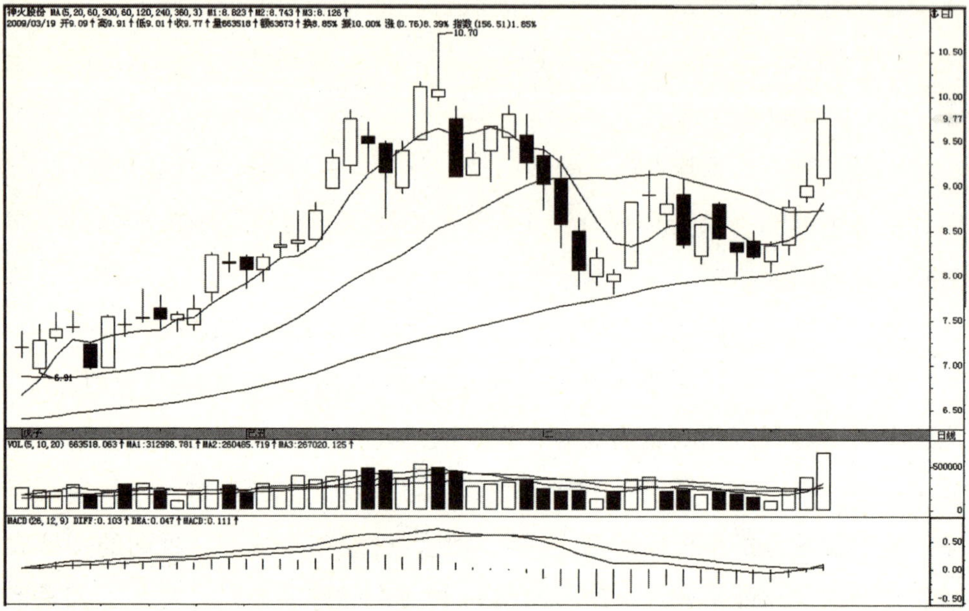

图 5　神火股份（000933）

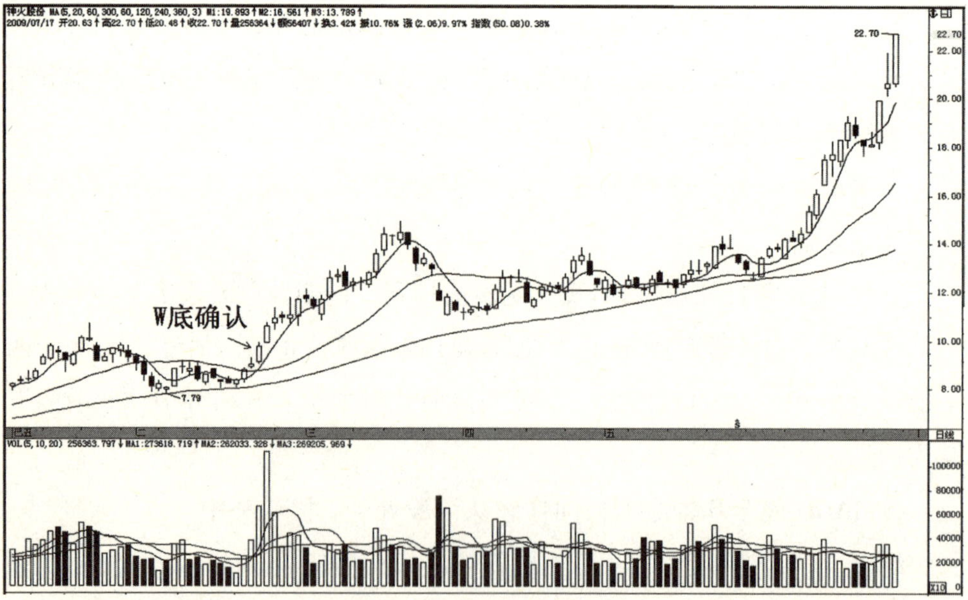

图 6　神火股份（000933）

介入都可以说非常精彩。

图 7 方框中同样有一个明显的 W 底。当他发现这只股票出现 W 底时，他开始利用其他技术分析方法进行辅助判断：

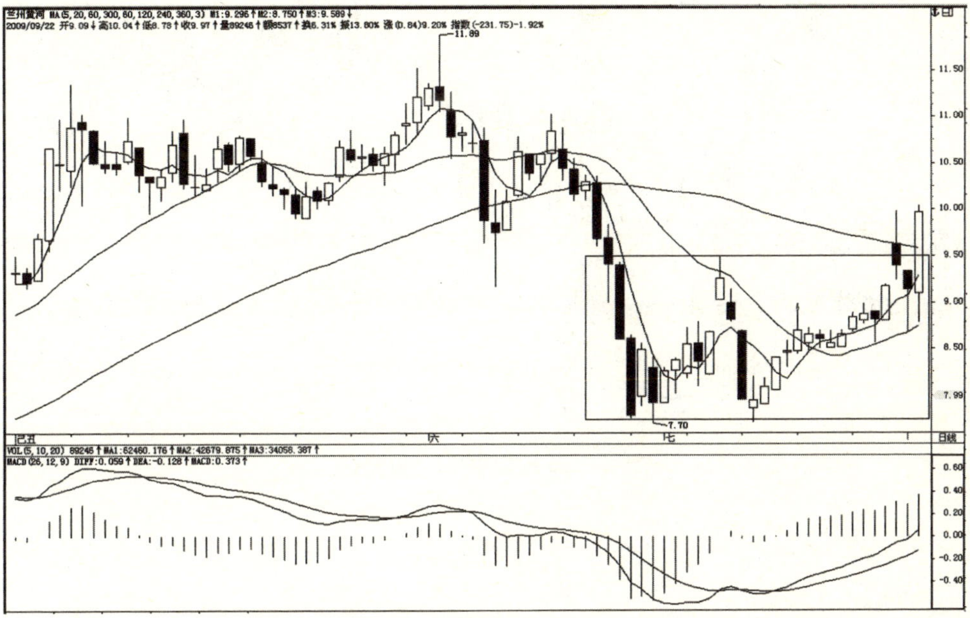

图 7　兰州黄河（000929）

①5 日、20 日和 60 日均线呈现空头排列，说明该股处于下降趋势中。

②MACD 处于 0 轴之下，进一步确认该股处于下降趋势中。

③经过长时间的横盘整理后，股价开始下跌。在距离这个横盘区较近的地方出现 W 底，其上涨将遭遇横盘区的强大压力。

根据这三个判断，该 W 底不值得信任。因此，在股价突破 W 底颈线时，他并没有跟随介入。

图 8 是 W 底确认之后的股价走势图，由此可以看出这次回避应该算是明智的选择。

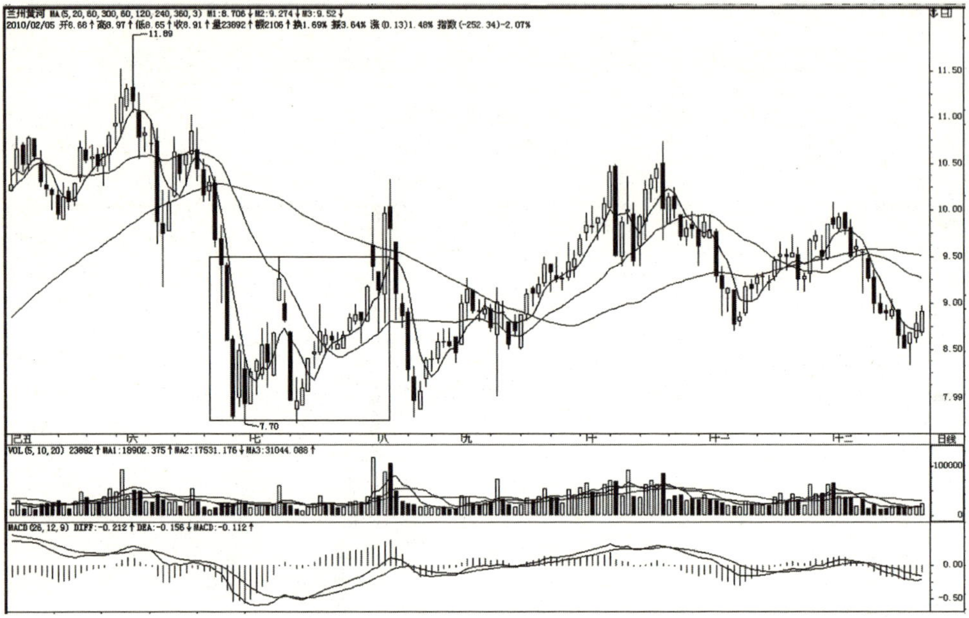

图 8　兰州黄河（000929）

•拓展阅读•

技术分析有哪些种类

（1）股价趋势的图形分析

把一定时间段的股价变化绘制成 K 线图，通过连续若干天 K 线的组合情况，判断市场多空双方力量对比，就成了 K 线理论。

股价过去的运行轨迹形成各种不同的形态，而价格是市场对各种信息感受之后的具体表现，所以，人们总结出股价在顶部、底部或中间区域的各种常见图形，如头肩顶底、W 顶底、箱形整理等，用形态来预测股票价格未来的趋势情况，这就是形态理论。

按一定方法和原则，在反映股价的图表（K线图）上画出一些直线，构成股价运动的支撑线和阻力线。一般来说，股票价格向上拉升的过程中，一触及阻力线，就会调头向下；反之，在下跌的过程中，股价会在支撑线附近止跌或调头向上。支撑线和阻力线构成制约股价上下的通道，当股价触及通道边缘后没有转向，而是继续向上或向下，就形成突破。股价向下突破之后，原来的支撑线变成阻力线；股价向上突破之后，原来的阻力线将变成支撑线。这就是股价的趋势分析。

经典理论中的道氏理论是技术分析的鼻祖，把股价变动分成主要、次要的趋势，而波浪理论把股价的上下变动和不同时期的持续上涨下降，看成与波浪的上下起伏一样。股价波动遵循波浪的起伏规律，这都是对股价形态趋势的分析。

（2）技术指标分析

技术指标分析考虑市场行为的各个方面，建立一个数学模型，给出数学上的计算公式，得到一个体现股票市场的某个方面内在实质的数字值。通过指标值的具体数值和前后的变化，发出供投资者参考的买卖信号。

由于出发点不一样，选择的变量、参数不一样，市面上的各种技术指标数不胜数。另外，随着时间的推移、市场条件的不断变化，旧的指标被不断修正，新的指标也会不断涌现。

技术分析有哪些前提条件

（1）市场行为反映一切信息

这是技术分析的基础所在，离开这一前提，则技术分析是无效的。影响股票价格的内因和外因均体现在市场走势之中，如果有一天，一只股票大幅度上涨，多数人的第一个反应就是："有什么好消息？"同样，一只股票大幅度下跌，人们又会问："有什么坏消息？"任何一个影响股票价格的因素最终会体现在股票价格的变化上。

（2）股票价格沿趋势变动

股票价格的变动按一定规律进行，只要条件不发生改变，股价运行保持原来方向的惯性。这是技术分析的立足之本。如果说在没有外界因素影响的情况下，股价无规律地随意变化，那么，技术分析就毫无效用可言了。

（3）历史会重演

在市场的千变万化的行为中，人们总会发现与过去相似的情况出现。技术分析把对过去的总结作为对未来预测的参考，即让历史告诉未来。

如何看待基本面分析

A先生：在各类报纸、杂志以及炒股软件中，我经常看到一些机构发布关于股票、行业的评测，他们也会给出买入、增持、减持之类的评级。我觉得他们的专业性要比我强很多，因此想问一下我能否根据这些进行操作？

铁手：这种方法我没有尝试过，不敢妄下结论。如果你有兴趣，可以据此形成一个交易体系，然后测试一下战绩如何，再下结论，毕竟条条大路通罗马嘛！其实，这种交易方法可以归纳到基本面分析的范畴中。接下来简单聊聊基本面分析，希望能给你一些启发。

技术分析可以说是一种结果分析的游戏，基本面分析则是一种原因分析的游戏。通过基本面分析，投资者能够提前把握市场趋势的变化，可谓炒股的最高境界，巴菲特就是个中翘楚。不过，基本面分析多为定性分析，如果分析者的经验、能力不足，很难推导出正确的结果。不像技术分析多为定量分析，非常容易上手，经过短暂的强化训练就能见到成效，故为普通投资者所关注。

其实，基本面分析的重要性要远高于技术分析。所谓基本面分析，就是能够由某个事件或者某些事件 A 推导出结论 B，然后由结论 B 推断出更多的结论 C、D、E…中国古代有个基本面分析的大师，姓诸葛名亮，字孔明，号卧龙，相信大家对他的故事已经非常熟悉了。这里重点提一下他著名的隆中对，那可是基本面分析的模板啊！

下面是隆中对的原文，选自陈寿的《三国志·蜀志·诸葛亮传》。大家如果对基本面分析有兴趣，不妨认真读一下，其中的智慧让人拜服。

诸葛亮：自董卓以来，豪杰并起，跨州连郡者不可胜数。曹操比于袁绍，则名微而众寡。然操遂能克绍，以弱为强者，非惟天时，抑亦人谋也。今操已拥百万之众，挟天子而令诸侯，此诚不可与争锋。孙权据有江东，已历三世，国险而民附，贤能为之用，此可以为援而不可图也。荆州北据汉、沔，利尽南海，东连吴会，西通巴蜀，此用武之国，而其主不能守，此殆天所以资将军，将军岂有意乎？益州险塞，沃野千里，天府之土，高祖因之以成帝业。刘璋暗弱，张鲁在北，民殷国富而不知存恤，智能之士思得明君。将军既帝室之胄，信义著于四海，总揽英雄，思贤如渴，若跨有荆、益，保其岩阻，西和诸戎，南抚夷越，外结孙权，内修政理；天下有变，则命一上将将荆州之军以向宛、洛，将军身率益州之众出于秦川，百姓孰敢不箪食壶浆，以迎将军者乎？诚如是，则霸业可成，汉室可兴矣。

简单来说，诸葛亮在还没有出山的时候，就已经对天下大势了如指掌了，知道如何顺势而为就可三国鼎立。这在当时曹操独大、孙权坚守的背景下，可谓是极具震撼力的观点。正是诸葛亮的这种大智慧，才帮助刘备在纷乱的天下中争得一块地盘，才有了后市传颂的三国大戏。

乍一看，炒股仿佛和诸葛亮的计定三国没有什么关系，其实不然。试想，投资者如果具有先见之明，能够看清天下大势的来龙去脉，并懂得顺势而为，炒股那不就是小菜一碟嘛！下面结合 K 线图来看两个时间段，如果投资者在这些时间段中能正确分析形势，想不赚钱都难。

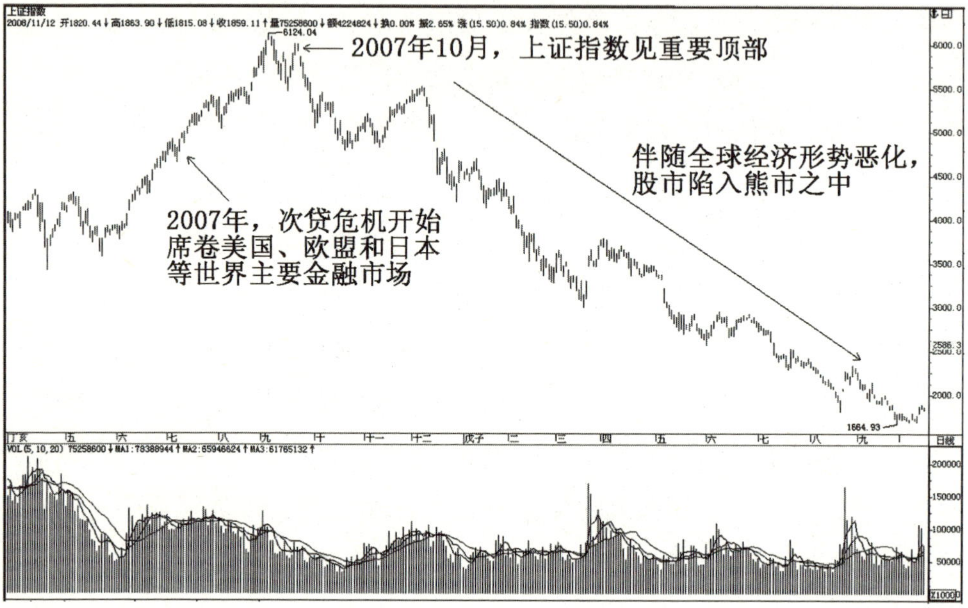

图 9　上证指数（999999）

2007 年 8 月，次贷危机开始影响全球经济，美国、欧盟和日本等主要金融市场明显产生波动，世界经济出现见顶迹象。此时，中国股市依然红红火火，人们对股指的上涨依然信心满满，颇有些“不达一万点不罢休”的雄心。然而，鉴于经济的全球化，次贷危机带来的波浪迟早会影响中国经济。因此，如果投资者能够看清当时的经济形势，应该不会被当时股市的火红氛围所迷惑，盲目入场追涨。

2007 年 10 月，在次贷危机已经非常明显以及股指涨幅十分巨大的背景下，上证指数出现了 M 头形态，股指就此见顶的可能性非常大，而且可以预期一旦调整将可能引发暴跌。可是，面对如此明显的见顶形态，许多投资者却选择了视而不见，这才造成了随后的财富大缩水。如果投资者能够把握基本面动向，是不可能被高位套牢的。

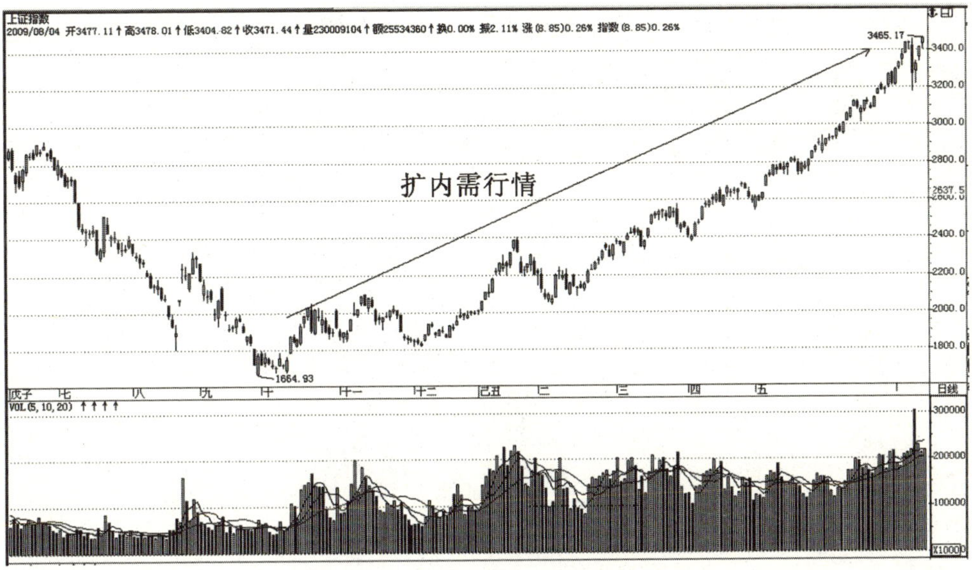

图 10　上证指数（999999）

上例展示的是如何利用基本面分析进行逃顶，接下来再介绍一个利用基本面抄底的案例。

2008 年，在次贷危机发展成全球金融危机之后，西方主要经济体陷入衰退的风险不断加大，国内房地产、钢铁、汽车等重要支柱产业产销大幅度下滑。为保证中国经济保持平稳较快增长，2008 年 11 月前后，国家出台了一系列扩大内需、促进经济平稳较快增长的措施。面对这些措施，作为投资者的我们应该会想到什么？简单的说，就是机会。危机，危机，就是危险与机会并存。当绝大多数投资者都看清金融危机的危险时，往往就容易忽略其中存在的机会。

如果仔细分析中国当时的情况，中国的经济形势远不像股市暴跌那样的糟糕。换句话说，股市的反应过度了。既然股市反应过度，它就需要修正，那么自然就有一段反弹行情值得期待。如果单凭技术分析，寻找到反弹行情的起点并不容易。但如果你能进行有效的基本面分析，就可以轻松抓住这波扩内需行情的起点。

掌握上述两个时段，投资者就可以从容进行交易了。在次贷危机引发的下跌行情中，投资者应该坚持空仓旁观。在扩内需引发的上涨行情中，投资者应该持仓待涨。如此操作，就可以远离深度套牢，而且赚钱也不是什么难事了。

好了，接下来让我们看看如何在扩内需行情中利用基本面分析选择股票获利。

2009 年 1 月 14 日，国务院公布了《汽车行业调整振兴规划》，其中提出了汽车下乡的扩内需政策，这对汽车行业是一个持续性的利好。那么，我们就可以将关注的重点锁定在汽车行业的股票中。如果投资者对这些股票的基本面不熟悉，可以选择最耳熟能详的股票进行投资，如一汽轿车（见图 11）。虽然无法选到最牛的股票，但跑赢大盘的可能性还是很高的。

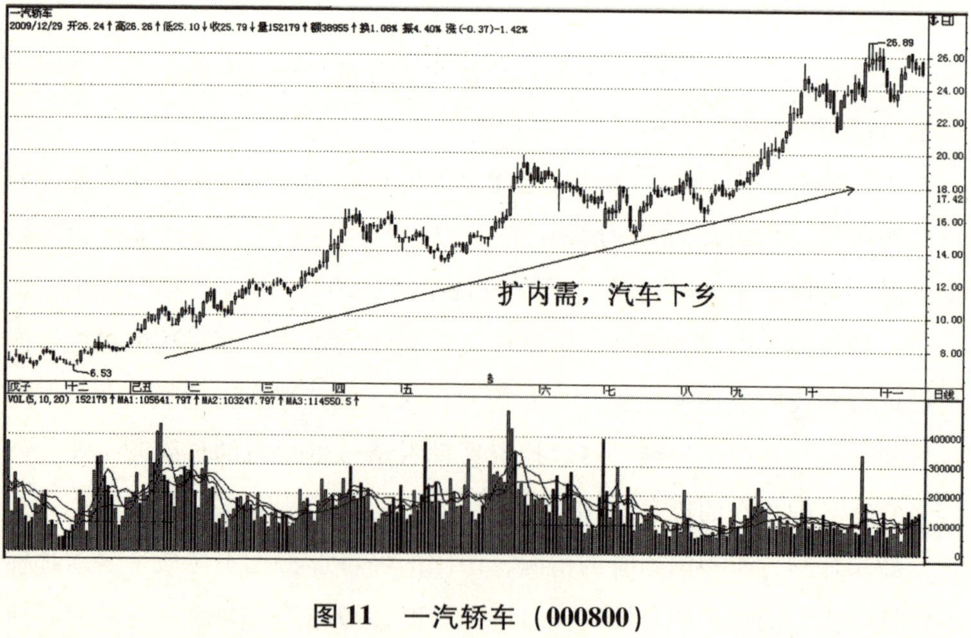

图 11　一汽轿车（000800）

再来看看受益于家电下乡的股票。家电行业的股票也很多，不过在行业明显收益的背景下，大家随便买基本上都没有错。如果不求有功但求无过，可以直奔绩优股。比如，经常听到广告“好空调，格力造”的格力电器，属于家电行业的绩效股。购买这种股票，赚钱是自然而然的事情了。虽然该股涨幅有限，但和很多投资者同期的效益相比还是很不错的。

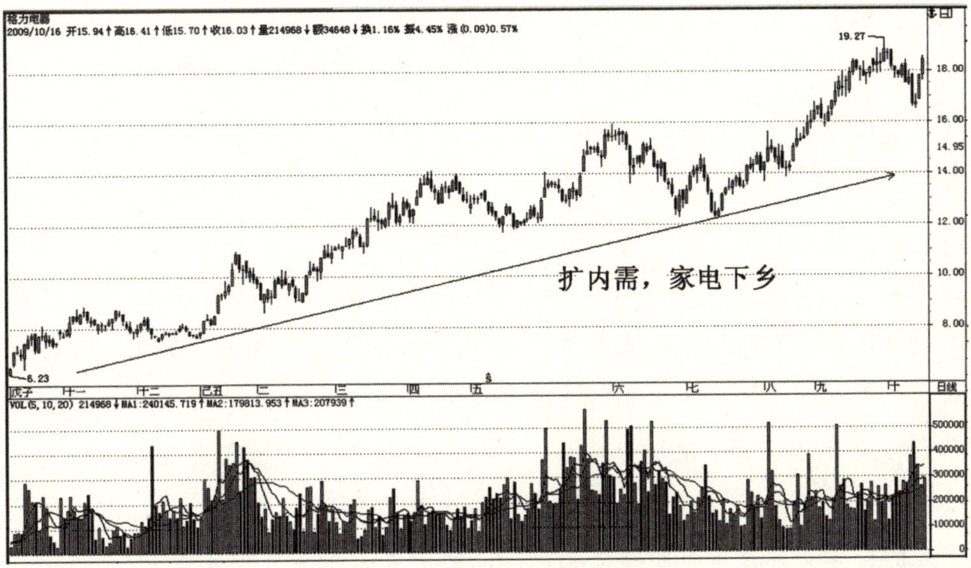

图 12　格力电器（000651）

当然，这些基本面分析有些事后诸葛之嫌。如果要在事前进行有效的基本面分析，需要大智慧，其难度远高于技术分析，诸葛亮可不是谁都可以匹敌的啊！基本面分析属于大势分析，关注的重点在于市场的中长期趋势，可以指导投资者更加轻松自如地面对市场波动。因此，尽管学好基本面分析很困难，投资者仍然应该知难而上，日积月累，积跬步以至千里。

•拓展阅读•

基本面分析是股市波动成因分析

基本面分析要弄懂的是股市波动的理由和原因，因此就必须对各种因素进行研究，分析它们对股市有何种方向的影响。如果股票市场大势向下，基本面分析就必须对近期股票市场供求关系和影响因素做出合理的分析，并指明股市整体走向和个股的波动方向。由此可见，投资者可以借助基本面分析来解决买卖“什么”的问题，以纠正技术分析可能提供的失真信息。由于技术分析注重的是短线量化分析，因而很可能会出现“只见树木，不见森林”的现象。例如，当某种股票价格连续攀升，各项技术指标也显示出买入信号时，如果该发行者的基本情况并没有什么明显变化，这时投资者就需谨慎，因为该股票的上涨很可能是主力资金操纵的结果，在主力资金将股价抬到某一预定目标后，它们就会撤退，以套取投机利润。尤其是在像中国这种不成熟的股票市场上，这类“陷阱”比比皆是，而对这些骗局的识破又非技术分析所能及的，必须依靠基本面分析来解决。

基本面分析是定性分析

在基本面分析过程中，涉及的虽主要是经济指标的数量方面，但这些指标对股市的影响程度却难以量化，只能把它们对股市的影响方向加以定性。例如，当有关部门公布某个时点的失业率下降了两个百分点后，基本面分析并不能指明股价指数的涨跌幅度与这两个百分点之间的数量关系，只能就股市的影响方向做出大致的判断。失业率的下降表明经济在一定程度上是向好的方面转化，从长期来看，这一指标对股市上涨有支持作用，但它对股票指数上涨有多大贡献度就不得而知了。同时基本面分析不能解决入市时机的问题，只有在对股市及个股走势有了基本的判断之后，再结合技术分析，才有可能找出合适的入市时机。

基本面分析是长线投资分析

基本面分析的第二个特点决定了它是长线投资分析工具，而非短线投资分析工具，因为基本面分析侧重于大势的判断，分析时所考察的因素也多是宏观和中观因素，它们对股市的影响较深远，由此分析得出的结论自然具有一定的前瞻性，对长线投资具有一定的指导意义，依此做出的投资决策志在博取长期回报以及分享整体经济增长带来的成果，而非短线投机收益。短线投机者的分析工具主要是技术分析法，其在股市能否获得成功，在很大程度上取决于投机者的洞察力和行动。从长期的实践来看，频繁进出股市很难获得丰厚的利润。中小散户不易靠“抢点数”取胜，他们平均下来打个平手也就不错了，众多的时候是亏损出场。而靠基本面分析从事长线投资的人，在决定投资某种股票之后，会在一个相当长的时间内把资金放在这只股票上，以求得该只股票带来的长线收益。只有当宏观经济形势发生变化或该个股发行企业经营状况发生重大变化后，投资者才会改变投资策略。综上所述，基本面分析的优点在于它能较准确地把握股市走向，给投资者从事长线投资提供决策依据，而其缺点是分析时间效应长，对具体的入市时间较难做出准确的判断，要想解决此问题，还要靠技术分析的辅助。因此，基本面分析只适用于大势的研判，而不适用于具体入市时机的决断。

长线是金，短线是银

A 先生：我是一个初入股市的新手，对股票了解很少。之前，我总听大家说长线是金、短线是银。那是不是说，买了股票就像存款一样不用管它了，等5年或者10年后再取出来？还有，我不太明白，股票有涨有跌，如果做长线就不管它了，那么不是来回坐滑梯吗？

铁手：“长线是金，短线是银。”这句股市谚语我很喜欢，它是指导我操盘的重要理念之一。不过，这位朋友对这句话的理解和我有些差异。我认为，所谓长线是金，是指长线投资成功的可能性高，而不是指长时间持有股票就能赚钱。当然，在过去的中国股市中，投资者只要坚定持股，绝大多数股票都能够赚钱。不过，那是因为中国股市不成熟，才会造成这种奇怪的局面。如果翻看港股，就会发现这个策略并不理想。

图13是林麦集团的月线图。如果投资者在2003年以3.50元以上的价格入场，即使耐心持股至今，不仅不可能赚钱，反而会遭遇巨亏。不要认为这是个别情况，翻看港股的超低价股票，很多都是这种遭遇。

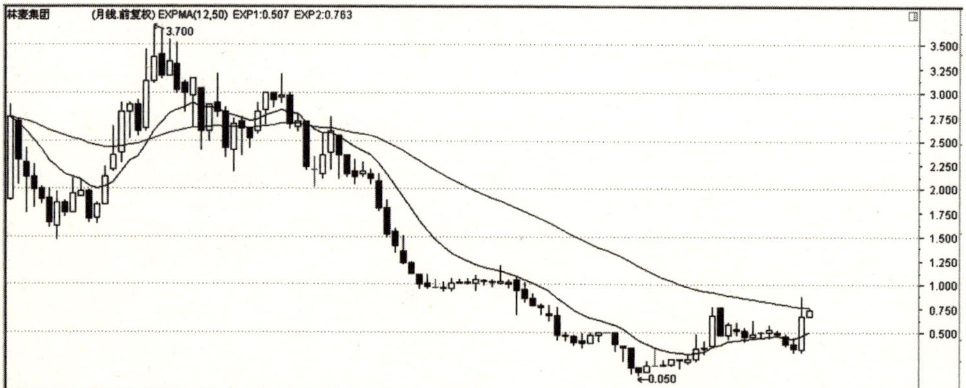

图13 林麦集团（00915）

中国股市也不是没有这样的个股。图 14 是华丽家族的月线图。从图上可以看出，如果投资者在该股上市初期（2002 年 7 月）就介入，持股至今的最好收益也不过是微利而已（期间发生过重组）。当然，继续持有该股票，未来还是有可能会盈利的。更糟糕的是退市的股票，如果投资者高位买入，那就很难翻身了。

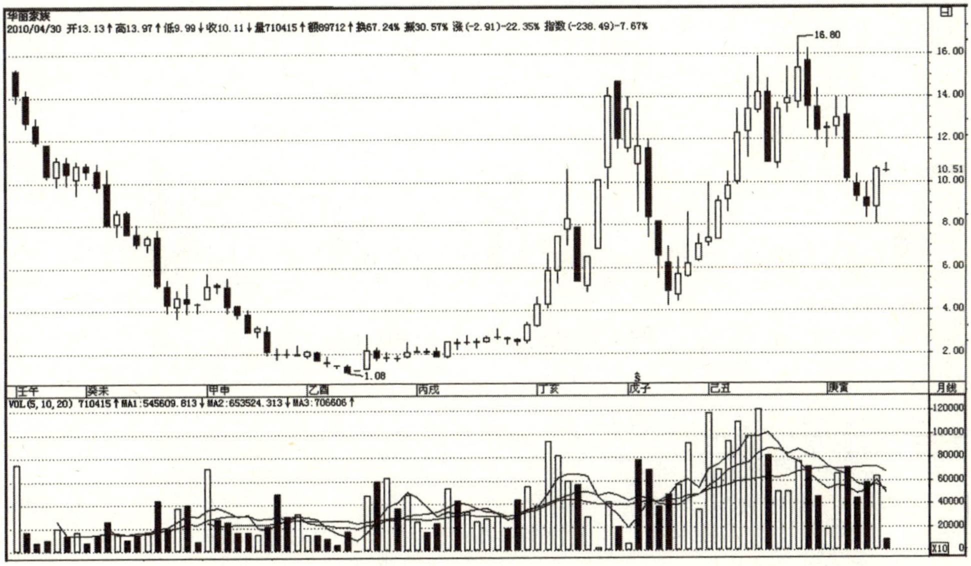

图 14 华丽家族（600503）

因此，简单的长线持有（或者称为随机性的长期持有，即随便从市场上选择一只股票进行持有）并不是可行的操作策略，需要进行一定的优化。比如，选择绩优股进行长期持有。如果投资者对市场上的公司了解不深，可以直奔耳熟能详的优秀公司的股票进行投资。以贵州茅台为例，图 15 是贵州茅台的周线图，从中可以看出，只要投资者不是在贵州茅台疯长的时候入场，长期持有赚钱的可能性还是比较高的。

选择绩优股进行长期持有，确实可以赚钱。不过，就像刚才的朋友所说的，如果买入之后就不再关注其走势，那就会来回坐滑梯。图 16 是万科

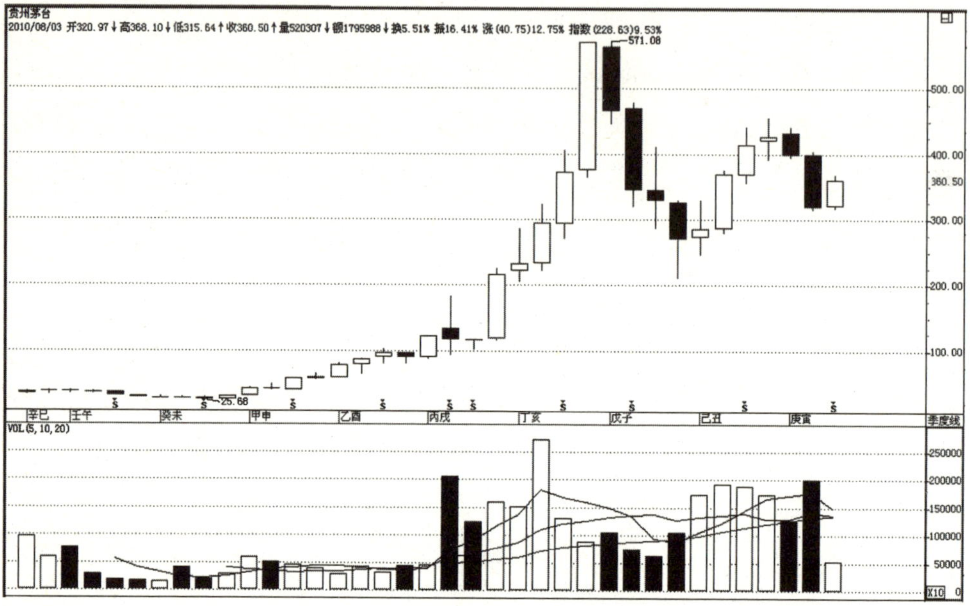

图 15 贵州茅台（600519）

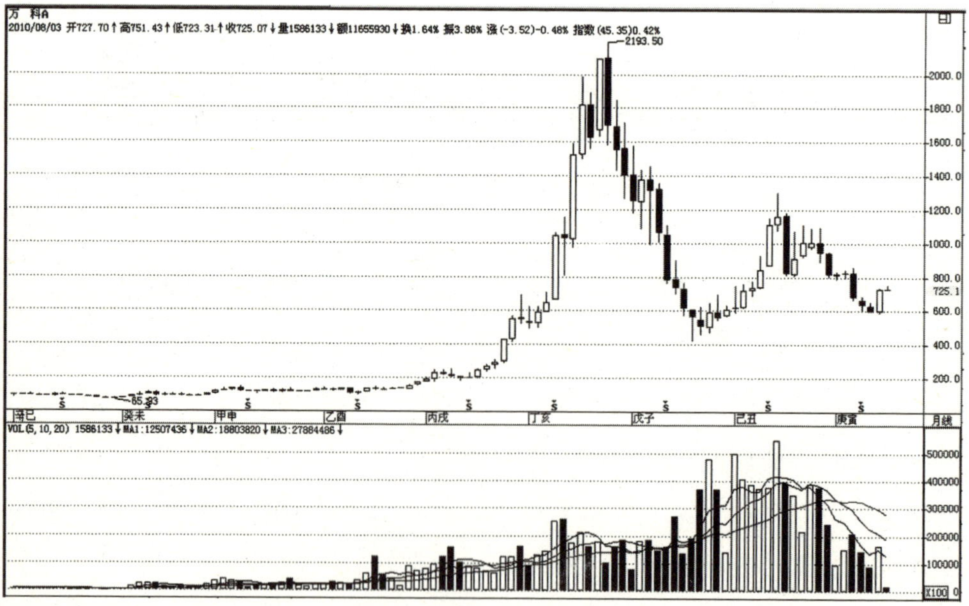

图 16 万科 A（000002）

A 的周线走势图。假如投资者在 2006 年前随便何时择机入场，并能够耐心持有该股，到 2007 年 10 月就会有非常丰厚的回报。可是，如果投资者对该股的走势缺乏关注，2007 年万科 A 筑顶时没有及时出场，至今的收益明显萎缩。

由此可见，虽然选择有针对性的选股可以提高赚钱的可能性，但没有针对性地选择买入时机和卖出时机，仍然可能是竹篮打水一场空。选择买卖时机，通常就两种方法：一是利用基本面分析股价的合理程度，二是利用技术面分析股价的运行趋势。

利用基本面分析股价的合理程度，就是我们经常听到的价值投资，代表人物就是股神巴菲特。巴菲特当年买中国石油就是如此，当他发现中国石油的股价明显被低估时大举建仓，当他发现中国石油的股价被明显高估时及时离场。尽管他的买入价并非最低、卖出价并非最高，但获益已经非常可观了。我认为，这是最为智慧的投资之道。当然，这种投资方式的难度也非常人可以逾越。

利用技术面分析股价的运行趋势，就是我们经常提到的顺势交易。简单来说，就是当投资者发现市场处于牛市中时坚定持股待涨，当投资者发现市场处于熊市中时坚持空仓等待。这种投资方式同样非常有效，投资者只要掌握趋势的判定方法，就可以轻轻松松炒股了。比如，当投资者发现万科 A 在 2007 年的月线走势图中连续出现两个乌云盖顶时，就应该逢高减仓甚至清仓了。这样就可以避免深陷熊市泥潭，保护既得利润。

通过这几个例子，就是想向大家说明“长线是金”的真正价值。只要各位朋友能够遵从长线是金的理念，然后努力提高判断市场大趋势或判断股价合理度的能力，从股市中挖到金矿并非遥不可及的事情。

回过头谈论一下“短线是银”。短线是银，是指相比长线投资而言，短线投机成功的可能性较低。或者说，短线投机的风险更高。短线操作，不仅要求投资者准确地判断市场的趋势，而且要求投资者精确地把握出入场的时机，其中丝毫的误差都有可能引发盈利萎缩甚至亏损离场。另外，短线投机，必然引发频繁交易，从而会进一步加大失败的概率。不仅如此，频繁交易还会导致交易成本急剧上升。美国有两位教授推算认为：只有交易成功率（赚钱交易的次数÷交易的总次数）超过70%时，才能超过买股持有的投资者。中国学者刘世勇研究认为，短线炒作风险较大，大约要66%的交易成功率才可以保本，要想盈利则要70%～80%的成功率，这是非常难办到的。因此，短线投机的难度更高，自然成功的可能性更低。

我有一个朋友，短线技术比较出色。2009年2月，他曾经在4.50元左右的价格买入过深天地A（见图17），并顺利碰上了3个涨停板，短线获益十分丰厚。然而，当深天地A的股价飙升至12.34元时，他的总体收益却只有130%，还不如持有该股的涨幅170%。他总结的经验就是，由于当时市场处于小牛市中，交易机会很多，他过度频繁的交易导致交易成本吞噬掉很多利润。

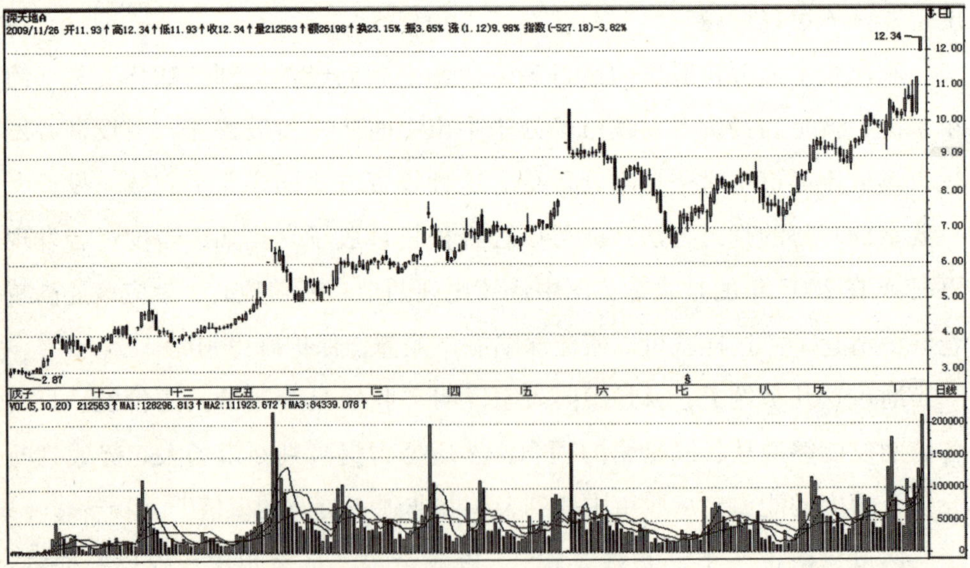

图17　深天地A（000023）

普通的投资者都喜欢短线交易，因为它会给人一种短期内会暴富的错觉。正是这种错觉，引发了投资者的贪婪之心，从而导致市场上充斥着盲目追涨的情绪，自然产生疲于奔命却亏损累累的恶果。

因此，建议投资者奉行“长线是金”的策略，尽量避免追求短期收益，除非你的短线交易技术已日臻完善。当然，各位朋友也可以在“长线是金”的指导下采取波段操作的方式，扩大获利的空间。提醒一句，波段操作同样要求比较精妙的短线技术。在短线技术不够出色的前提下，还是不要玩小聪明比较好。

拓展阅读

何谓长线？何谓短线？在金融投机中，或许我们可以把日内平仓的交易统统称为短线交易，而持仓周期在一个交易日以上的交易统统称为长线交易。在投资者群体中我们一定可以发现：青睐短线交易的投资者数量大大高于从事长线交易的投资者。但在成功的投资者群体中，我们又发现，长线投资者的比例远远高于短线投资者。这是一个有趣的现象，大多数投资者为什么舍弃容易成功的方法，而倾向选择相对困难的方法呢？

我们深入探究，可以发现短线投资者的一个重要理由是机会的数量。短线机会的数量要远远大于长线机会的数量，这点在外汇市场上表现得尤其明显。从资金利用率的角度，短线交易可以更充分地使用资金，把资金的利用率发挥到极致。但机会多就等于利润多吗？这是短线投资者需要认真思考的问题。

相对而言，长线投资者对机会数量的关注要远远低于对盈利数量的关注。投资的根本目的是获利，长线操作，放弃了一些机会，但对利润的把握程度却更加稳定。老子曰：“企者不立，跨者不行。”在机会的旋涡中闪展腾挪的短线英雄，可能过度沉迷于欣赏自己的优美身段和小巧功夫，反而放弃了对获利的深入思考和对长期稳定获利的追求。

从投资者素质的角度，我们看到的是对心理承受力的不同要求。对短线交易而言，毕竟交易的全过程都在自己的眼皮底下，可监视，可操控，效果直接而明显，承受心理压力的时间短，实在承受不了就平仓了之。而对长线交易而言，不可能全程监控持仓的整个过程，交易中需要长时间面对不可知、不可控的不确定状态，这意味着可能长时间承担巨大的心理压力。如果这样看，那心理承受力强的投资者可能更适合做长线，而心理承受力弱的投资者可能更适合做短线。但短时间内多次频繁操作对心理素质也提出了很高要求，长线交易则没有这种心理素质的要求，如此看来，心理承受力并非选择长线或者短线的根本要素，如何选择最终取决于投资者的心理结构。

再从投资者对利润的心理预期角度看，短线投资者对短时间内的利润预期要远远高于长线投资者。在追求短时间内的高额利润的心理驱使之下，就会自然而然地追求机会的数量和操作的频率。而长线投资者更看重的是利润的稳定性。其实这是龟兔赛跑故事的外汇版。投机成功的秘诀之一是利用复利，但复利能否发挥作用，则取决于利润的稳定性。如果我们把追求短线高额利润的交易比作参加 F1 赛车比赛，把追求长线稳定利润的交易比作在自家花园里开电瓶车，谁更容易达到自己的目的不言自明。在普通的投资大众中，有多少人适合做 F1 比赛的赛车手，多少人适合开电瓶车？对这个问题的思考可以更好地帮助我们确定自己的位置。

老子曰：“大道甚夷，而民好径。”意思是说：大路很平坦好走，而民众却喜欢走崎岖不平的小路。在投资的道路选择上，我们希望越来越多的投资者选择大路而放弃小路。

不要预测市场走势

A先生：大盘最近几天的走势比较好，应该已经见底了吧？那么，能否预测一下后市大盘的走势？

铁手：世界杯期间出现了一个章鱼帝，因为成功地预测了多场比赛的赛果而声名大噪。这位朋友想知道后市的走势，应该找这位预测大师帮着算一算嘛。至于我，等什么时候长出八只脚，有可能就可以预测后市将会如何发展了。

其实，我是不太赞同预测市场走势的，也不相信有人可以预测。如果有人能够准确预测股市，世界上所有的钱都会被他装到口袋里了。然而，如同很多人喜欢算命一样，炒股的人很多都喜欢预测股市，就连很多电视台的证券节目也设置了预测的栏目。究其原因，预测股市的涨跌，如同赌大小，属于国人的最爱，玩法简单，命中率貌似很高，又颇能夺观赏者的眼球，很能提升收视率啊！

在继续谈论预测之前，还是让我们先看看最近几天大盘的走势图，见图18。

今天（2010年7月20日），上证指数最终以2528点报收，涨幅达到2.15%，成交量明显放大，多头又开始蠢蠢欲动了。观察更长时间段的K线走势可以发现，大盘今日的突破确认W底已经形成，属于明确的见底信号，也就是说大盘暂时已经见底了。至于这是中期底还是短期底，我们不加猜测，先推算出由此引发的最小上涨目标位为2680点。注意，这个点位不是预测，而是观察的标志点。有些投资者将这个点位当作预测，当大盘上涨到2680点时就认为指数将见顶回调，果断离场后却可能会发现大盘仍然在逼空上涨，那时再后悔就来不及了。那么，这个标志点的作用究竟是

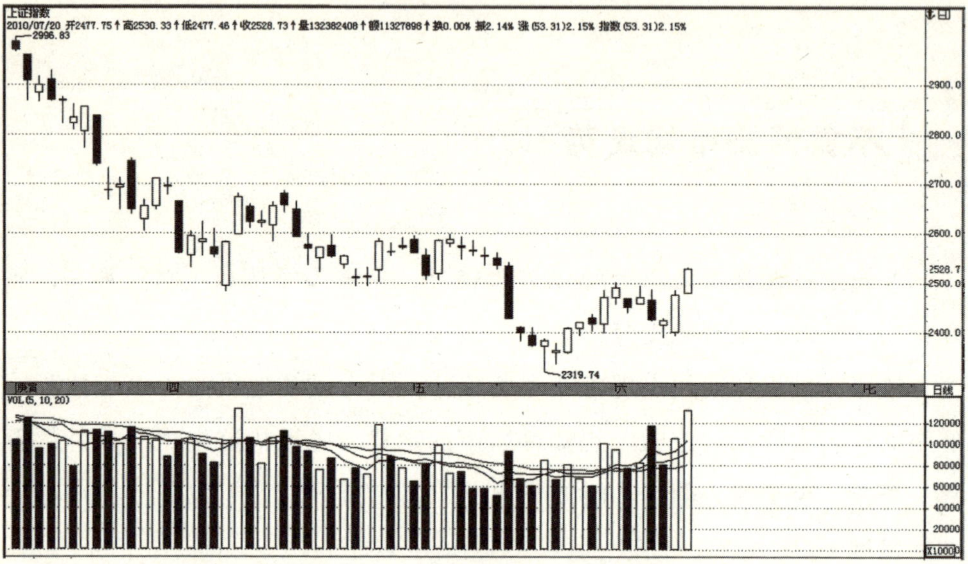

图 18　上证指数（999999）

什么呢？

为了更好地观察大盘走势，我们增加几条辅助线。由此可以看出，最小上涨目标位恰好出现在前期的压力位附近。因此，大盘反弹至 2680 点时应该会遭遇明显的压力。既然这个点位确实有一定的参考价值，就可以根据这个点位设定交易对策了。

①如果大盘并未反弹至 2680 点附近就重新进入跌势，说明缺乏上涨动能，市场处于弱势，投资者应该谨慎做多。

②如果大盘反弹至 2680 点附近见顶，随后的回调突破不了这波涨势的上升趋势线，说明市场已经转势，后市可以积极做多；如果回调跌破上升趋势线，但并没有跌破前低，说明市场很可能进入振荡筑底阶段，投资者需要耐心观察 K 线走势，以寻找下一个确定的见底信号。

③如果大盘反弹至 2680 点附近未发生回调，只是横盘振荡后就继续其上升趋势，说明市场完全进入多头节奏中，上涨的目标位可以上移至 2858 点。

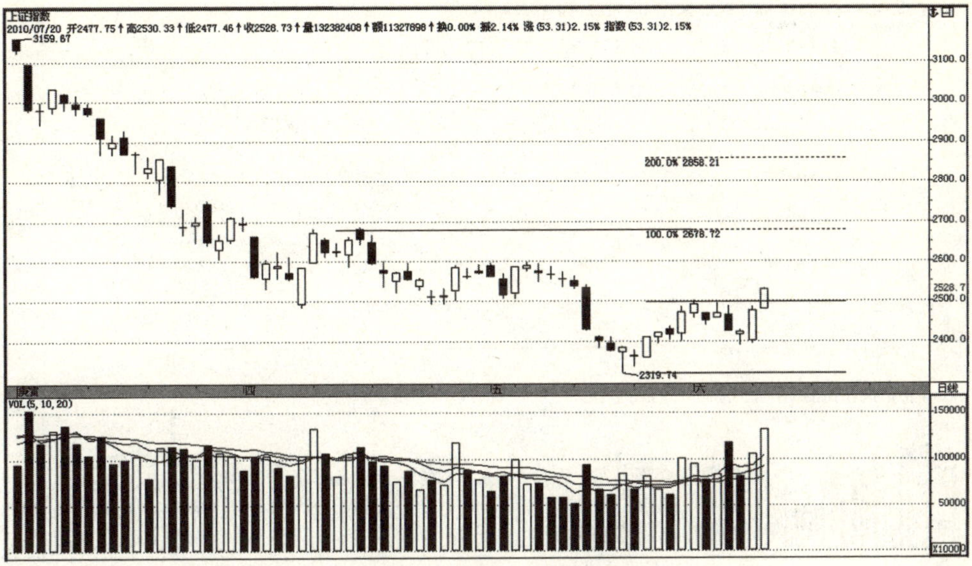

图 19 上证指数（999999）

通过上述分析，各位朋友应该可以看出，我们计算的这个点位只是一个标尺，并没有预测的功效。通过这个标尺，投资者可以形成三种应对策略。如此一来，不论市场如何变化，投资者都已经心中有数，自然可以从容面对了。

下面看一张走势已经明确的 K 线图，可以更清晰地看到各个点位的参考价值。大盘的 W 底确认之后，指数在第一目标价（恰好在前高压力位上）附近上下振荡，显示卖压比较沉重，需要反复洗盘才能清理掉浮筹。突破第一目标价之后，指数向第二目标价进发。在第二目标价附近，卖压明显减小，整理的时间相比第一阶段明显缩短。此后，每个目标价附近的卖压逐渐减弱，整理的时间也逐渐缩短，这是真正的上升趋势所具有的特征。

通过本例可以看出，经过计算所得的目标价并不是预测的结果，而是供投资者参考的标志，就如同高速公路上的距离测试带，可以估测两车之间的距离。

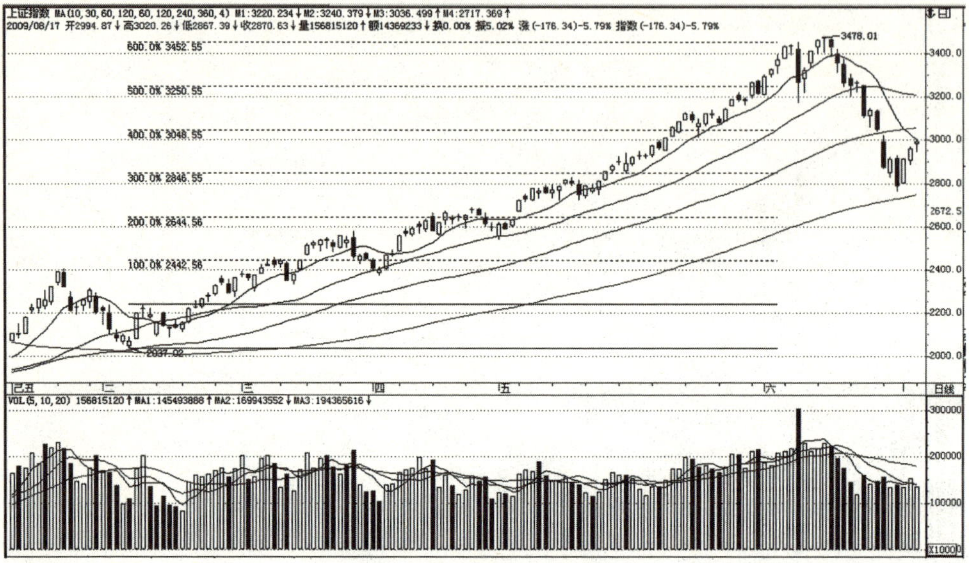

图 20　上证指数（999999）

因此，我从来不预测股市，我只是跟随市场的脚步进退。

拓展阅读

不要去预测股市

预测本身就是一个复杂的技术活动，它综合了多个领域的技术，对未来的演化或发展做出一个方向性的判断。但是因为随着时间的推进，或者市场的演变，在此时所依据的信息在彼时已经不复存在，也就是说讨论的基础在不同的时间点上已经发生了变化，自然而然在不同的基础上得出的结论不同，沿用以前的结论自然已经不合适。

任何做波段操作的人都喜欢做市场行情预测，往往希望在短期内得到最大的报酬。的确有人因此赚到钱，但这绝对不是永远可以遵循的法则。

事实上，如果有人能想出一个屡试不爽的市场预测法，那他一定名留青史，在富人榜上一定也是名列前三名的常客，财富甚于华伦·巴菲特或是比尔·盖茨。所以，没有人能够准确预测什么时候空头市场即将到来（虽然有一些自称华尔街算命师的人自认有能力预测空头的到来），当那种10家股票有9家下跌的大空头市场来临时，很多投资人总是无法避免地出现恐慌。

个人投资者如果老是试图去预测市场，那么将分散一部分做投资方面的分析和研究方面的精力，预测技术本身也可能会将个人投资者带进一个更为复杂的空间，使得个人投资者陷入一个技术的误区。

通过以上的分析，我们可以知道作为大师的林奇告诫“不要试图去预测市场”有一定的内涵和道理。其实，在投资实践中，很多投资者会或多或少地根据自己的预测作出判断，这无可厚非。但是，如果把预测作为一个目的去追求，那么这就是非常不对的了，也正是林奇忠告的重要本质。如果有天才预测得非常准确，那么他仅仅是一个特例，并不代表剩下的99.99%的投资者。

炒股要靠自己

A先生：我是一个炒股新手，平日里经常关注几个博客，感觉他们对市场的判断比较准确，偶尔分享的股票走势也很好。想问一下，我能否根据他们的建议进行操作呢？

铁手：看别人的博客是很好的一种学习方式，但据此炒股，我还是不太建议。中国有句古话：“授人以鱼，不如授之以渔，授人以鱼只救一时之及，授人以渔则可解一生之需。”你跟随别人炒股，就相当于别人送给你鱼吃，能解一时口馋而已。如果他们哪天不写博客了，那你该如何炒股呢？炒股还是要靠自己的。

有一次，一个朋友非要我介绍一只股票给他。平常，我基本不介绍股票给别人的。一则我选择股票的原则是安全第一，和普通投资者追求短线暴涨效益的原则相冲突，推荐的股票难以令他们满意；二则股票交易是一个整体工程，即使买的时机正确，如果不能正确把握卖出时机，也不一定能赚钱；三则这样不利于他们掌握炒股的技能。

由于我们关系确实非常好，当时就选择我看中的一只股票告诉了他，让他关注一下。图21是特力A的日线走势图，正是当时推荐给他时的股价走势情况。之所以推荐这只股票给他，主要鉴于以下几个原因：

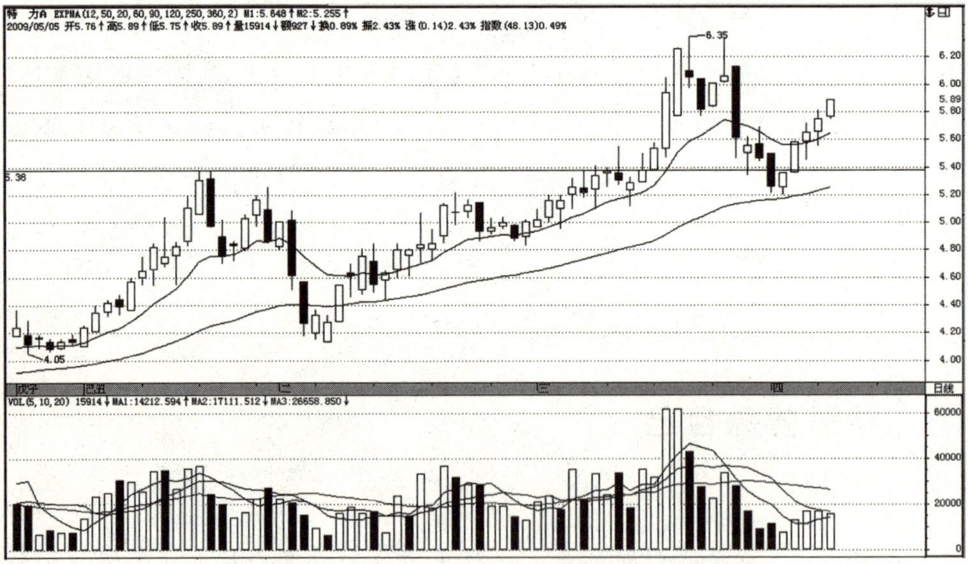

图21 特力A（000025）

①该股突破前高后回撤，在前高附近获得支撑，说明股价向上突破有效，自然可以预期后市应该还有一定的上涨空间。

②EXPMA呈现多头排列，说明市场处于上涨趋势中。股价回调时，恰

好在长期 EXPMA 曲线上方获得支撑，说明股价的波动具有规律性。由此也可以推断，后市股价可能会继续上扬。

③从成交量的角度观察，涨时放量，跌时缩量，量价配合健康，上涨动能依然充沛。

另外，观察当时的深证成指走势，也可以发现其处于明显的上涨趋势中。在大盘处于牛市行情中时，只要不是盲目追涨，赚钱的可能性要远大于亏损的可能性。再结合个股当时的走势情况，可以推断此时入场的风险并不大。因此，我才敢将该股推荐给他。

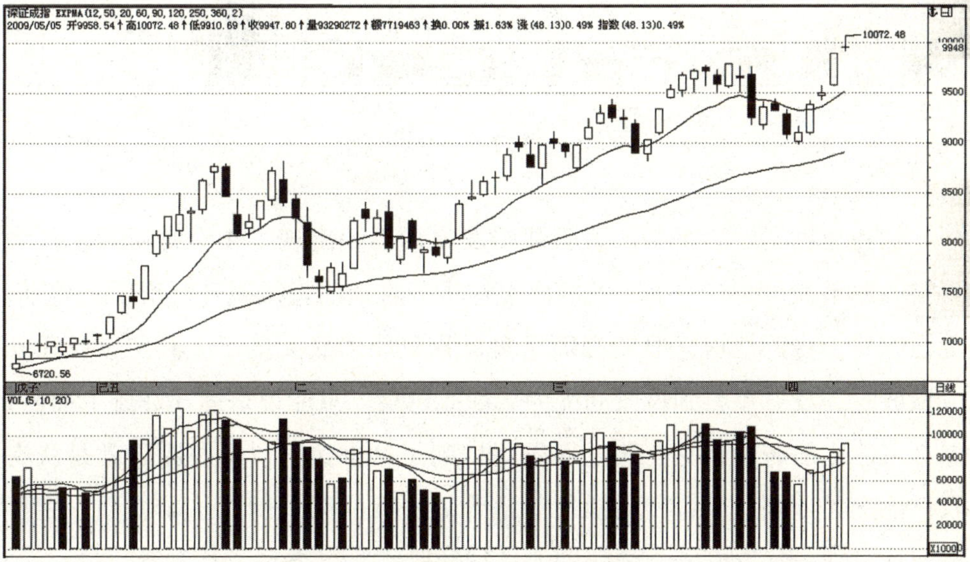

图 22　深证成指（399001）

随后，他就对该股进行了建仓。建仓之后，该股并没有进入良好的涨势中，其主要围绕前高上下振荡，释放前高积聚的压力。对于有经验的投资者而言，这样的走势根本不要担心，耐心静观其变就好了。可是，我这个朋友忍受不住其他个股上涨的诱惑，听从另外一个朋友的建议，在 2009 年 5 月 22 日将该股清仓了，然后换仓为其他的股票。

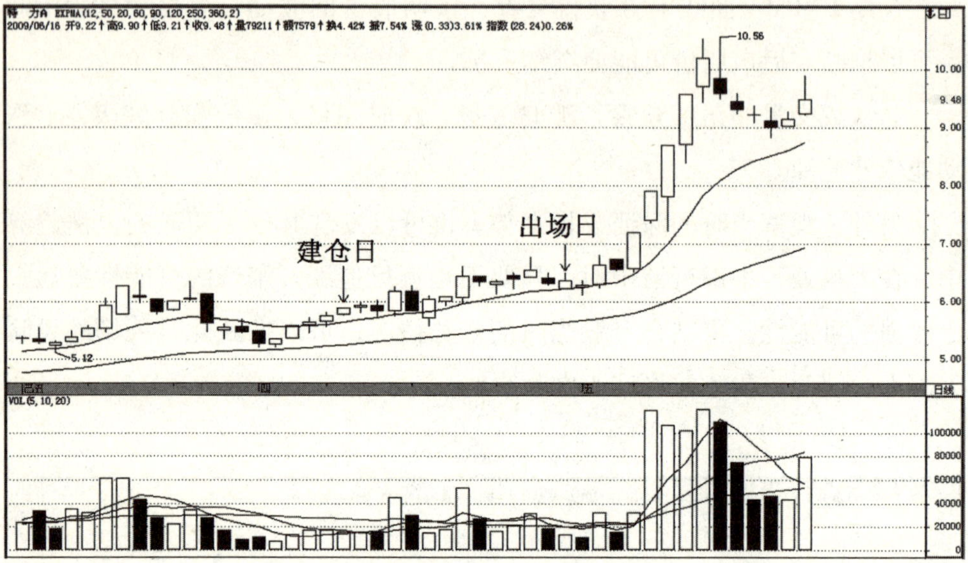

图 23　特力 A（000025）

就在他出场之后不久，该股开始发力，连续出现了 4 个涨停板，甚为可惜。如果他再坚持一下，就能碰上这千载难逢的直线飙升行情了。后来，他抱怨我不告诉他这只股能涨那么多，我只能彻底无语了。其实，我在介入该股时并没有预料到该股的涨势会如此迅猛，只能说是运气好碰上而已，怎么可能提前告诉他呢？我之所以坚持到了这次拉升，主要原因就是我有自己的交易计划，而且严格执行了该计划。我的朋友倒在了黎明前，主要原因就是缺乏独立判断，依赖别人进行炒股。

炒股，是一门技术，是容不得半点投机取巧的。机巧之心太重，即使短期能捞到一大笔意外之财，长期来看也很难在股市中生存。人，有时候就要愚钝一些，先做一些别人不肯做的事情，成功自然手到擒来。因此，我还是建议大家脚踏实地地学习、研究炒股技术，时机成熟之后再入场实战锻炼，直至可以从容应对市场波动之后，才能真正入场交易。

拓展阅读

寻找适合自己的炒股方法

投资炒股到底有没有千篇一律的教科书，有没有一成不变的模式，有没有普遍适用的方法？

（1）共性误区种种

老股民都知道，炒股其实没有一成不变的模式。只有积极地寻找与自身实际相适应的炒股方法，才能在机会与风险并存的股市里得以生存。然而，在实际投资中，不少股民尤其是初入股海的新股民，往往缺乏自己的思考，人云亦云，结果不盈反亏。他们的误区主要有：

误区一：形态越好，机会越大。投资炒股，少不了浏览行情，查看K线。但看什么、怎么看，怎样判断机会大小，如何决策买还是卖，却颇有讲究。当大盘从998点涨到6124点上涨了5倍的时候，大盘K线的形态到底是好还是不好？有的投资者觉得非常漂亮，据此判断今后“仍将大幅上涨”，看高至8000点、10000点甚至更高。于是，心头一热，眼睛一闭，重仓杀入，结果套在了“山顶”上。当大盘从6124点跌到1664点缩水七成时，大盘K线的形态又是好还是不好？有的投资者感到大势已去、机会尽失，据此判断今后“仍将大幅下跌”，看低至1000点、800点甚至更低。于是，信心丧失，不假思索，斩仓离场，结果卖了个“地板”价。假如面对同样的K线，投资者看到的是另外一种景象，结果就会截然不同。所以看图炒股，形态好的不一定能赚钱，形态难看的，也不一定赚不了钱。

误区二：涨啥买啥，越涨越买。股市里有一句流行多年的老话：“会涨的股票就是好股票。”因此，一部分投资者在品种选择时专挑会涨的股票买——涨啥买啥，越涨越买。结果呢？没买的时候，你会发现，会涨的股票真能涨，涨幅榜上排列的都是一些自己刚刚看过、也曾经想买、但不敢买入的股票；一旦买入，又会发现，会涨的股票不一定能带来盈利，涨啥买啥的结果往往是买啥跌啥。而那些逢低吸纳、很少追涨的股民，账户里的品种多数反倒是盈利的。

误区三：操作越勤，收获越多。罗马不是一夜建成的，但有的股民偏偏不信这个道理，希望操作的时候，一买就涨，一卖就跌。当看到大盘和其他个股涨幅巨大、气势恢宏，而自己持有的股票不温不火时，心里特别难过，于是赶紧止损、换股。换股后又发现，卖出的股票涨了，买入的股票跌了。本以为操作越勤，收获越多，到头来才觉得，多操作不如少操作，少操作不如不操作。

(2) 个性绝招多多

炒股的大忌是随波逐流，缺乏个性，投资者若总是找不到与自身实际相适应的个性化炒股方法，就很难在错综复杂的股市里企稳脚跟。这里介绍几种简单易行的“个性化”炒股绝招：

买股票的时候，多听听空头的意见。分歧是投资炒股的最大特点，无论是对大盘的研判，还是对个股的喜好，不同的投资者会有不同的答案。实际操作中，投资者除了自己判断外，有时也需要听听他人的意见。但需注意的是，要多听反方的意见。譬如，当准备建仓买股票的时候，不能光听好话和多头的话，最需要听的其实是坏话、空头的意见。只有多听反方的意见，才能保持克制和理性，有利于做出正确、审慎的决策（卖股票的时候，正好相反，要多听多头的意见）。

选股票的时候，不与持有同类股票的人交流。持股的人对所持股票大多持乐观、积极的看法，否则就会拿不住。当准备买股的时候，如果光听持有同类股票人的意见，听到的将会是清一色的有关该股票的好话，将会是一些促使你买入的意见，不利于做出理性的判断。只有既听取持有同类股票人的意见，又听取他人的意见，才有利于做出客观的判断。从某种意义上说，他人的意见比持有同类股票人的意见更有参考价值，因此更值得多听。

持有股票的时候，不听或少听他人评论。股市内外的声音从来都是此起彼伏，五花八门。面对同一只股票，有人认为估值低了，机会很大；有人认为估值高了，风险很大。投资者听了前者的话赶紧高位追入，听了后者的话又连忙低位杀出，结果必亏无疑。许多投资者都有这样的体会，对持有的股票，本来信心十足，但听了他人的评论后坚持不住，最后亏着出来。事后发现，割肉的股票，成了未来的大黑马，自己再一次与牛股失之交臂。因此，投资者除了买股时要谨慎外，持股的时候特别需要有定力，能够力排各种干扰。而做到坚定沉着的秘诀之一，就是不听或少听他人对股票的评论。

(3) 寻找自己的方法

个性化炒股绝招远不止这些，需要投资者在平时加以总结，不断积累，积极寻找与自身实际相适应的炒股方法。

需要注意的是：一是要在逆境中奋起，在狂热中淡定。与股市难以预料一样，个性化炒股方法也常常充满变数。原来适合自己的炒股方法，有时可能会失灵；曾经不灵的炒股方法，有时又会变得十分管用。所以，积极寻找适合自己的炒股方法，同样需要在逆境（不灵）中奋起，在狂热（灵验）中淡定。

二是保持健康心态弥足珍贵。为什么有些投资者能在逆境中奋起，在狂热中淡定，有些则不能，重要区别在于心态不同。对于个性化炒股方法，投资者不要过于迷恋。一方面，要积极寻找适合自己的炒股方法，另一方面，也要坦然面对，以平常心待之。毕竟，保持健康心态才是最重要的。而且，有了这种健康心态，反而有利于找到适合自己的炒股方法，进而取得投资的成功。

——摘自中国经济网，有修改

第二部分

技能篇

K线分析基本功——单根K线

A先生：我是刚刚接触股市的新手，想请教一下，炒股看K线真的有用吗？为什么我按照书中所说的进行操作，总感觉效果很有限？如果有用，该如何使用才行？

铁手：K线，大家都很熟悉，一打开股票软件满眼都是。可是，如何利用K线指导炒股，还是困扰很多投资者的问题。因此，今天我们来共同学习一下K线，看看怎样才能发挥K线的作用。

现在主流的学习K线的方式就是背图形。首先，把大阳线、大阴线之类的K线图形背熟；其次，了解不同K线的形态特征和实战意义等；最后，将所学知识融会贯通后运用于实战。这是很不错的一种学习方法！只要持之以恒地坚持下去，一定可以学有所成。

可是，有些朋友已经熟练掌握K线图形了，但在实战中却感觉学到的知识根本没有多少用处。这并不奇怪，我曾经讲过，炒股是一个整体性的工程。学习K线就像是打地基，请问谁见过打完地基楼房就盖成了的？记得有位朋友质问我，既然K线这个东西不能赚钱，那你还啰唆那么多干嘛！这让我想起来达·芬奇画鸡蛋的故事。

达·芬奇14岁那年，到佛罗伦斯拜著名艺术家弗罗基俄为师。弗罗基俄是位很严格的老师，他给达·芬奇上的第一堂课就是画鸡蛋。开头，达·芬奇画得很有兴致，可是以后的第二课、第三课，老师还是让他画鸡蛋。这使达·芬奇想不通了，小小的鸡蛋，有什么好画的？有一次，达·芬奇问老师："为什么老是让我画鸡蛋？"老师告诉他："蛋，虽然普通，但天下没有绝对一样的，即使是同一个鸡蛋，角度不同，投来的光线不同，画出来也不一样。因此，画鸡蛋是基本功。基本功要练到画笔能圆熟地听从大脑的指挥，得心应手，才算功夫到家。”

达·芬奇听了老师的话，很受启发。他每天拿着鸡蛋，一丝不苟地照着画。一年，二年，三年……达·芬奇画鸡蛋用的草稿纸，已经堆得很高了。他的艺术水平很快超过了老师，终于成为伟大的艺术家。

我们炒股，就像达·芬奇画鸡蛋。每个鸡蛋就像每根 K 线，只有把握住每根 K 线的独特之处，才能算是真正敲开炒股的大门啊！

既然 K 线如此有用，我们就有必要认真地研究一下。这里不再介绍 K 线图形的特征和实战意义。如果大家想了解这些基础知识，可以回去看看我们提供的资料，里面有详细的说明。今天我们换个角度来观察 K 线，从 K 线的实战价值出发，选取其中的关键 K 线进行解读。

对于许多投资者而言，关键 K 线是一个相对陌生的词。所谓关键 K 线，是指标志趋势发生变化或者趋势继续延续的某根 K 线。关键 K 线，必然是以下四种性质的 K 线之一：突破性质的 K 线、见底性质的 K 线、见顶性质的 K 线和中继性质的 K 线。

1. 突破 K 线

突破 K 线，是指突破重要压力位（线）或者重要支撑位（线）的 K 线，提供直观的交易信号，具有明确的指向作用，投资者应该重点关注。只要把握住突破 K 线，不论是抄底、追涨还是逃顶，均可以精确制导。

按照突破的方向，可以将突破 K 线分为向上突破 K 线和向下突破 K 线。

向上突破 K 线，具有看涨的特质，尤其是伴随成交量明显放大的向上突破，其看涨意味更为浓厚。面对向上突破 K 线，投资者的交易重点就是后市积极做多。

按照突破发生的时间，向上突破 K 线又可以分为筑底阶段的向上突破 K 线和拉升阶段的向上突破 K 线。筑底阶段的向上突破 K 线，是指向上突破发生在股价由下降趋势转为上升趋势的时候，如图 24。拉升阶段的向上突破 K 线，是指向上突破发生在上涨趋势中，当股价结束回调行情后继续上涨，并顺利突破前期高点形成的压力位，如图 25。

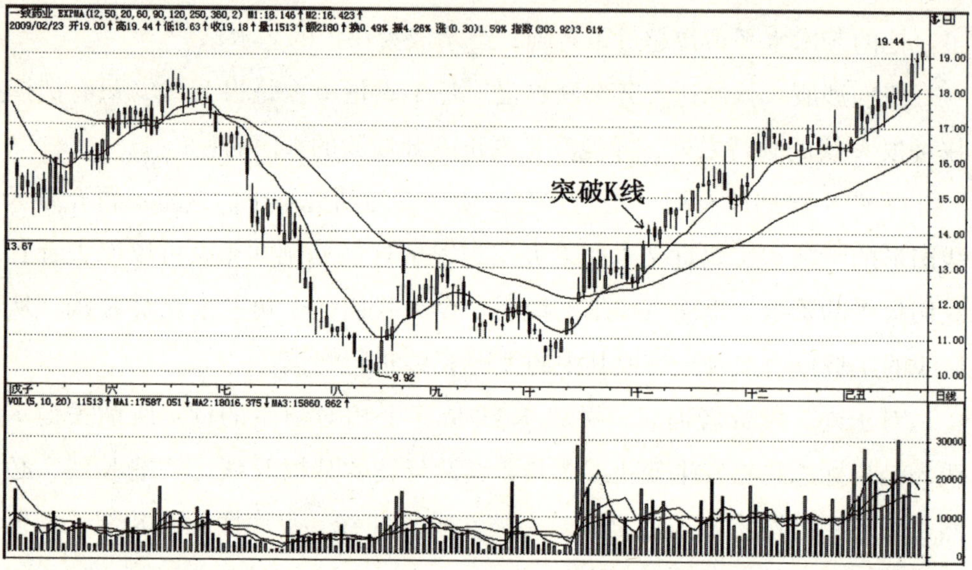

图 24　一致药业（000028）

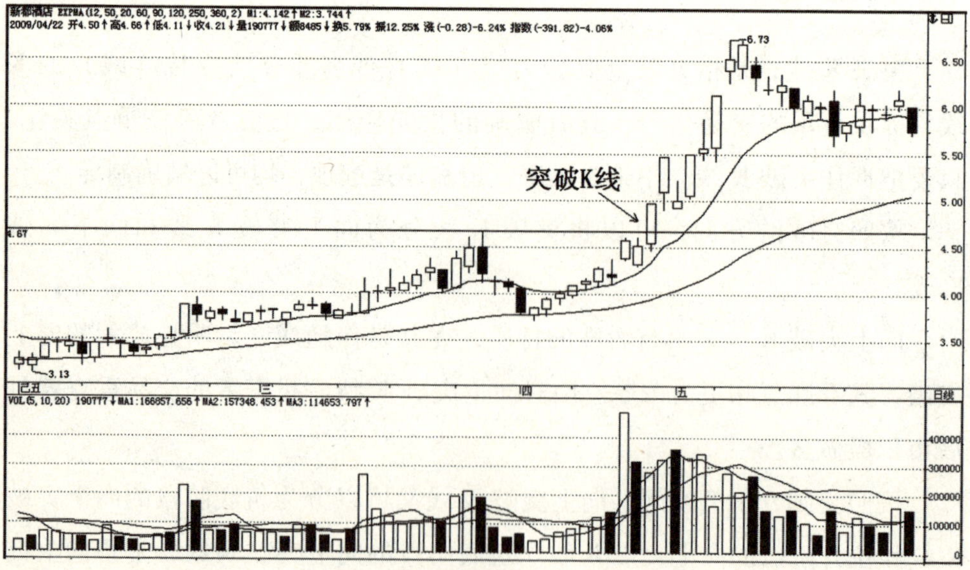

图 25　新都酒店（000033）

向下突破K线，具有看跌的特质，其看跌程度不因突破时成交量的多少而有所差异。当投资者发现向下突破K线，后市的交易重点就是耐心空仓等待，直至市场趋势出现见底转势迹象。

同样，按照突破发生的时间，向下突破K线又可以分为筑顶阶段的向下突破K线和杀跌阶段的向下突破K线。筑顶阶段的向下突破K线，是指向下突破发生在趋势转折点上，当向下突破发生后，市场的趋势由上升转为下降，见图26。杀跌阶段的向下突破K线，是指向下突破发生在股价下跌趋势中，当一波反弹结束后，股价继续下滑，并向下突破了前低形成的支撑位，后市往往还会有一定的下跌空间，见图27。

突破K线具有十分高的实战价值，投资者在每日的看盘工作中，应该重点标注形成突破K线的股票，以便从中选择可以建仓的股票以及应该及时离场的股票。很多牛股，其飙升的起点往往都是向上突破K线。因此，每日关注向上突破K线，是捕捉牛股的一种简便易行的方法。至于逃顶，

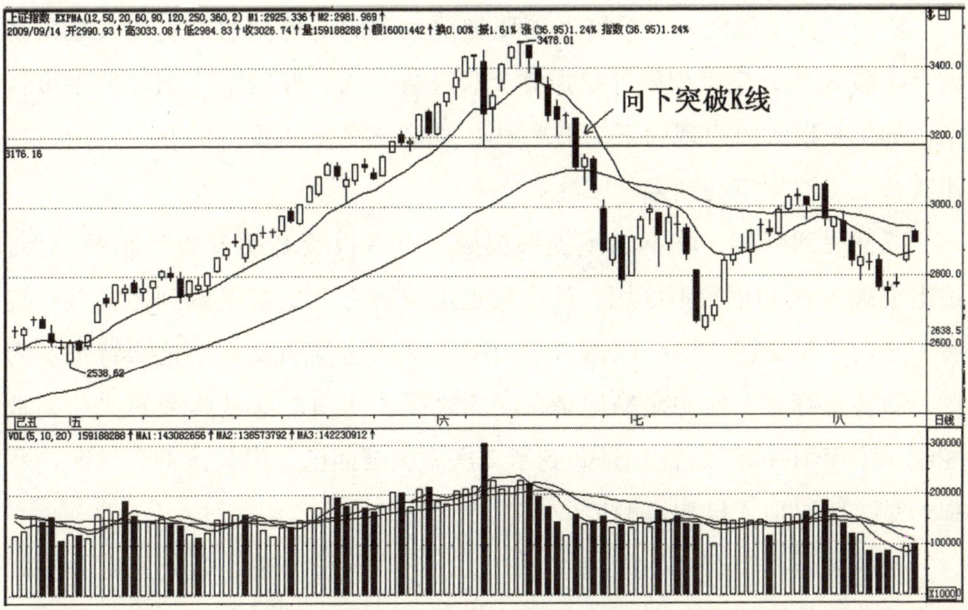

图26 上证指数（999999）

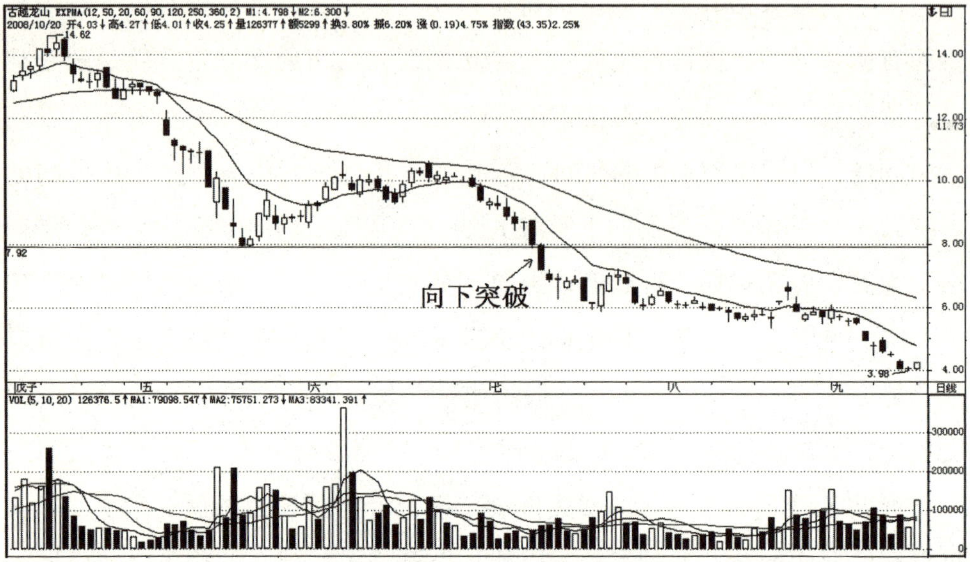

图 27　古越龙山（600059）

只要把握好向下突破 K 线，深度套牢的事情再也不会发生了。

除了关注个股之外，投资者还要把握大盘的走势。如果发现大盘出现向上突破 K 线，应该积极寻找强势个股进行介入，迎接全线飘红的牛市行情；如果发现大盘出现向下突破 K 线，则应该尽量减少持股仓位，耐心持币等待下一波牛市的到来。

既然提到突破，就不能不提假突破。有些投资者朋友曾经跟我抱怨，追击突破 K 线的招数不好用，他十次追击突破有九次都是碰到假突破。我听了之后很是惊诧，这个比例可是很不正常，这位朋友不会这么背吧？为此，我特意翻看了他的交易记录，看完之后才明白，这是典型的“一朝被蛇咬，十年怕井绳”。他只是碰到了 2 次假突破而已，但每次都导致账户亏损严重，所以他才倍加抵触追击突破。

判断突破是否有效的原则主要有三个：收盘价原则、时间原则和空间原则。收盘价原则，是指突破应以 K 线的收盘价为准，盘中突破但收盘价未突破为假突破；时间原则，就是股价突破之后停留的时间，常以 3 个交

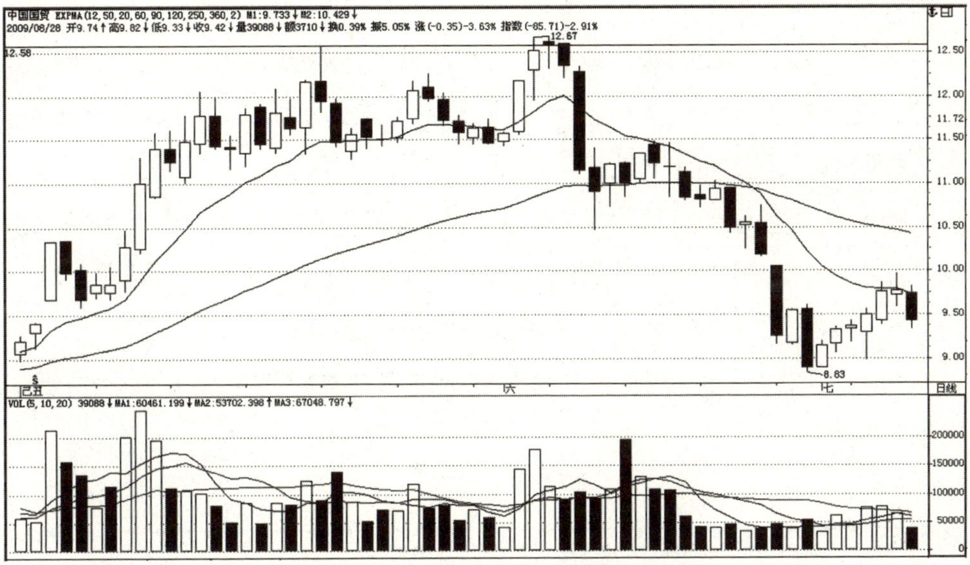

图 28　中国国贸（600007）

易日为限；空间原则，就是股价突破的幅度，日线级别常以 3% 的突破空间为限。当然，如果投资者的盘感足够好，往往能够在突破之前就基本确定是否能够有效突破了。

图 28 就出现了一次假突破。之所以将其定义为假突破，原因就是收盘价始终没有真正企稳在前高之上。收盘价原则都不符合，更不用说时间原则和空间原则了。如果投资者已经建仓之后遭遇向上假突破，应该在确认假突破的当日及时离场，即使亏损也要离场。

只要投资者奉行“向上突破建仓，向上假突破止损；向下突破清仓，向下假突破重新入场”，就可以有效利用突破 K 线指导交易了。

2. 见底 K 线

单纯利用一根 K 线来推断趋势转变与否，实在是很勉为其难的任务。不过，在看清大势的前提下，要想寻找最佳的建仓点，见底 K 线就可以大展身手了。

观察K线的要点有三个：首先，观察K线的阴阳，阳线看涨，阴线看跌；其次，观察K线的实体或者跳空，K线实体越大或跳空越多，所发出的信号越强烈；最后，观察上下影线，上影线明显很长说明盘中卖压重，下影线明显很长说明盘中买盘积极。

根据K线观察要点可以推断：见底K线多为阳线，即使出现阴线也是高开低走的上涨阴线；见底K线要么是实体较大的阳线，要么是向上跳空的K线，要么是下影线较长的K线。

图29中出现了一根见底K线。之所以将其判定为见底K线，主要基于下述原因：

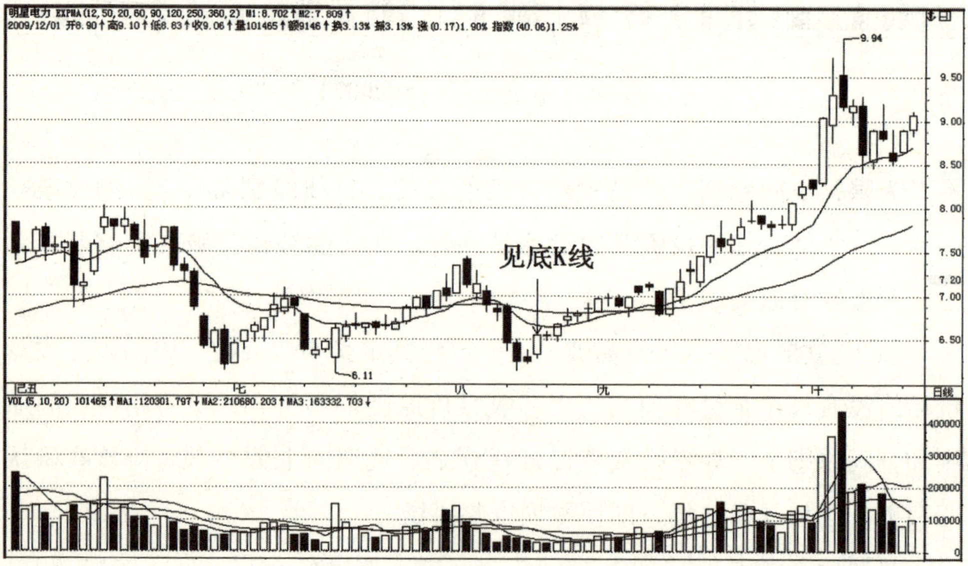

图29　明星电力（600101）

①大盘在2700点一带获得支撑，空方连续3次进攻都未能突破这道防线，做空能量得以充分释放，见图30。因此，大盘很有可能就此形成反弹。

②股价连续3次在6.15元左右获得支撑，说明此价位获得投资者的认

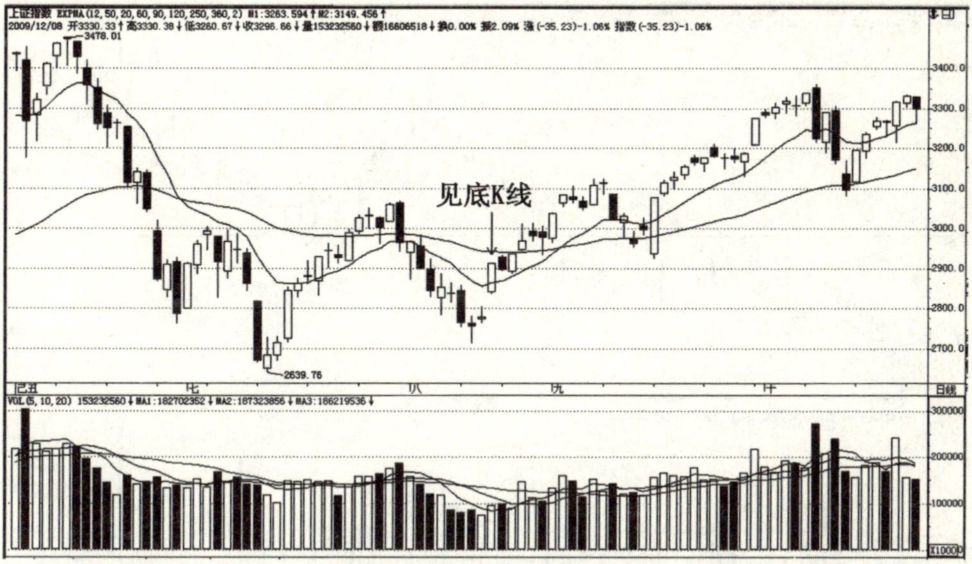

图 30 上证指数（999999）

可。除非大盘明显走弱，否则很容易就此形成反弹。刚刚已经分析过，大盘也有见底迹象，后市反弹的概率更高。因此，股价就此反弹的可能性较大。

③在大盘反弹概率高的背景下，指数在 2700 点上方出现跳空光头阳线，说明当时市场的主流力量就是做多，因此这根 K 线就是见底 K 线。

④同理，在大盘企稳、个股支撑有力的背景下，明星电力在 6. 15 元上方出现跳空光头中阳线，日涨幅接近 5%，这样的 K 线就是见底 K 线。

既然发现了见底 K 线，投资者就可以跟随入场了。至于止损价，由于利用见底 K 线建仓为低位建仓，投资者可以选择判定见底 K 线的重要支撑位为止损位。就本例而言，投资者可以选择 6. 10 元作为止损价。

上例的见底 K 线出现在下跌趋势中，属于抢反弹行为。由于市场处于跌势中，操作稍有不慎就容易陷入亏损之中，因此不建议投资者参与。图 31 中的宏图高科和图 32 中的上证指数均处于上涨趋势，在其中的回调行情发现了见底 K 线。利用这样的 K 线进行交易，赚钱的概率就高多了。

图 31　宏图高科（600122）

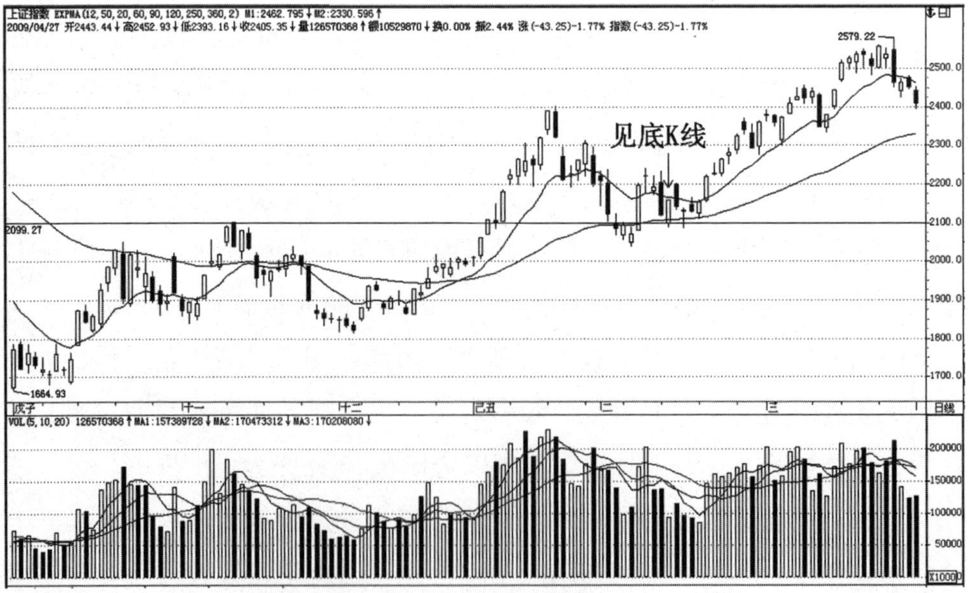

图 32　上证指数（999999）

3. 见顶K线

见顶K线与见底K线类似，只是所处的位置有高低之分。见顶K线，是指具有见顶性质的K线。此类K线出现之后，市场将结束上涨的趋势，转而进入跌势。

根据K线观察要点可以推断：见顶K线多为阴线；见底K线要么是实体较大的阴线，要么是向下跳空的K线，要么是上影线较长的K线。与见底K线不同，一根强度很大的见顶K线就有可能引发趋势的改变。

结合实例来看看见顶K线。图33中出现了两根见顶K线，将其判定为见顶K线的原因如下：

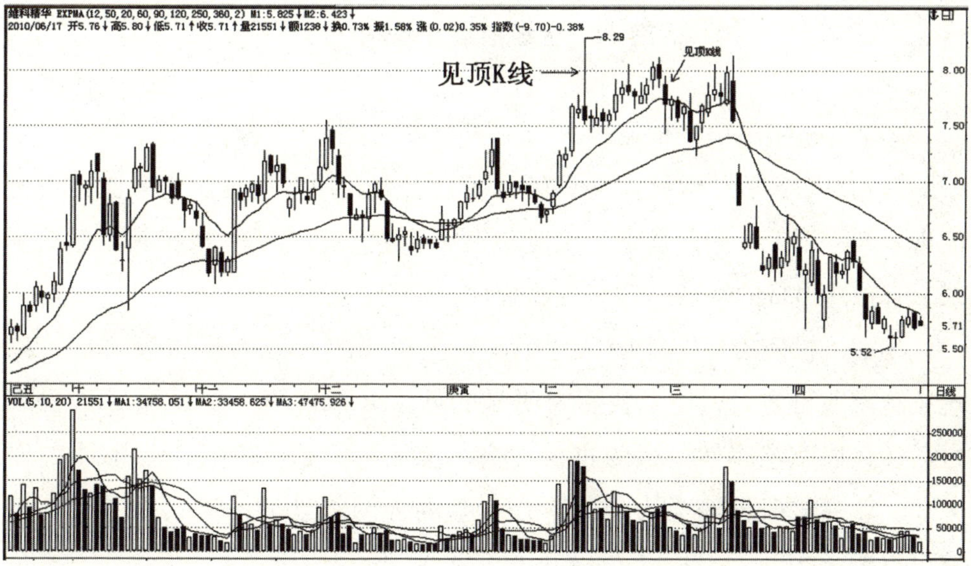

图33　维科精华（600152）

①两根见顶K线出现的同时，大盘处于明显的下降趋势中，见图34。尽管当时市场的整体跌幅不算很大，但潜藏的下跌风险却很高。换言之，大盘后市继续下跌的可能性高。

图 34　上证指数（999999）

②维科精华的第一根见顶 K 线，特征非常明显——超长的上影线。这根上影线说明，股价继续向上突破的压力很大。在大盘明显弱势而且很可能进入又一轮下跌的背景下，该股向上突破后却出现了一根超长上影线 K 线，有拉高出货的嫌疑，后市自然看跌。

③如果投资者还不能确认这根超长上影线的 K 线为见顶 K 线，可以继续观察股价走势，以寻找更为明显的见顶 K 线。第一根见顶 K 线出现之后，该股重整旗鼓，试图再次冲高，但无法突破上影线高点形成的压力线。既然该股已经无力上行，在大盘弱势的背景下，就只有下跌一条路可以走了。

既然发现了见顶 K 线，投资者就应该抓紧离场，以回避潜在的风险。如果市场经过振荡后，消除了做空的压力，股价继续上涨。投资者可以在股价有效突破见顶 K 线最高点后重新入场。这样虽然会损失一些利润，但与潜在的风险相比，这点付出是值得的。

上例的见顶 K 线出现在趋势转变（多变空）的过程中，即见顶 K 线恰好与大趋势见顶同步。实战中，当市场处于上升趋势中时，见顶 K 线属于波段操作的信号，不能据此判断大势的走向。只要大趋势没有出现见顶信号，一根见顶 K 线发出的信号有时可以直接忽略，因为在见顶信号引发市场短暂的波动后，通常股价还会延续其上涨趋势。

下面看看下跌趋势中的见顶 K 线。图 35 中的生益科技和图 36 中的上证指数均处于下降趋势，在其中的反弹行情中发现了见顶 K 线。在市场弱势的背景下，应该加倍重视见顶 K 线，市场很有可能就此继续其下跌的趋势。如果此时投资者不能及时离场，很容易在短期内陷入深度套牢的窘境中。

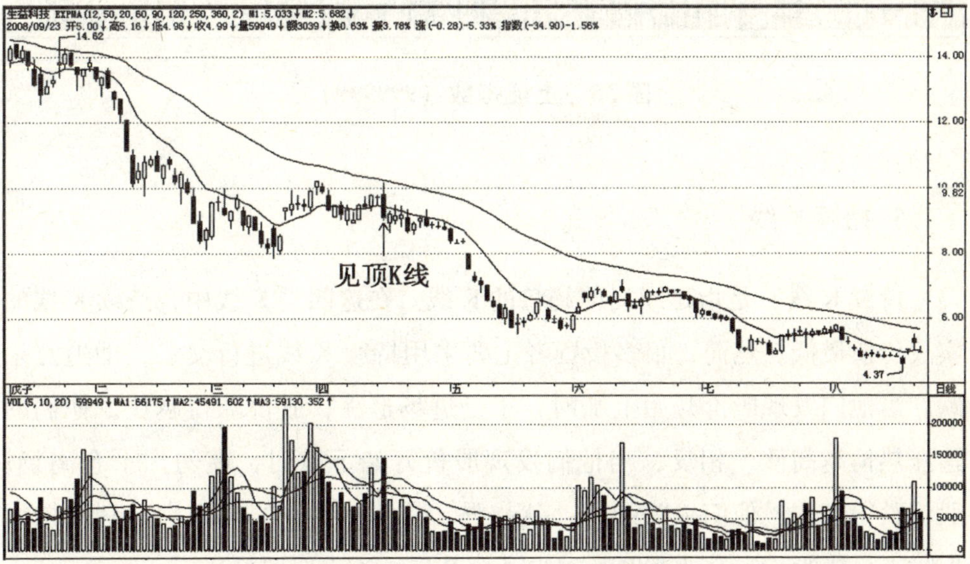

图 35　生益科技（600183）

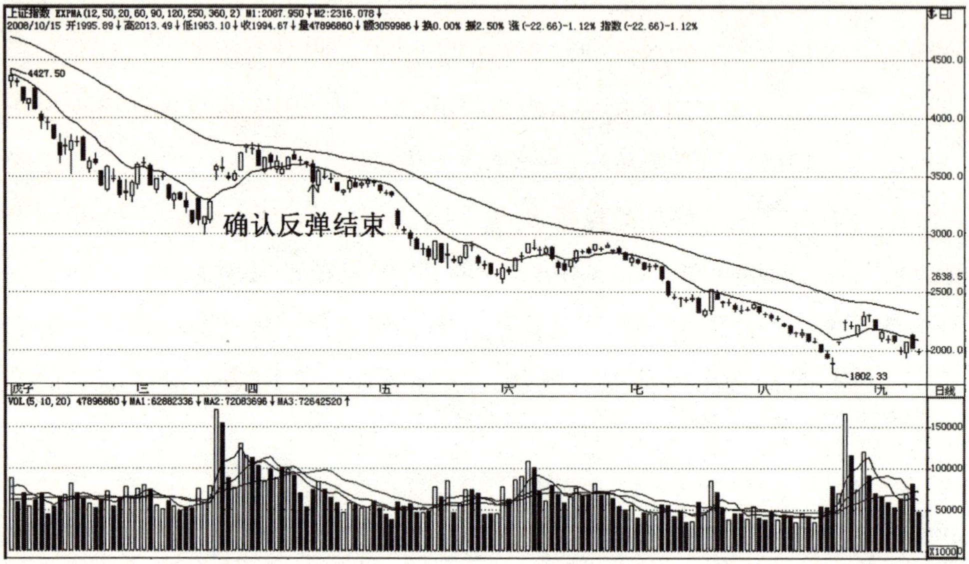

图 36　上证指数（999999）

4. 持续 K 线

持续 K 线，是指延续当前趋势的 K 线。在这四类 K 线中，持续 K 线的实战价值最低。然而，很多投资者主要采用持续 K 线进行交易，即追涨杀跌。当他们发现股价开始上涨时，于是进场追涨；股价涨得越快，他们的追涨热情越高涨。相反，当他们发现股价开始下跌时，就匆忙平仓离场；股价跌得越快，他们杀跌的冲动就越强。其实，真正的高手都是利用持续 K 线进行持股和空仓的判断，很少利用其进行买卖股票的决定。

在一波上涨行情中，处于中间阶段的 K 线均为持续 K 线。在图 37 中，天方药业出现一波明显的拉升行情，其中有一根十字线，属于持续 K 线。当投资者发现这根 K 线时，首先应该警惕股价见顶。次日，股价继续上涨，K 线实体位于十字线的上影线中，进一步证明十字线为持续 K 线，投资者可以放心继续持股了。

在一波下跌行情中，处于中间阶段的 K 线就是持续 K 线。在图 38 中，

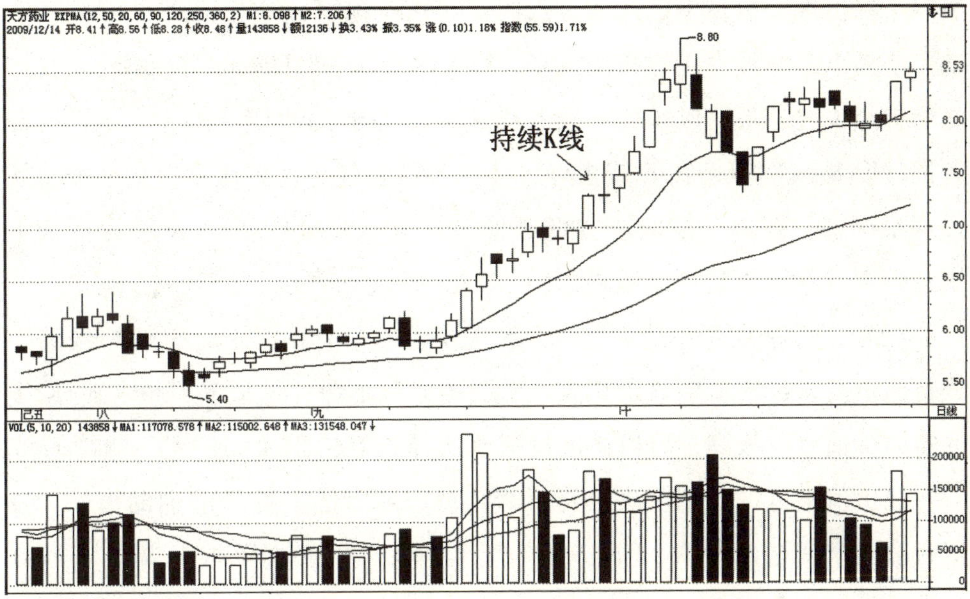

图 37 天方药业（600253）

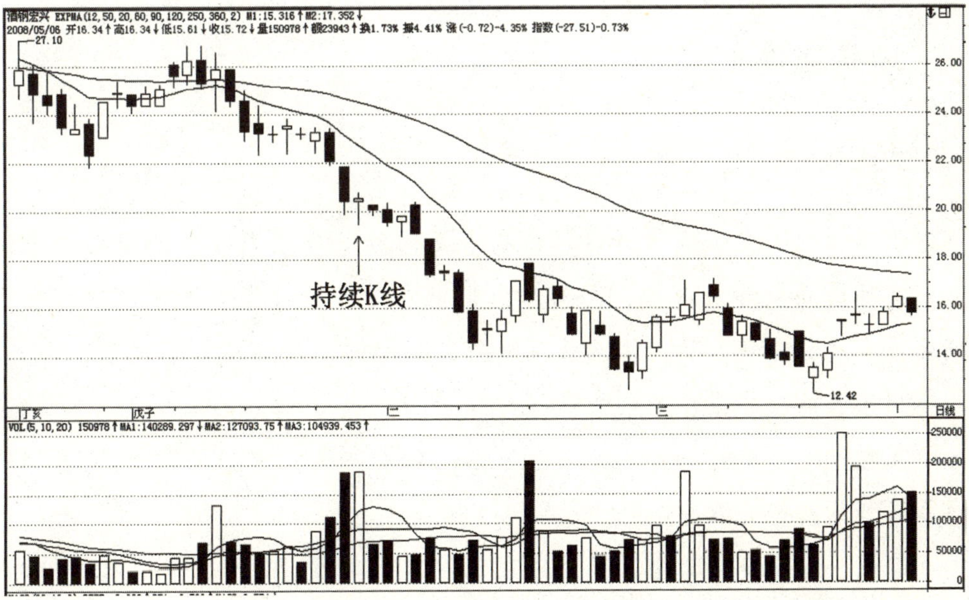

图 38 酒钢宏兴（600307）

酒钢宏兴出现一根长下影线的小阳线。如果单独研究这根K线，有些投资者会认为下影线代表买方积极入场，那么这根K线可能是见底K线。我们之前曾经说过，不可以单凭一根K线来判断趋势的改变。因此，不管投资者把这根K线看作见底K线也好、持续K线也罢，都应该多等待一个交易日观察观察。次日，该股跳空低开低走，进一步证明了该K线为持续K线，投资者继续捂紧自己钱袋吧！

至此，四种关键K线都已经介绍完了。简单总结一下，突破K线的实战价值最高，投资者应该密切关注个股的突破走势；见顶K线和见底K线的实战价值也比较高，可以协助投资者选择更好的出入场位置；持续K线的实战价值最低，多用于决定是否继续持股或者继续持币的辅助指标。投资者只要掌握这四种K线的特征，基本上就可以发挥单根K线的实战效用了。

拓展阅读

大阳线

大阳线的收盘价高于开盘价，二者之间的长方柱用红色或空心绘出，上影线的最高点为最高价，下影线的最低点为最低价。对于日线图而言，大阳线实体部分代表的价格波动一般在5%以上。

大阳线的实战操作策略如下：

①在一个下降趋势中，如果出现了一根大阳线，那么就应该关注，并寻找适当的时机介入。

②在一个上升趋势中，如果出现了一根大阳线，那么，说明上升趋势在加速发展，应该继续持有多头仓位。

③尽量不要在大阳线出现的当日做空。

④阳线实体越长，信号越可靠。

具体来讲：

①在下跌末期或者上涨初期，出现大阳线，后市看涨。

②在上涨途中出现大阳线，继续看涨。

③在连续加速上涨行情中出现大阳线，要警惕，可能是见顶信号。

④在下跌初期，出现大阳线，谨慎看涨，积极看空。

⑤在下跌途中出现大阳线，继续看空，观望为主。

⑥在连续下跌行情中出现大阳线，谨慎看空，可能是见底信号。

注意：大阳线通常都是看涨信号，但要注意观察分时走势。有些时候，会出现“貌似大阳线的大阳线”（实际上股价在下跌），其看涨信号就不那么值得信赖了。

大阴线

大阴线的收盘价低于开盘价，二者之间的长方柱用蓝色或黑色绘出，上影线的最高点为最高价，下影线的最低点为最低价。对于日线图而言，大阴线实体部分代表的价格波动一般在4%以上。

大阴线的实战操作策略如下：

①在一个上升趋势中，如果出现了一根大阴线，应该密切关注，以决定是否进行减仓或者清仓。

②在一个下跌趋势中，如果出现了一根大阴线，那么，说明下跌趋势在加速发展，应该继续持币。

③尽量不要在大阴线出现的当日做多。

④阴线实体越长，信号越可靠。

具体来讲：

①在上涨末期或者下跌初期，出现大阴线，后市看跌。

②在下跌途中出现大阴线，继续看跌。

③在连续加速下跌行情中出现大阴线，要密切关注，可能是见底信号。

④在上涨初期，出现大阴线，谨慎看跌，积极看涨。

⑤在上涨途中出现大阴线，继续看多，观望为主。

⑥在连续上涨行情中出现大阴线，谨慎看多，可能是见顶信号。

小阳线

小阳线的开盘价低于收盘价，二者之间的长方柱用红色或空心绘出，下影线的最低点为最低价，上影线的最高点为最高价。对于日线图而言，小阳线实体部分代表的价格波动一般在1.5%以内。

(1) 上长下短小阳线

上长下短小阳线，是指上影线长、下影线短的小阳线。上长下短小阳线，通常也俗称为倒锤头线。

①上长下短小阳线表示上涨压力大，上影线越长，代表的上涨压力越大。因此，其实战应对策略均是围绕这一点展开。

②在一个上升趋势中，如果出现一根上长下短的小阳线，要保持警惕，防止短期顶部的到来。如果上长下短小阳线的下一交易日，股价开始走低，全日活动于小阳线的实体之下，这个小阳线可能就是见顶K线，后市看跌。

③在上升趋势中，如果上长下短小阳线的下一个交易日，股价没有下跌，反而继续上扬，并成功企稳在小阳线实体之上，这个小阳线可能只是上涨中继，后市看涨。

④在下跌趋势中，上长下短小阳线基本上都是中继性质的K线，后市看跌。有时，上长下短小阳线也会发出见底信号，尤其是其成交量明显萎缩且呈现地量时。

⑤尽量不要在上长下短小阳线当日做多，跟踪日介入是个不错的选择。

⑥对于小阳线而言，其上下影线是关注的重点，再配合成交量进行分析，可以得出很多有价值的信号。

⑦上长下短小阴线与上长下短小阳线的实战应对策略基本相同，下文不再赘述。相对而言，上长下短小阴线的见顶信号和下跌中继信号更为强烈一些，而上长下短小阳线的上涨中继信号更强烈。

（2）上短下长小阳线

上短下长小阳线，是指上影线短、下影线长的小阳线。上短下长小阳线，通常也俗称为锤头线。

①与上长下短小阳线恰好相反，上短下长小阳线表示下跌支撑有力，下影线越长，代表的支撑越有力。因此，其实战应对策略也是围绕这一点展开。

②在一个下跌趋势中，如果出现一根上短下长小阳线，要保持关注，短期底部有可能就要到来。如果上短下长小阳线的下一交易日，股价开始走高，全日活动于小阳线的实体之上，这个小阳线可能就是见底K线，后市看涨。

③在下跌趋势中，如果上短下长小阳线的下一交易日，股价没有上涨，反而继续下跌，并跌破下影线最低点，这个小阳线可能只是下跌中继，后市看跌。

④在上涨趋势中，上短下长小阳线多是中继性质的K线，后市看涨。有时，上短下长小阳线也会发出见顶信号。

⑤可以在上短下长小阳线当日做多，也可以选择跟踪日进行做多。

⑥上短下长小阴线与上短下长小阳线的实战应对策略基本相同，下文不再赘述。相对而言，上短下长小阳线的见底信号和上涨中继信号更为强烈一些，而上短下长小阴线的下跌中继信号更强烈。

（3）上下影均衡小阳线

所谓上下影均衡小阳线，是指上影线和下影线长度差不多的小阳线。

①上下影均衡小阳线的上下影线是关注的重点。如果上下影线很长，代表多空争夺激烈，后市行情通常也会剧烈波动；如果上下影线很短，代

表多空休战，多为蓄势。

②在一个明显的趋势中，如果出现一根上下影均衡小阳线，多为中继性质的K线。在上升趋势中，后市看涨；在下跌趋势中，后市看跌。

③在整理行情中，单根上下影均衡小阳线关注价值有限，除非具有突破性质。

④通常不会利用上下影均衡小阳线进行建仓。

⑤上下影均衡小阴线与上下影均衡小阳线的实战应对策略基本相同，下文不再赘述。相对而言，上下影均衡小阳线的上涨中继信号更为强烈一些，而上下影均衡小阴线的下跌中继信号更强烈。

（4）光头小阳线

光头小阳线，是指没有上影线的小阳线。如果光头小阳线的下影线比较长，就构成了锤头线。

①光头小阳线表示下跌支撑有力，下影线越长，代表的支撑越有力。因此，其实战应对策略也是围绕这一点展开。

②在一个下跌趋势中，如果出现一根光头小阳线，要保持关注，底部有可能就要到来。如果光头小阳线的下一交易日，股价开始走高，全日活动于小阳线的实体之上，这个小阳线可能就是见底K线，后市看涨。

③在下跌趋势中，如果光头小阳线的下一交易日，股价没有上涨，反而继续下跌，并跌破下影线最低点，这个小阳线可能只是下跌中继，后市看跌。

④在上涨趋势中，光头小阳线多是中继性质的K线，后市看涨。有时，光头小阳线也会发出见顶信号。

⑤可以在光头小阳线当日做多，也可以选择跟踪日进行做多。

⑥光头小阴线与光头小阳线的实战应对策略基本相同，下文不再赘述。相对而言，光头小阳线的见底信号和上涨中继信号更为强烈一些，而光头小阴线的下跌中继信号更强烈。

（5）光脚小阳线

光脚小阳线，是指没有下影线的小阳线。如果光脚小阳线的上影线比较长，就构成了倒锤头线。

①光脚小阳线表示上涨压力大，上影线越长，代表的上涨压力越大。因此，其实战应对策略均是围绕这一点展开。

②在一个上升趋势中，如果出现一根光脚小阳线，要保持警惕，防止短期顶部的到来。如果光脚小阳线的下一交易日，股价开始走低，全日活动于小阳线的实体之下，这个小阳线可能就是见顶K线，后市看跌。

③在上升趋势中，如果光脚小阳线的下一交易日，股价没有下跌，反而继续上扬，并成功站稳上影线，这个小阳线可能只是上涨中继，后市看涨。

④在下跌趋势中，光脚小阳线基本上都是中继性质的K线，后市看跌。

⑤尽量不要在光脚小阳线当日做多，跟踪日介入是个不错的选择。

⑥光脚小阴线与光脚小阳线的实战应对策略基本相同，下文不再赘述。相对而言，光脚小阴线的见顶信号和下跌中继信号更为强烈一些，而光脚小阳线的上涨中继信号更强烈。

小阴线

小阴线的开盘价高于收盘价，二者之间的长方柱用蓝色或黑色绘出，下影线的最低点为最低价，上影线的最高点为最高价。对于日线图而言，小阴线实体部分代表的价格波动一般在1.5%以内。

①上长下短小阴线，是指上影线长、下影线短的小阴线。上长下短小阴线，通常也俗称为倒锤头线。

②上短下长小阴线，是指上影线短、下影线长的小阴。上短下长小阴线，通常也俗称为锤头线。

③上下影均衡小阴线，是指上影线和下影线长度差不多的小阴线。

④光头小阴线，是指没有上影线的小阴线。如果光头小阴线的下影线比较长，就构成了锤头线。

⑤光脚小阴线，是指没有下影线的小阴线。如果光脚小阴线的上影线比较长，就构成了倒锤头线。

中阳线

中阳线的开盘价低于收盘价，二者之间的长方柱用红色或空心绘出，下影线的最低点为最低价，上影线的最高点为最高价。对于日线图而言，小阳线实体部分代表的价格波动一般在1.5% ~5%之间。

中阳线介于小阳线与大阳线之间。当中阳线倾向于小阳线时，可参照小阳线的实战应对策略；当中阳线倾向于大阳线时，可参照大阳线的相关内容进行应对。

中阴线

中阴线的开盘价高于收盘价，二者之间的长方柱用蓝色或黑色绘出，下影线的最低点为最低价，上影线的最高点为最高价。对于日线图而言，小阴线实体部分代表的价格波动一般在1.5% ~5%之间。

中阴线介于小阴线与大阴线之间。当中阴线倾向于小阴线时，可参照小阴线的实战应对策略；当中阴线倾向于大阴线时，可参照大阴线的相关内容进行应对。

T字线

T字线的开盘价等于收盘价，下影线的最低点为最低价。

①T字线其实就是光头小阳线的特殊形式，倒T字线则是光脚小阴线的特殊形式。然而，其实战应对策略，与光头小阳线、光脚小阴线并不相似。

②T字线多为涨停T字线，倒T字线多为跌停倒T字线。因此，它们有些独特的地方需要注意。

③追击T字线涨停，风险较高；至于阻击倒T字线跌停，风险更大。涨停T字线，可以适度参与，但不建议；跌停倒T字线，坚决远离。

④如果有兴趣追击T字线涨停，一定要严格控制风险。对于伴随巨量的T字线涨停，还是旁观为妙。

倒T字线

倒T字线的开盘价等于收盘价，上影线的最高点为最高价。

十字线

十字线的开盘价等于收盘价，上影线的最高点为最高价，下影线的最低点为最低价。

①十字线是上长下短小阳（阴）线、上短下长小阳（阴）线和上下影均衡小阳（阴）线的特殊形式，其实战应对策略基本与它们相似，可参见相关内容。

②十字线属于偶然的产物，本身并没有特别的含义。但是，由于十字线（包括类似十字线的小阳线、小阴线）非常容易发现，还是有不错的实战价值。

③十字线的上下影线是关注的重点。

不可小觑的双根K线组合

A先生： 我仔细阅读过你们提供的K线资料，觉得单根K线和K线形态对我的帮助最大，双根K线的价值最低。我随便选了一些股票，对比其K线走势图观察双根K线组合，感觉并不是很有用。这部分内容是否可有可无呢？

铁手：当然并非可有可无，这是循序渐进学习K线的其中一步。双根K线是单根K线的延伸。如果投资者能够合理运用单根K线，那么就能够充分发挥双根K线组合的作用。很多投资者觉得看完双根K线之后没有太多收获，主要原因就是没有选择正确的双根K线进行观察。

双根K线由两根K线组成，第一根K线应该是关键K线，第二根K线称为跟踪日K线，其目的是跟踪确认我们对第一根K线的判断。如果投资者选择的双根K线，第一根并非关键K线，自然双根K线的参考价值就明显降低了。

下面让我们结合单根K线的四种关键类型，看看该如何利用双根K线指导交易。

1. 突破信号

西藏天路出现一根关键K线，突破了前期的高点，后市看涨。然而，次日（跟踪日）却出现了一根高开低走的阴线，股价并没有按照预期继续上涨。由于突破K线次日的走势与预期不同，那么此次突破的可靠性就有所降低，即这有可能是一次假突破。

结合突破阳线和回撤阴线，就构成了阳阴接触线。如果单独看突破阳线，对后市的预期是上涨；如果分析阳阴接触线，对后市的预期恰好相反，即下跌。由此可以看出双根K线组合的作用了，它的信号可靠性要高于单根K线。

新农开发同样出现一根突破K线。次日，该股跳空高开，盘中虽然有短暂杀跌，但最终以阳线报收，涨幅超过3.5%，完全符合预期。既然市场按照预期的方向发展，那就说明我们初始的判断是正确的，可以继续耐心持股看涨。结合这两根K线，就构成了双阳顺势突破线。向上突破K线

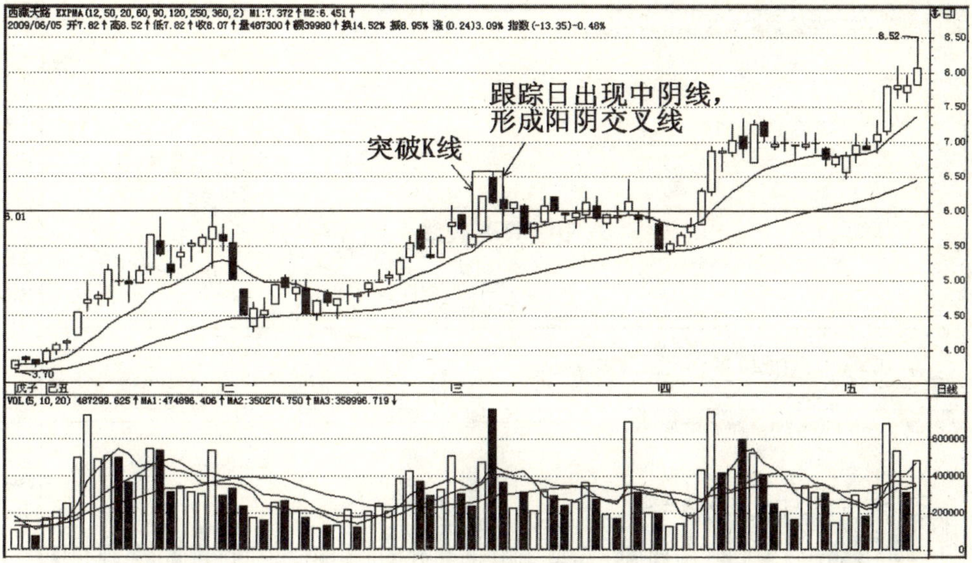

图 39 西藏天路（600326）

和双阳顺势突破线均为看涨信号，这样可以增强我们持股的信心。

见图 41，通葡股份处于下降趋势中。经过一段时间的反弹之后，股价跌破反弹的上升趋势线，属于向下突破 K 线，值得投资者关注。看到这个交易信号，可以预期后市还有一定的下降空间，投资者可以继续持币观望。次日，股价大幅跳空下跌，最终以小阴线报收，走势完全符合预期，可以进一步证明此前看空的判断。结合这两根 K 线，就构成了双阴顺势突破线。向下突破 K 线和双阴顺势突破线均为看跌信号，后市下跌的概率很高啊！

见图 42，在前低附近经过一番争斗之后，*ST 合臣终于向下突破了前低支撑，形成关键 K 线。通常来讲，当股价跌破一个重要支撑位后，将会陷入一波下跌过程，从而降低股价波动的重心。然而，这根关键 K 线出现后，股价并没有如期下跌，反而出现了一根中阳线，重新回到突破位之上。当股价的走势与预期不同时，证明自己的判断可能出现偏差，应该进行修正。针对本例，当跌不跌，后市看涨。

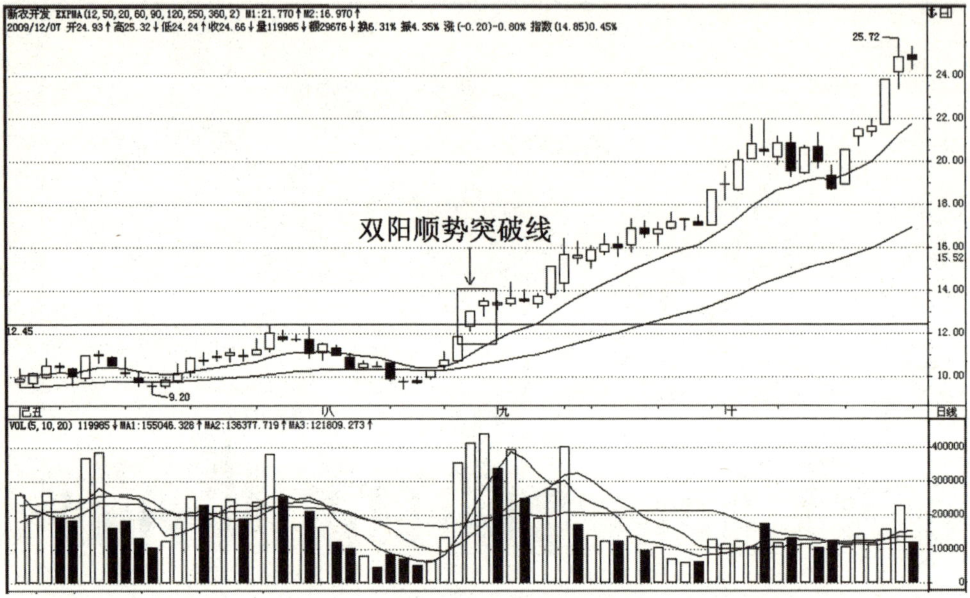

图 40　新农开发（600359）

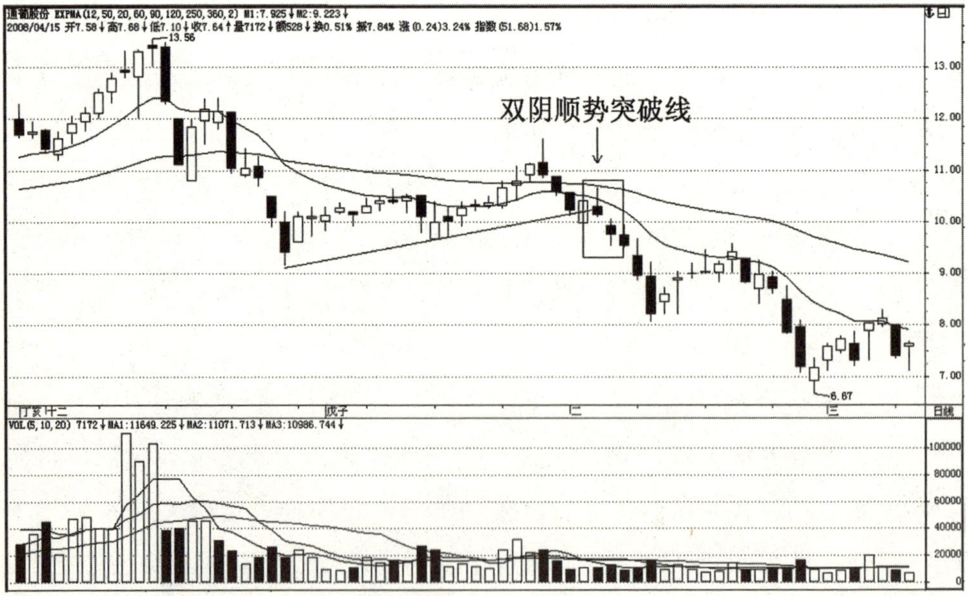

图 41　通葡股份（600365）

图 42 *ST 合臣（600490）

2. 见底信号

经过一段时间的调整之后，新华医疗在前期重要支撑位附近出现一根长下影线十字线，属于见底 K 线（见图 43 中的方框）。如果仅凭这根 K 线，相信很多投资者朋友都不敢大规模建仓，毕竟从当时的走势看，在支撑位附近的企稳迹象并不明显。次日，该股出现一根低开高走的中阳线，同样属于见底 K 线，显示在此价位区域确实存在支撑。如果结合这根阳线与此前的十字线，就构成了阳包阴线，同样属于见底信号。连续出现见底迹象，就可以加强投资者的抄底信心，从而能够在此低位建仓入场。至于止损，可以设置在支撑线附近。一旦跌破支撑线，见底信号失败，后市看跌，投资者则应该及时离场。

在判断个股见底时，最好结合大盘的走势进行综合分析。观察当时的大盘走势，已经出现明显的见顶迹象。这两日出现双阳顺势突破线（见图 44 中的方框），指数出现见底迹象。不过，这只是一波反弹的起点，后市

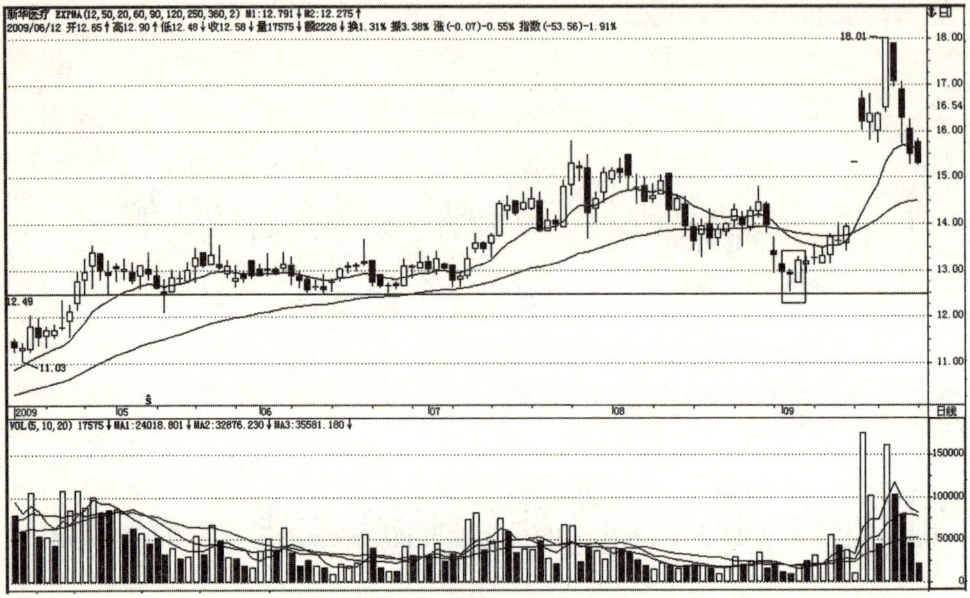

图 43　新华医疗（600587）

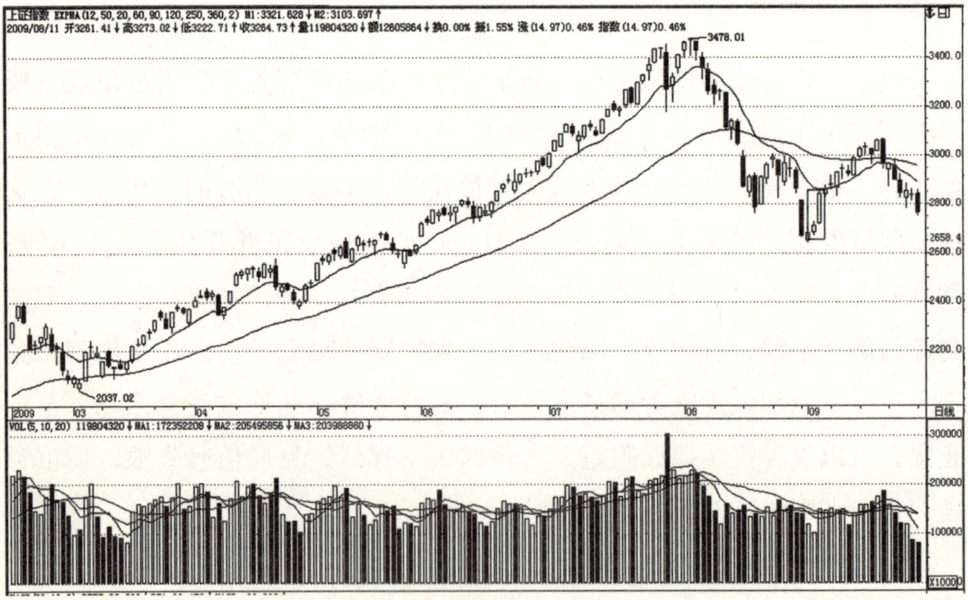

图 44　上证指数（999999）

依然看跌。因此，投资者操作个股要注意快进快出。

龙溪股份出现了三重底形态，见图 45。在第三个底部构筑的过程中，股价下跌至前低支撑位附近时获得支撑，随后出现了一根向上跳空的涨停 K 线，属于明显的见底 K 线。投资者发现这根 K 线时，就可以在盘中择机建仓了。次日，股价继续上涨，完全符合预期，这给了我们更多的信心，使我们更加坚定地持股待涨。结合这两根 K 线，就形成了双阳顺势突破线，属于看涨信号。

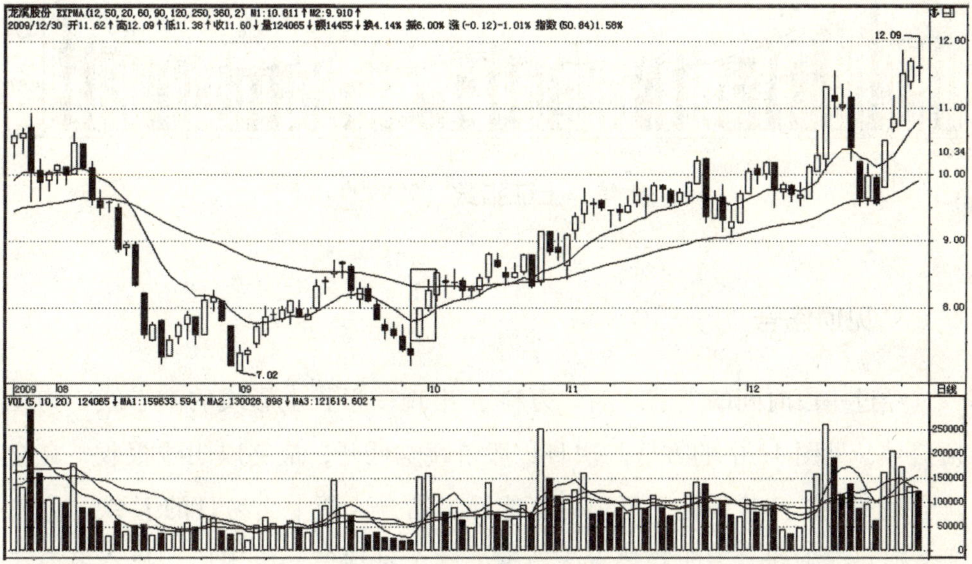

图 45　龙溪股份（600592）

与此同时，大盘出现了头肩底形态。虽然这两日的 K 线组合是阳阴接触线（见图46 中方框），但阴线实体较小，属于大盘暴涨之后的合理调整，并不影响大盘见底的判断。在大盘出现见底信号时，强势见底的个股值得投资者追击。

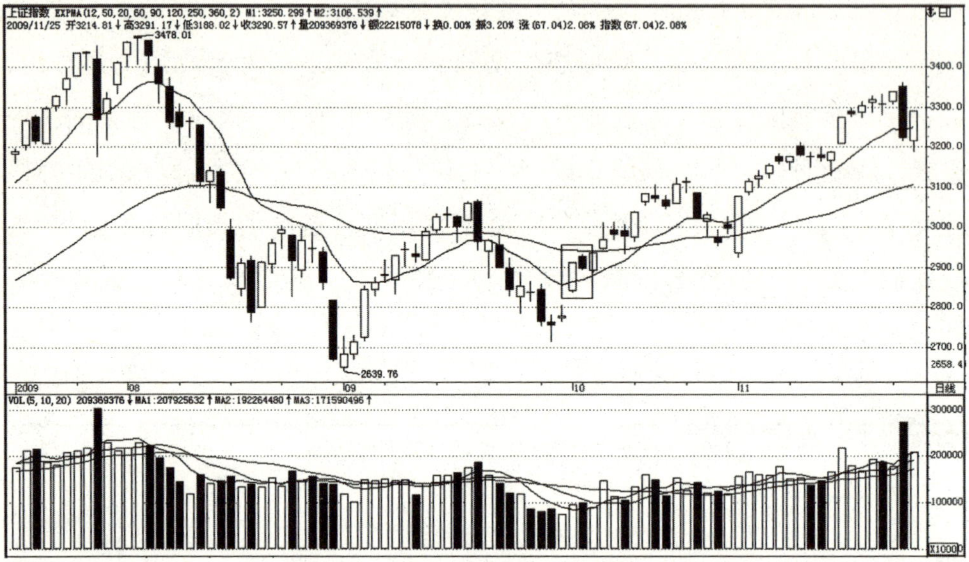

图 46 上证指数（999999）

3. 见顶信号

经过一段时间的上涨之后，万科 A 出现一根长上影线的十字线，为见顶信号，见图 47 中的方框。次日，股价跳空低开，最终以阴线报收，完全符合预期，进一步强化了见顶的可能性。结合这两个交易日的 K 线，就形成了逆势突破线，表明趋势发生改变。这个见顶信号出现后，投资者应该引起警觉，随时准备逃顶，除非股价短期之内创出新高，即突破逆势突破线最高点形成的压力。

观察同期的大盘走势，第一根 K 线是跳空上涨的阳线，上影线较短，说明市场依然保持涨势，只是涨速有所放缓；第二根 K 线是小阴线，跌幅不大，振幅较小，很难指望这样的 K 线遏制涨势。简单来说，就是大盘还没有见顶的迹象。

个股和大盘的走势有冲突，个股发出见顶信号，大盘涨势依旧。在这种情况下，投资者不妨多等几个交易日，因为即使个股见顶，短期内大幅

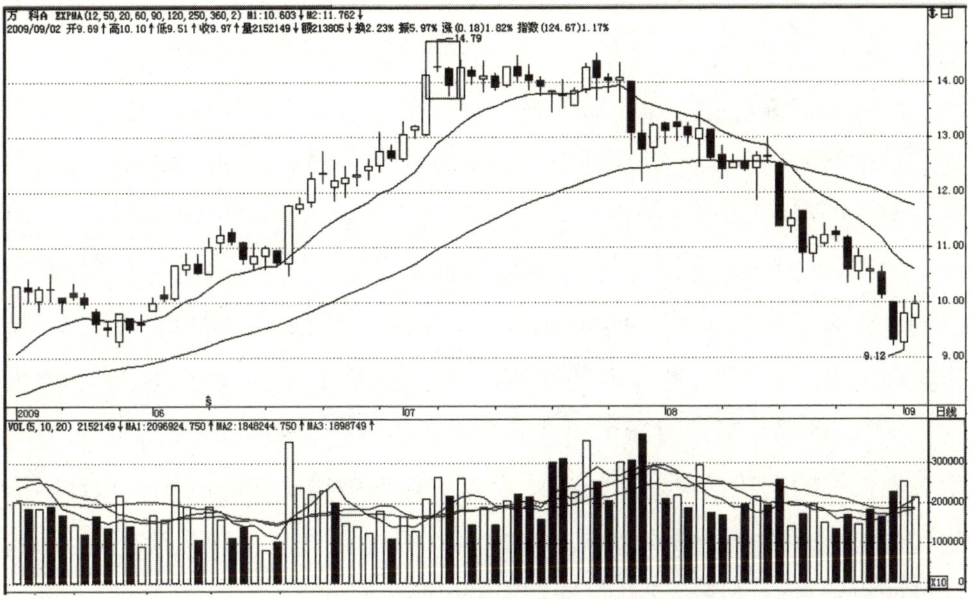

图 47 万科 A（000002）

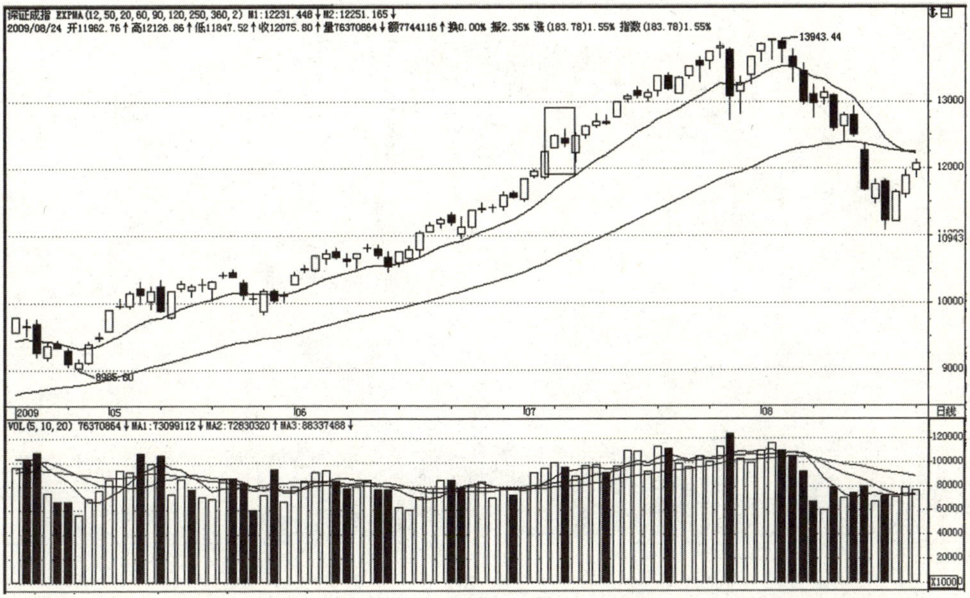

图 48 深证成指（399001）

杀跌的可能性也不高。此后，大盘继续爬升，个股却明显滞涨，见顶迹象明显。

此时，投资者有两种处理方式：一是逢高出场，如果股价突破高点压力，再重新入场；二是耐心等待，直至股价跌破盘整区间后离场，即出现向下突破的关键K线后清仓。

在振荡爬升的过程中，浦东金桥出现了一根长上影线的阳线，并非明显的见顶K线，见图49中左侧的方框。然而，观察与此同时大盘的走势，指数在创出新高后却没有顺势上涨，走出一根T字线（见图50中的方框），涨幅微弱，显示见顶的迹象，即见顶K线。次日，浦东金桥出现一根大幅低开的阴线，与此前的阳线构成逆势突破线，转势明显；大盘同样出现逆势突破线，指数突破前高后出现这样的走势，见顶风险明显加大，稳健的投资者会选择减仓甚至清仓回避风险。

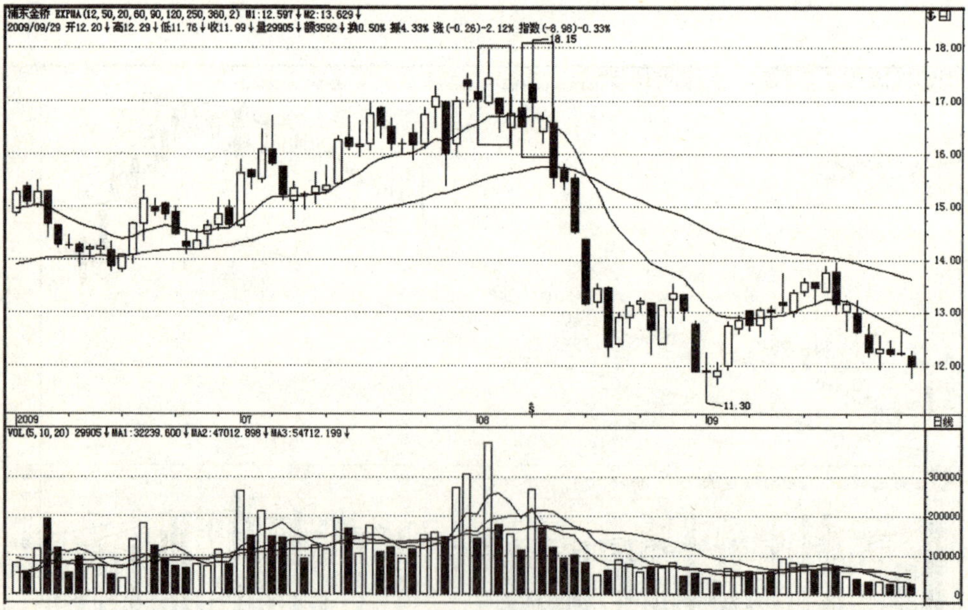

图49 浦东金桥（600639）

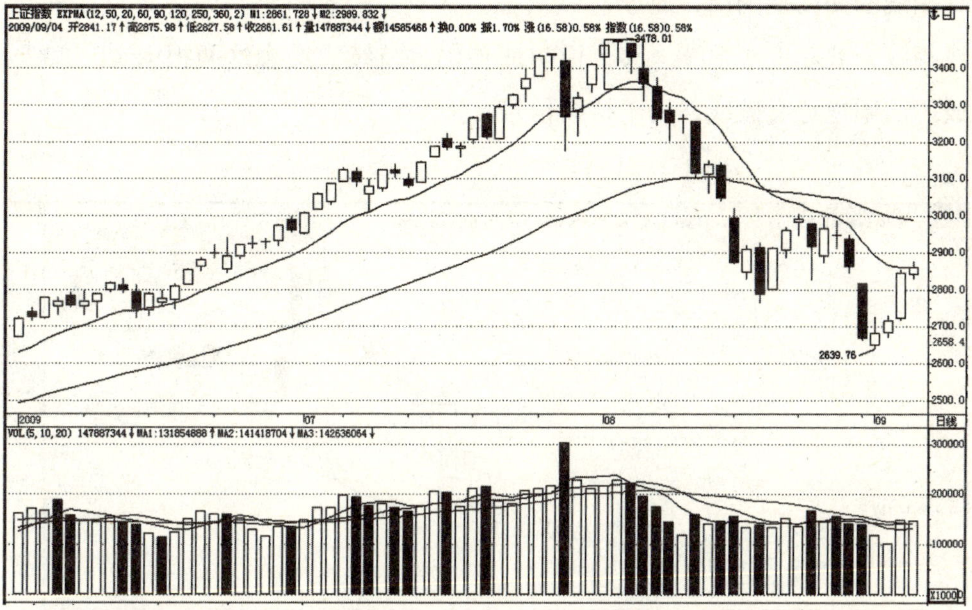

图 50 上证指数（999999）

此后，大盘进入跌势，见顶迹象十分明显。在此背景下，除非个股具有特殊题材，否则基本都会随之见顶。浦东金桥并没有立即开始下跌，经过几个交易日的挣扎之后，出现一根长上影线的阴线（见图 49 右侧的方框），属于见顶 K 线。次日，该股向下跳空开盘，最终以假阳线（实体呈现涨势，实际是下跌）报收，进一步确认见顶信号。综合这两根 K 线，就形成了阴阳迎面线，在涨势中属于看空信号。

4. 持续信号

持续信号的作用相对较小，主要是辅助投资者持股或者空仓。持续信号出现一波明显的趋势之中，上涨趋势中的持续信号属于持股信号，下跌趋势中的持续信号属于空仓信号。

在图 51 中亚通股份的一波拉升行情中，多数 K 线都属于持续 K 线。在该股的拉升过程中，出现一根跳空低开的小阴线，其波动处于前一交易日阳线的振荡范围内，属于持续信号。次日，股价跳空高开，最终以小阳线报收，波动重心继续上移，说明涨势仍将持续。结合这两根 K 线，就形成了阴阳逆势突破线，属于持续信号。

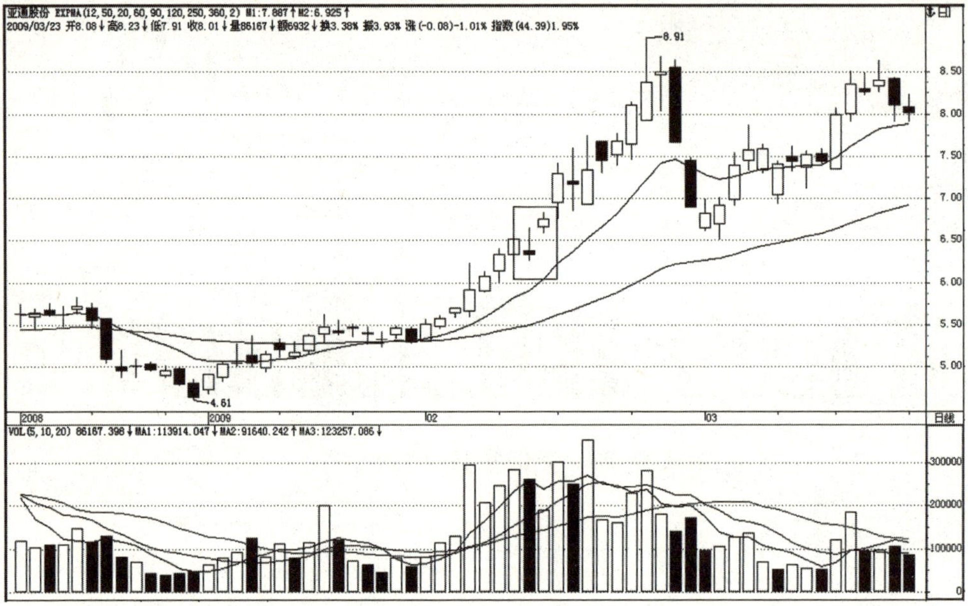

图 51　亚通股份（600692）

涨停 K 线和跌停 K 线是最明显的持续 K 线，涨跌停的振幅越小，其持续意味越浓。在大商股份下跌的过程中，出现了一根倒 T 字跌停 K 线（见图 52 中的方框），次日几乎可以肯定将继续下跌。随后，出现了一根低开的阴线，证明了这种判断。结合这两根 K 线，就形成了顺势突破线，后市股价将继续其下跌之旅。

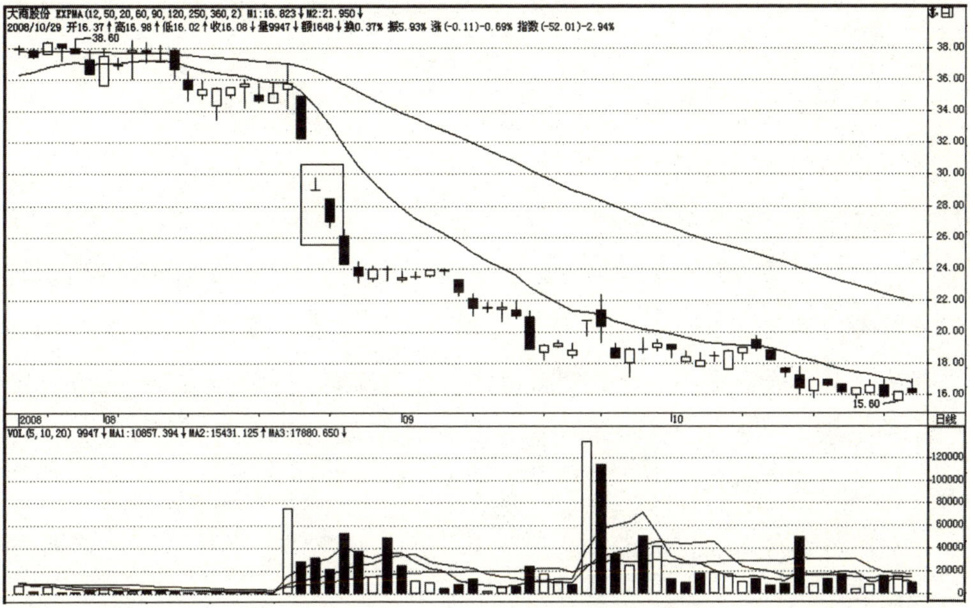

图 52 大商股份（600694）

拓展阅读

阳阴迎面线

阳阴迎面线是由前阳后阴两根K线组成的K线组合。第一根阳线向上发展，第二根阴线高开向下发展，阳线和阴线迎面走近，故此得名阳阴迎面线。

阳阴迎面线的主要特征是：阴线的收盘价要高于阳线的收盘价，阴线的开盘价也高于阳线的开盘价。至于K线实体的大小、是否有上下影线、上下影线是否接触以及上下影线是否插入对方K线的实体之内并不重要。

阳阴迎面线的实战策略如下：

①上涨过程中的阳阴迎面线最有关注价值，多为看空信号，也可能是上涨中继信号，具体要结合实际走势综合判断。

②通常而言，一旦出现阳阴迎面线，后市很有可能进入整理或者回调行情中。

③发现阳阴迎面线，应该结合实际行情走势和建仓位决定应对策略。

④如果主要趋势是下跌，此波上涨属于反弹，出现阳阴迎面线就出场。如果主要趋势是上涨，而且没有见长期顶部的迹象，可以选择减仓。如果上涨持续时间长、涨幅巨大，而且有见长期顶部的迹象，清仓离场。

⑤如果高位建仓，最好清仓离场；如果低位或者相对低位建仓，可以先进行减仓。

⑥阳阴迎面线除了发出见顶信号之外，还树立了一个标尺，即该 K 线组合最高点。一旦突破这个最高点，后市看涨。

⑦阴线的实体越大、振幅越宽，其看空信号越强烈。

⑧阳阴迎面线之前的涨幅越大，看空信号越强烈。

⑨整理行情中的阳阴迎面线没有特殊含义，可忽略。

⑩如果在下跌过程中出现阳阴迎面线，首先考虑其为见底信号。当然，也可能是下跌中继。

阴阳迎面线

阴阳迎面线是由前阴后阳两根 K 线组成的 K 线组合。第一根阴线向下发展，第二根阳线低开向上发展，阴线和阳线迎面走近，故此得名阴阳迎面线。

阴阳迎面线的主要特征是：阳线的收盘价要低于阴线的收盘价。其实战策略如下：

①上涨过程中的阴阳迎面线，属于看空信号。一旦出现阴阳迎面线，后市很有可能进入整理或者回调行情中。

②下跌过程中的阴阳迎面线，可能是下跌中继，也可能是见底信号。

注意，见底信号需要确认。

③如果主要趋势是上涨，在一波上涨过程中出现阴阳迎面线（注意，这种组合出现的概率很低），根据建仓点决定减仓或者清仓；在一波回调行情中出现阴阳迎面线，应密切关注，可能会形成回调底部。

④如果主要趋势是下跌，在一波上涨过程中出现阴阳迎面线，立即清仓；出现在下跌初期，阴阳迎面线多为下跌中继，下跌幅度较大或者时间较长就可能是见底信号。

⑤阴阳迎面线同样具有标尺作用，即该K线组合最高点和最低点。见顶信号，只要突破最高点，后市看涨；见底信号，只要突破最低点，继续看跌。

⑥阴线实体越大，振幅越宽，其见顶信号越强烈。

⑦整理行情中的阴阳迎面线没有特殊含义，可忽略。

阳阴接触线

阳阴接触线是由前阳后阴两根K线组成的K线组合。第一根阳线向上发展，第二根阴线高开向下发展，阳线实体和阴线实体发生接触，故此得名阳阴接触线。

阳阴接触线的主要特征是：阴线的收盘价等于或者略低于阳线的收盘价（跌幅小于1%，而且不能突破阳线实体的1/2处），阴线的开盘价高于阳线的收盘价。

①上升过程中的阳阴接触线最值得关注。其操作策略与阳阴迎面线基本相似，多为看空信号，也可能是上涨中继信号，具体要结合实际走势综合判断。

②通常而言，一旦出现阳阴迎面线，后市很有可能进入整理或者回调行情中。

③发现阳阴接触线，应该结合实际行情走势和建仓位决定应对策略。

④如果主要趋势是下跌，此波上涨属于反弹，出现阳阴接触线就出场。

如果主要趋势是上涨，而且没有见长期顶部的迹象，可以选择减仓。如果上涨持续时间长、涨幅巨大，而且有见长期顶部的迹象，清仓离场。

⑤如果高位建仓，最好清仓离场；如果低位或者相对低位建仓，可以先进行减仓。

⑥阳阴接触线同样树立了一个标尺，即该K线组合最高点。一旦突破这个最高点，后市看涨。

⑦阳阴接触线之前的涨幅越大，看空信号越强烈。

⑧整理行情中的阳阴接触线意义也不大，可以忽略。

⑨相对阳阴迎面线而言，阳阴接触线出现的概率低很多，但其看空信号强烈一些。

⑩在下跌过程中，极少出现阳阴接触线，可以忽略。

阴阳接触线

阴阳接触线是由前阴后阳两根K线组成的K线组合。第一根阴线向下发展，第二根阳线低开向上发展，阳线实体和阴线实体发生接触，故此得名阴阳接触线。

阳阴接触线的主要特征是：阳线的收盘价等于或者略高于阴线的收盘价（涨幅小于1%，而且不能突破阴线实体的1/2处），阳线的开盘价低于阴线的收盘价。

①阴阳接触线与阴阳迎面线的操作策略基本相似。

②阴阳接触线主要出现在下跌过程中，可能是见底信号，也可能是下跌中继信号。

③如果主要趋势是上涨，在一波回调行情中出现阴阳接触线，应密切关注，可能会形成回调底部。

④如果主要趋势是下跌，出现在下跌初期，阴阳接触线多为下跌中继，下跌幅度较大或者时间较长就可能是见底信号。

⑤阴阳接触线同样具有标尺作用，即该K线组合最低点。当阴阳接触

线为见底信号时，只要突破最低点，继续看跌。

⑥阴线实体越大，振幅越宽，其看空信号越强烈。

⑦整理行情中的阳阴接触线没有特殊含义，可忽略。

阳阴交叉线

阳阴交叉线是由前阳后阴两根K线组成的K线组合。第一根阳线向上发展，第二根阴线高开向下发展，阳线实体和阴线实体发生交叉，故此得名阳阴交叉线。

阳阴交叉线的主要特征是：阴线的收盘价低于阳线的收盘价（跌幅大于1%，不能完全吞噬阳线实体），阴线的开盘价高于阳线的收盘价。

①上升过程中的阳阴交叉线最值得关注。其操作策略与阳阴迎面线基本相似，多为看空信号，也可能是中继信号，具体要结合实际走势综合判断。

②通常而言，一旦出现阳阴交叉线，后市很有可能进入整理或者回调行情中。

③发现阳阴交叉线，应该结合实际行情走势和建仓位决定应对策略。

④如果主要趋势是下跌，此波上涨属于反弹，出现阳阴交叉线（出现的概率较小）就出场。如果主要趋势是上涨，而且没有见长期顶部的迹象，可以选择减仓。如果上涨持续时间长、涨幅巨大，而且有见长期顶部的迹象，清仓离场。

⑤如果高位建仓，最好清仓离场；如果低位或者相对低位建仓，可以先进行减仓。

⑥阳阴交叉线同样树立了一个标尺，即该K线组合最高点。一旦突破这个最高点，后市看涨。

⑦阳阴交叉线之前的涨幅越大，看空信号越强烈。

⑧整理行情中的阳阴交叉线意义也不大，可以忽略。

⑨相对阳阴迎面线、阳阴接触线而言，阳阴交叉线的看空信号，尤其

是乌云盖顶的见顶信号，要强烈很多。

阴阳交叉线

阴阳交叉线是由前阴后阳两根K线组成的K线组合。第一根阴线向下发展，第二根阳线低开向上发展，阳线实体和阴线实体发生交叉，故此得名阴阳交叉线。

阳阴交叉线的主要特征是：阳线的收盘价高于阴线的收盘价（涨幅大于1%，不能完全吞噬阴线实体），阳线的开盘价低于阴线的收盘价。

①阴阳交叉线与阴阳接触线的操作策略基本相似。

②阴阳交叉线主要出现在下跌过程中，可能是见底信号，也可能是下跌中继信号。

③如果主要趋势是上涨，在一波回调行情中出现阴阳交叉线，应密切关注，可能会回调底部。

④如果主要趋势是下跌，出现在下跌初期，阴阳交叉线多为下跌中继，下跌幅度较大或者时间较长就可能是见底信号。

⑤阴阳交叉线同样具有标尺作用，即该K线组合最低点。当阴阳交叉线为见底信号时，只要突破最低点，继续看跌。

⑥阴线实体越大，振幅越宽，其看空信号越强烈。

⑦整理行情中的阴阳交叉线没有特殊含义，可忽略。

⑧相对阴阳迎面线、阴阳接触线而言，阴阳交叉线的看多信号，尤其是旭日东升的见底信号，要强烈很多。

顺势突破线

顺势突破线是由两根阳线或者两根阴线形成的K线组合。

双阳顺势突破线，第一根阳线向上发展，第二根阳线顺势继续向上发展。由于第二根阳线向上突破了第一根阳线的收盘价，故此得名。双阳顺势突破线的主要特征是：第二根阳线的收盘价高于第一根阳线的收盘价，第二根阳线的开盘价要高于第一根阳线的开盘价。

双阴顺势突破线，第一根阴线向下发展，第二根阴线顺势继续向下发展。由于第二根阴线向下突破了第一根阴线的收盘价，故此得名。双阴顺势突破线的主要特征是：第二根阴线的收盘价低于第一根阴线的收盘价，第二根阴线的开盘价要低于第一根阴线的开盘价。

①顺势突破线是最为常见的K线组合，其意义需要结合实际行情走势进行判断。

②在上升趋势中，双阳顺势突破线为看多信号，通常不会选择这样的K线组合进行减仓。有时，双阳顺势突破线会发出见顶信号，但需要经过下一交易日的确认。此见顶信号具有一定的实战价值，但其实战运用有一定难度。

③下降趋势中的双阳顺势突破线，谨慎看多，不可轻易参与。

④在下降趋势中，双阴顺势突破线为看空信号，通常不要选择这样的K线组合进行抄底。有时，双阴顺势突破线会发出见底信号，同样需要下一交易日的确认。此见底信号的实战价值非常有限，可以忽略。

⑤上升趋势中的双阴顺势突破线，谨慎看空，随时准备入场。

⑥在整理行情中，双阳顺势突破线和双阴顺势突破线均没有特别的意义，可以忽略。

⑦如果双阳顺势突破线显示见顶信号，该K线组合的最高点值得关注。一旦突破这个最高点，后市看涨。

⑧如果双阴顺势突破线显示见底信号，该K线组合的最低点值得关注。一旦突破这个最低点，后市看跌。

逆势突破线

逆势突破线是两根K线形成的组合。

向下逆势突破线，第一根阳线向上发展，第二根阴线（也可能是阳线）逆势向下发展。由于第二根阴线向下突破了第一根阳线的收盘价，故此得名。向下逆势突破线的主要特征是：第二根阴线（或者阳线）的开盘价和收盘价均低于第一根阳线的收盘价。

向上逆势突破线，第一根阴线向下发展，第二根阳线（也可能是阴线）逆势向上发展。由于第二根阳线向上突破了第一根阴线的收盘价，故此得名。向上逆势突破线的主要特征是：第二根阳线（或者阴线）的开盘价和收盘价均高于第一根阴线的收盘价。

①逆势突破线同样是最为常见的K线组合，其意义需要结合实际行情走势进行判断。

②向下逆势突破线为看空信号。在上升趋势中，发现向下逆势突破线，应该进行减仓；在下降趋势中，持币旁观。

③向上逆势突破线为看多信号。在上升趋势中，发现向上逆势突破线，择机做多；在下跌趋势中，则应该密切关注，以便迎接可能出现的底部。

④在整理行情中，向下逆势突破线和向上逆势突破线均没有特别的意义，可以忽略。

⑤如果向下逆势突破线显示见顶信号，该K线组合的最高点值得关注。一旦突破这个最高点，后市看涨。

⑥如果向上逆势突破线显示见底信号，该K线组合的最低点值得关注。一旦突破这个最低点，后市看跌。

阳包线

阳包线是由一根K线（可以是阳线、阴线、一字线、T字线或者十字线）与一根阳线构成的K线组合。由于第一根K线的实体完全被第二根阳线所包裹，因此而得名阳包线。

阳包线的主要特征是：第二根阳线的收盘价高于第一根K线的开盘价和收盘价，而其开盘价要低于第一根K线的开盘价和收盘价。

①阳包线是比较常见的K线组合，其意义需要结合实际行情走势进行判断。

②在上升趋势中，阳包线多为看多信号。发现阳包线，择机做多。但是，阳包线也会发出见顶信号。

③在下跌趋势中，阳包线可能是下跌中继信号，也可能是见底信号，因此，应该密切关注，以便迎接可能的底部。

④在整理行情中，阳包线没有特别的意义，可以忽略。

⑤如果阳包线显示见底信号，该K线组合的最低点值得关注。一旦突破这个最低点，后市看跌。

⑥如果阳包线显示见顶信号，该K线组合的最高点值得关注。一旦突破这个最高点，后市看涨。

阴包线

阴包线是由一根K线（可以是阳线、阴线、一字线、T字线或者十字线）与一根阴线构成的K线组合。由于第一根K线的实体完全被第二根阴线所包裹，因此而得名阴包线。阴包线的主要特征是：第二根阴线的收盘价低于第一根K线的开盘价和收盘价，而其开盘价要高于第一根K线的开盘价和收盘价。

①阴包线是比较常见的K线组合，其意义需要结合实际行情走势进行判断。

②阴包线为看空信号。在上升趋势中，阴包线多为见顶信号。在下跌趋势中，阴包线多为下跌中继信号，也可能是见底信号。

③在整理行情中，阴包线没有特别的意义，可以忽略。

④如果阴包线显示见顶信号，该K线组合的最高点值得关注。一旦突破这个最高点，后市看涨。

阳孕线

阳孕线是由一根阳线与一根K线（可以是阳线、阴线、一字线、T字线或者十字线）构成的K线组合。由于第二根K线的实体完全被第一根阳线所包裹，因此而得名阳孕线。阳孕线的主要特征是：第一根阳线的收盘价高于第二根K线的开盘价和收盘价，而其开盘价要低于第二根K线的开盘价和收盘价。

①阳孕线是比较常见的K线组合，其意义需要结合实际行情走势进行判断。

②在上升趋势中，阳孕线多为见顶信号，也可能是上涨中继信号。

③在下跌趋势中，阳孕线出现的概率较小。如果出现，多为下跌中继信号，也有可能是见底信号。

④在整理行情中，阳孕线没有特别的意义，可以忽略。

⑤如果阳孕线显示见顶信号，该K线组合的最高点值得关注。一旦突破这个最高点，后市看涨。

⑥如果阳孕线显示见底信号，该K线组合的最低点值得关注。一旦突破这个最低点，后市看跌。

阴孕线

阴孕线是由一根阴线与一根K线（可以是阳线、阴线、一字线、T字线或者十字线）构成的K线组合。由于第二根K线的实体完全被第一根阴线所包裹，因此而得名阴孕线。阴孕线的主要特征是：第一根阴线的收盘价低于第二根K线的开盘价和收盘价，而其开盘价要高于第二根K线的开盘价和收盘价。

①阴孕线是相对比较常见的K线组合，其意义需要结合实际行情走势进行判断。

②在下跌趋势中，阴孕线多为见底信号，但不能排除下跌中继信号。

③在上升趋势中，阴孕线出现的概率较低，实战价值也不大，忽略。

④在整理行情中，阴孕线没有特别的意义，可以忽略。

⑤如果阴孕线显示见底信号，该K线组合的最低点值得关注。一旦突破这个最低点，后市看跌。

千变万化的K线组合

A先生：我刚入市不久，经常听人说起希望之星、黄昏之星之类的术语。请问一下，这些术语有什么含义？利用这些希望之星、黄昏之星，是否就可以帮助我们赚钱？另外，K线组合的种类有很多，该如何理解记忆呢？

铁手：希望之星、黄昏之星都是K线组合的名称，从字面上就可以看出这些名称的含义。希望之星，就是这个K线组合出现后，我们赚钱的机会来了。黄昏之星，就是这个K线组合出现之后，我们可以收工回家洗澡睡觉了。

至于利用这些K线组合能否帮我们赚钱，还是要看使用这些组合的人了。同样一个希望之星，有些人利用它屡屡抄底成功，有些人却很难凭此赚钱。究其原因，在于投资者对希望之星的理解程度、对大势的把握程度以及对资金管理的合理程度。

先简单介绍一下希望之星。希望之星包括3根K线——一根阴线、一根十字线（也可以是小阳线、小阴线）和一根阳线，最大的特征就是阳线的收盘价超过阴线实体的1/2。比如，图53中就出现了一个希望之星组合。使用方法也很简单，发现希望之星就在阳线收盘前入场。

希望之星看似简单，实际饱含了前人的智慧。很多投资界的前辈经过无数次的研究后发现，当希望之星出现后，股价随即开始上涨的概率很高。因此，他们把这个组合固定下来，传给我们，希望我们可以凭此在市场中生存。既然这个信号是经过历史检验的，为什么我们无法靠其赚钱呢？

这就需要我们自我批评了。如此高概率的信号，我们却无法纳为己用，一定是什么地方做错了。就以川化股份为例，如果我们发现希望之星就建仓，然后耐心持股，短期之内的收益还是很不错的。可是，如果我们在建

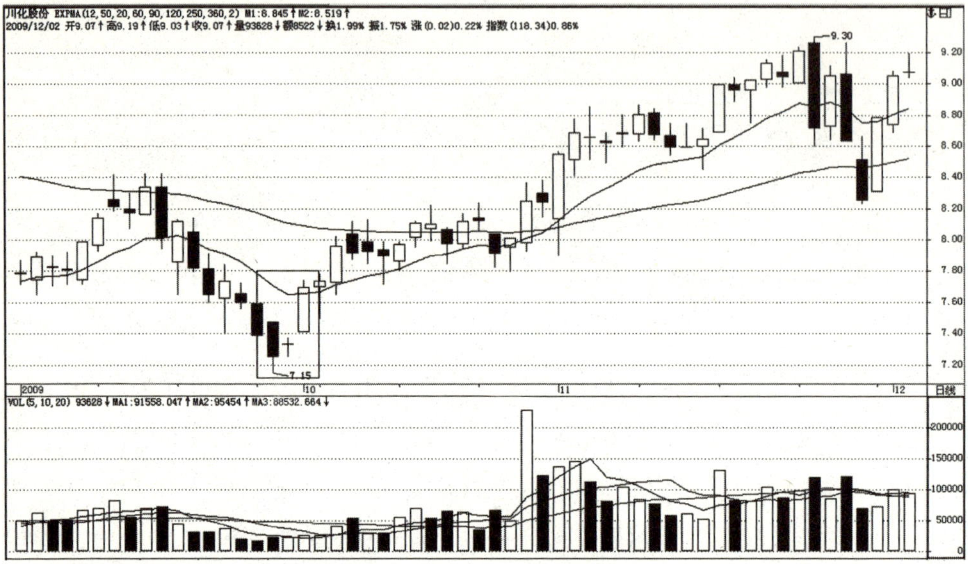

图 53　川化股份（000155）

仓之后，面对多个交易日的振荡横盘不耐烦了，觉得这个信号出现后没能帮我们快速赚钱，于是匆忙离场，那就只能赚个小利。其实，不是这个信号没用，是我们缺乏交易纪律。我们选择股票建仓，就说明我们对这只股票有信心，那么一定要等到确定的出场信号再离场。如果我们选择的股票走势不好，不在于买入点的问题，而在于选股的问题。因此，需要改进的是选股能力，而不是放弃本来有用的建仓信号。

除了交易纪律之外，普通投资者还有其他的问题。比如，不善于优化希望之星信号的可信度。我们都知道，在牛市中交易，赚钱的可能性高；在熊市中交易，亏损的可能性高。不论什么交易信号，只要在牛市中运用，其实战表现都不错；可要是在熊市中运用，大多数交易技术都会遭遇滑铁卢。因此，要想提高希望之星的成功率，最简单的优化方式就是选择在牛市中运用。

图 54 中的冀东水泥明显处于下降趋势中，这从 EXPMA 持续下降的走势中就可见端倪。因此，在此背景下的技术指标都需要谨慎对待。如果投

资者在此期间发现了图 52 方框中的希望之星，应该明白当时的大背景依然向空，即使据此入场也应该快进快出。有些投资者则不然，根据希望之星抄底入场后，盲目期望大行情，结果不仅没保住账面利润，最终还落了个亏损清仓的下场。

图 54　冀东水泥（000401）

运用 K 线组合，有个重要的保护机制——止损。这样即使投资者选择了错误的时机入场，也可以避免陷入深度套牢的无底深渊中。可是，关于这个保护机制，有些投资者根本不知道，有些投资者则置若罔闻。如此操盘，岂有不败之理？以中国国贸为例（见图 55），在下降趋势中可以发现一个希望之星。如果投资者据此入场，就应该设置希望之星的最低点为止损价。一旦股价跌破这一止损价，说明希望之星信号失效，投资者应该立即离场。

下一个问题，就是有些投资者不知变通。K 线组合是死的，如果只是死记图形，不明其实质，就无法应对变化多端的市场了。仍以希望之星为

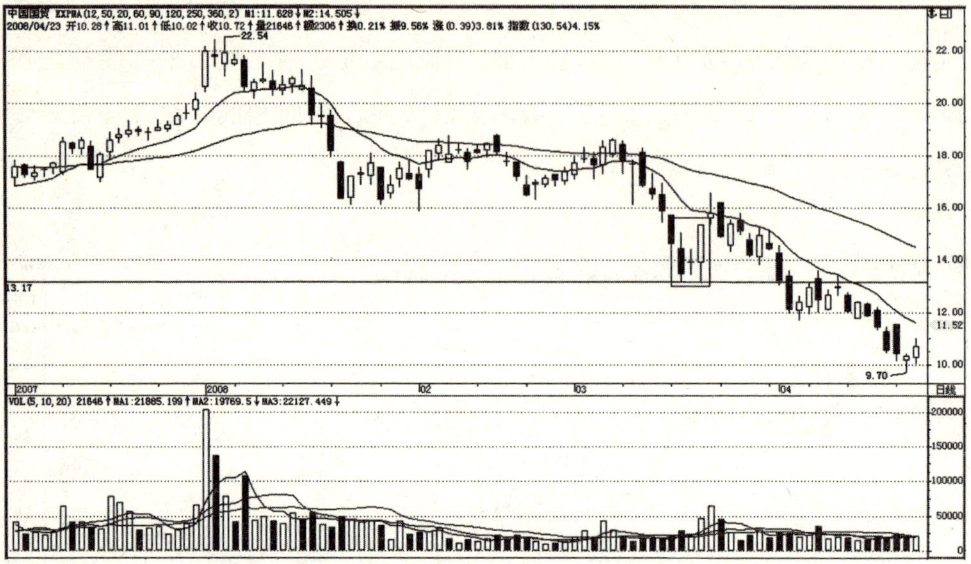

图 55　中国国贸（600007）

例，希望之星的整个运行过程可以分为三个阶段——下、停、上。所谓下，是指第一根阴线，实际就是指股价大幅度下跌；所谓停，是指第二根十字线、小阳线或者小阴线，意味着股价的跌势被终止；所谓上，是指第三根阳线，表示股价调转方向，开始向上发展。纵观整个过程，就是一个转向的过程，因此希望之星才被视为见底的信号。

明白这个含义，投资者就能把握希望之星的变形走势了。图 56 中出现了一个变形希望之星，第一根是大阴线，随后出现三根小 K 线，可以视为一根小十字线，最后出现一根大阳线。这样的希望之星与标准走势不同，可实战含义并无差别，投资者同样可以由此建仓。

各位学习 K 线，要先从熟记形状开始，要到忘形为止。只有这样，才能真正说你学会看 K 线了。就像欣赏世界名画，能看出画中描绘的是什么图形不值一提，能看出画中所采用的绘画技巧只能算是入门，唯有看出一幅画传递的意境才算是真正懂画之人。

继续来讨论希望之星。如果你理解了希望之星本身所体现的能量变化，

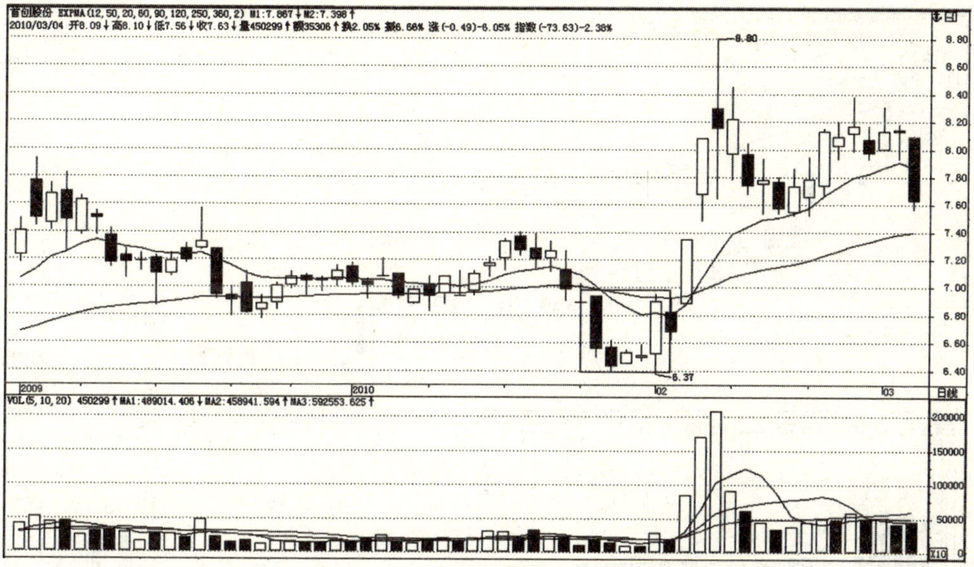

图 56　首创股份（600008）

那么很多见底信号就可以一通百通了。图 57 中是一个塔形底，其内涵与希望之星并无二致。即使我不知道这种 K 线组合的名称和应用方法，只要看出它的能量流动过程，就自然知道这是一个见底信号了。

再看图 58，其中出现了一个 V 形反转。V 形反转属于 K 线形态的范畴，一般作为见底信号对待。分析其股价运行线路，也能看出希望之星的痕迹。因此，如果投资者用心感受单根 K 线、双根 K 线的进退之道，更多 K 线的组合或者形态自然就能轻松理解。在理解的基础上观察每只股票的走势，方可有不同寻常的收获。

认识了希望之星，再来看黄昏之星，就更容易理解了。黄昏之星与希望之星恰好相反，为见顶信号。黄昏之星显示了一个趋势转变的过程。第一根阳线说明当前的趋势向上，第二根十字线显示了卖压沉重，涨势受到阻碍，第三根阴线表明空头来势汹汹，上涨趋势被有效遏制。图 59 中就有一个黄昏之星，该组合出现后，该股进入了又一波跌势之中。

黄昏之星和希望之星的最大差异是黄昏之星出现后，股价往往能够快

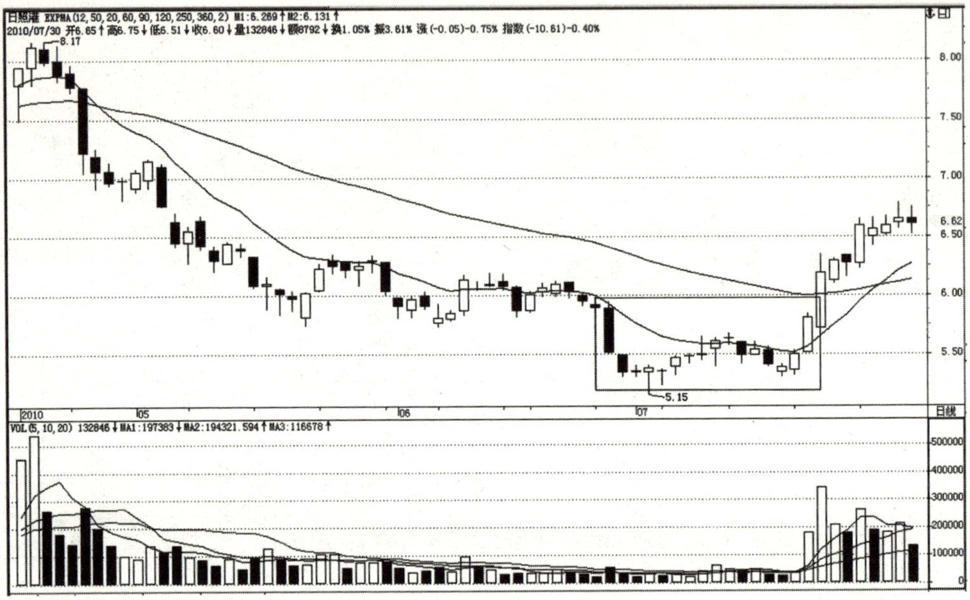

图 57　日照港（600017）

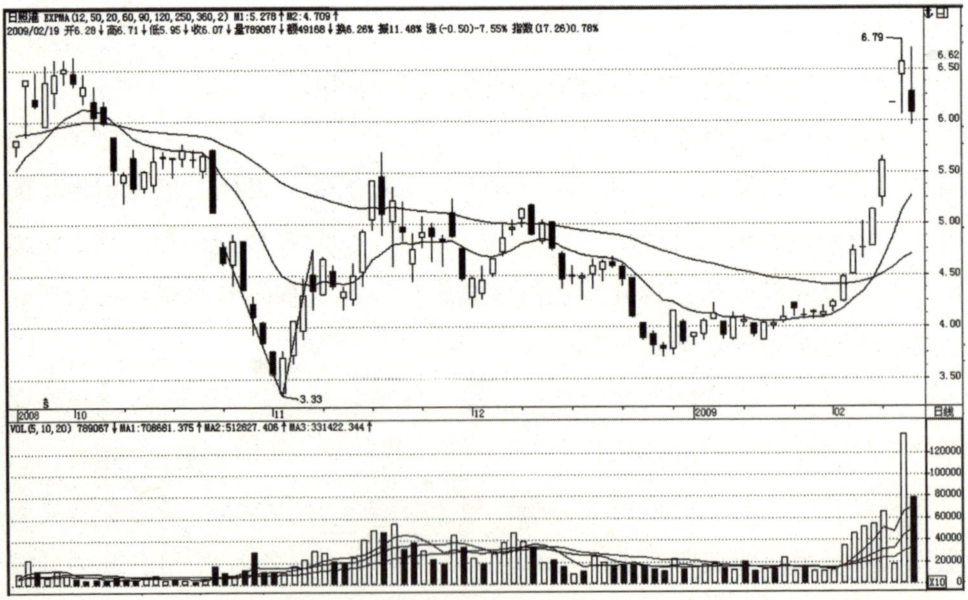

图 58　日照港（600017）

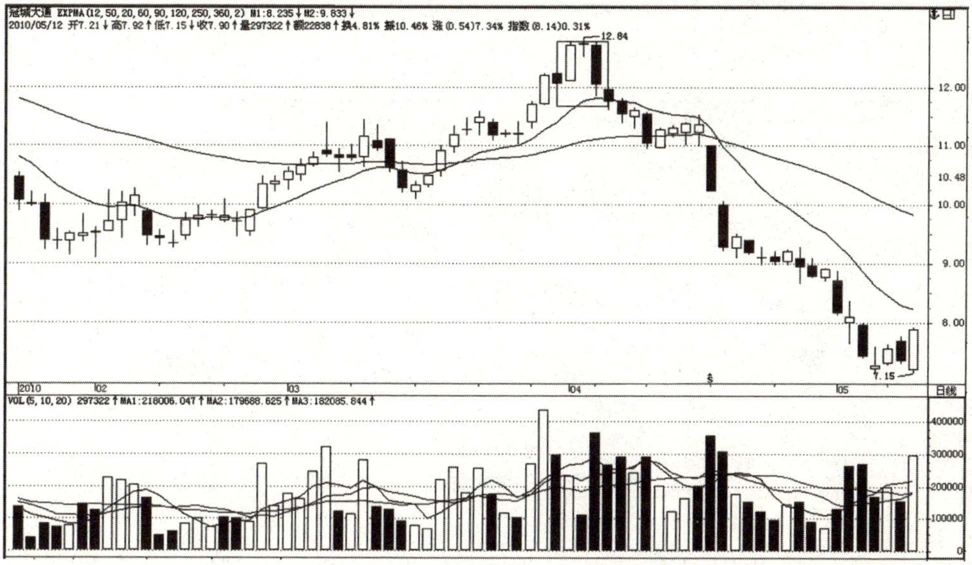

图 59 冠城大通（600067）

速转势，而希望之星出现后股价通常需要更长的时间才能进入涨势。原因很简单，就像我们骑自行车登山一样。爬坡的时候，我们需要拼命蹬，否则就会向后滑；下坡的时候，如果我们不刹车，很快就飞起来了。回到股市，上涨的时候需要足够的推动力，有人说股价上涨就像拿钱堆积木，要想堆得高就需要更多钱。然而，要集合大家的力量推高股价却非易事，往往只有到牛市末期，民众的追涨热情才达到高潮，那么刚见底时股价涨得慢就在情理之中了。下跌则不然，只要大家停止追涨，股价就会下滑，再加上庄家频频出货打压，不暴跌才怪。

因此，我们面对见底信号时，不妨慢点建仓，尤其是中长期趋势转变的关头，第一次触底时不参与也无不可。相反，当我们面对见顶信号时，要当机立断，一旦发现明确的见顶信号，先离场再说。

黄昏之星的变形也很多。图 60 中的 K 线组合，你很难给它个准确的定义，有点类似于塔形顶吧！不管它叫什么，它显示的就是一个见顶信号，其股价运行方式与黄昏之星很类似。图 61 中出现的是 V 形顶，也可以算是黄昏之星的变形产品，同样为见顶信号。

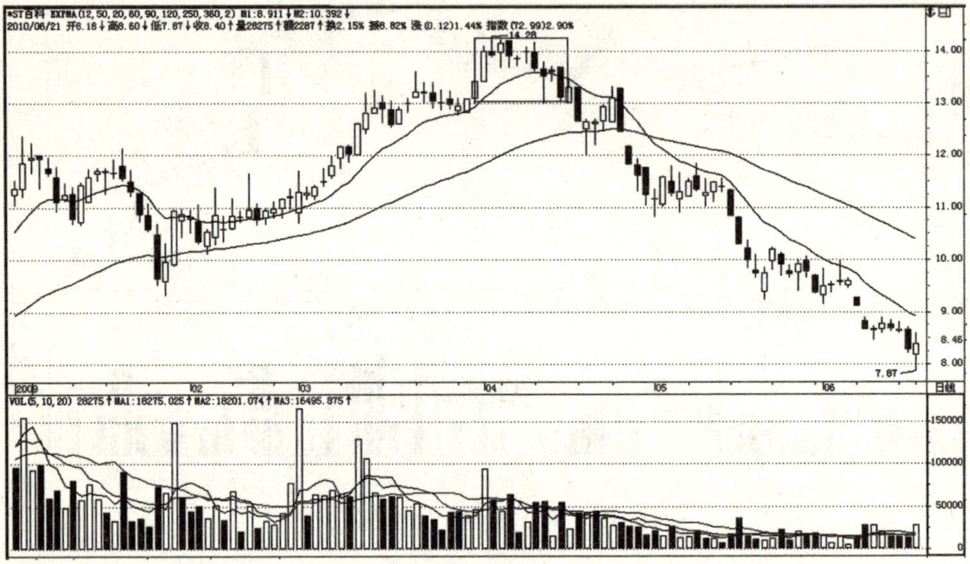

图 60　*ST 百科（600077）

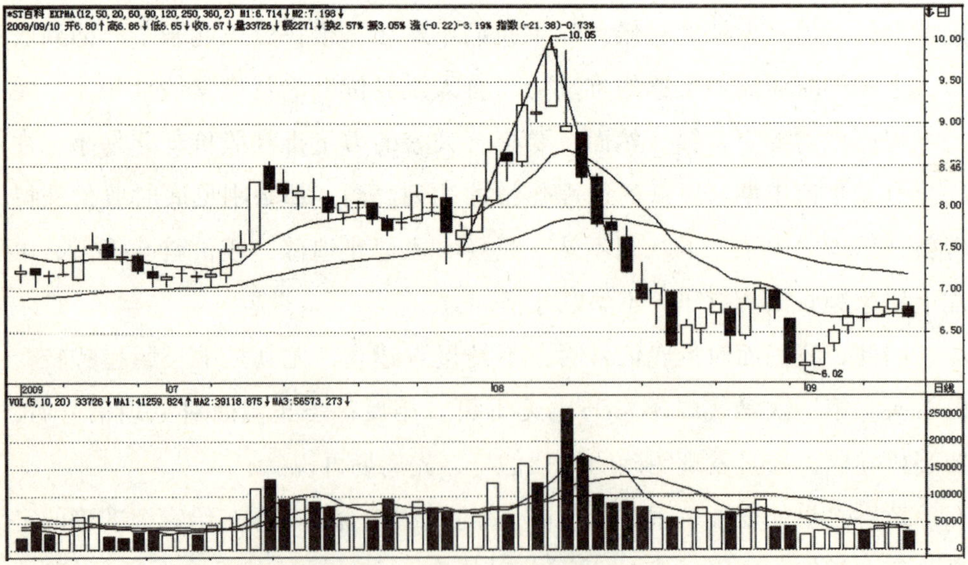

图 61　*ST 百科（600077）

需要提醒大家注意的是，不管是希望之星还是黄昏之星，它们都是转势的信号，并不具有决定转势幅度的力量。也就是说，希望之星和黄昏之星只是转势的起点，至于随后的涨幅和跌幅，无法由其进行判断。转势后的幅度，和转势前的走势有密切的关系。以见顶信号为例，转势前积聚的做空力量越大，转势后的跌幅越大。因此，投资者要想利用希望之星、黄昏之星之类的K线组合赚钱，除了从K线走势图发现其踪迹之外，还要重视对其出现之前的走势进行分析，否则，就陷入了“只见树木不见森林”的局面之中。

好了，讨论完见底信号和见顶信号之后，让我们看看其他类型的K线组合该如何理解。

图62中出现了一个多方尖兵组合。多方尖兵由多根K线组成，属于看涨信号。第一根为阳线，但留有一根较长的上影线。然后，连续数个交易日回落调整，但调整幅度较小（最好不破第一根阳线的最低点）。调整结束后，继续上涨，并突破长上影线的高点。这是多方尖兵组合的常见描述，

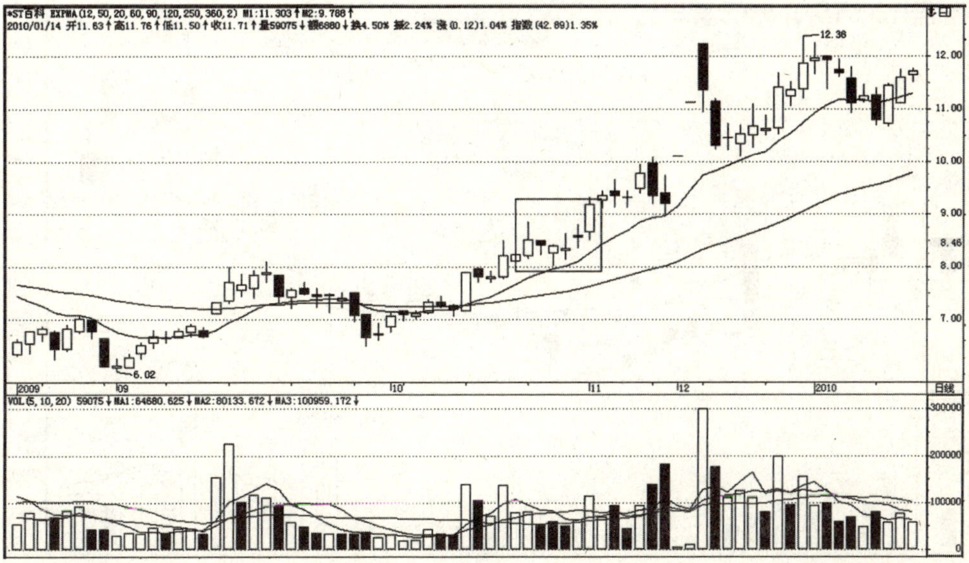

图62 *ST百科（600077）

它可以帮助投资者寻找多方尖兵组合。不过，这种描述并不能让投资者真正理解多方尖兵的含义。

将多方尖兵拆解开来分析，该组合的第一根 K 线是长上影线的 K 线，属于见顶 K 线。然而，经过数个交易日的调整之后，股价在短期 EXPMA 曲线上方获得支撑，接着重新开始上涨。当股价重新突破长上影线的最高点后（多方尖兵的最后一根 K 线是突破 K 线），说明见顶信号失败，后市看涨，至此看涨的多方尖兵组合成型。通过动态地分析多方尖兵，可以发现这个组合就是由两根关键 K 线和数根普通 K 线构成的。即使我们不知道这个组合叫作多方尖兵，只要掌握了关键 K 线的分析思路，也能够判断出后市看涨。

图 63 中出现的 K 线组合叫作红三兵。红三兵由三根连续创新高的中小阳线组成，属于看涨信号。其主要特征如下：第二根阳线和第三根阳线要分别在前一根阳线的中心值之上开盘，第三条阳线必须在第二条阳线的最高价之上收盘。这就是对红三兵的常规解释，不过这种解释不利于我们对

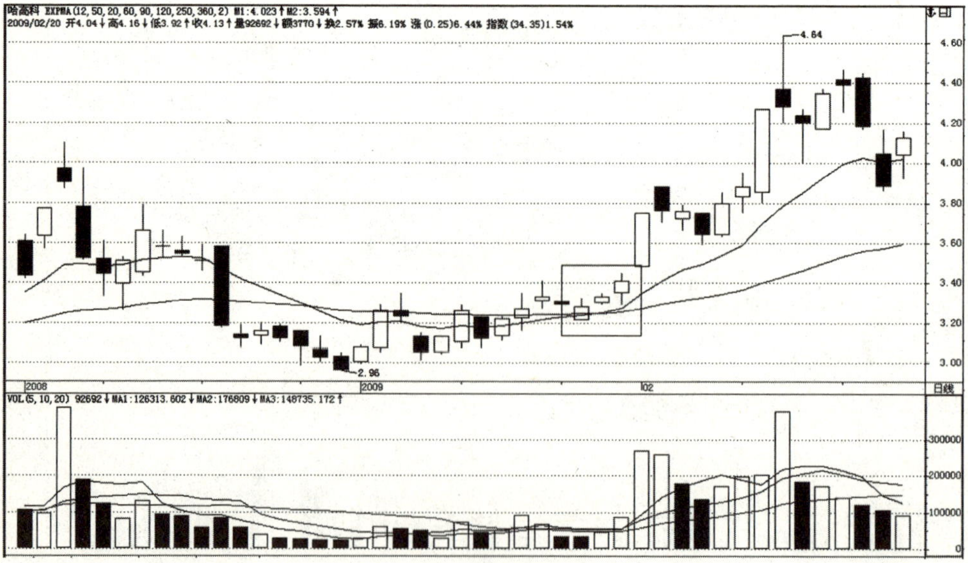

图 63　哈高科（600095）

该组合的理解。如果我们把这三根 K 线看作两个顺势突破线，或者把后两根 K 线看作持续 K 线，其看涨的含义就不言而喻了。

图 64 中出现的 K 线组合叫作两阴夹一阳。两阴夹一阳由三根 K 线组成。第一根 K 线和第三根 K 线为阴线，第二根 K 线为阳线。两阴夹一阳的三根 K 线实体要略长一些，而且长短大体相当。这是对两阴夹一阳的图形进行的描述，它没有呈现其中的多空转换过程。其实，这个 K 线组合由两个逆势突破线构成。首先是阴阳逆势突破线，在市场仍然处于多头行情中时，这种组合属于看涨信号，后市股价应该继续上涨。第二个是阳阴逆势突破线，股价并没有按照预期向上运行，反而再次向下发展，显示行情趋于动荡。在股价处于高位之时，这样的动荡显示行情缺乏后继力，趋势由涨转跌的可能性较大。

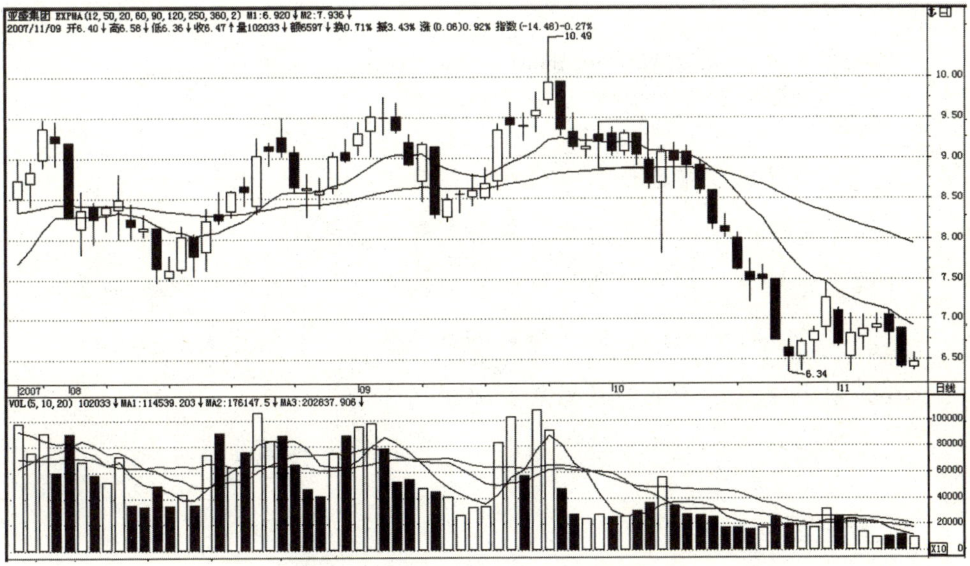

图 64　亚盛集团（600108）

两阴夹一阳出现之后，接着出现了一根跳空低开的中阴线，进一步确认了转势的可能。至此，投资者应该注意回避风险了。

通过这么多实例的介绍，主要就是传达一个观点：K线组合千变万化，只有掌握其能量变化的原委，并能动态地观察K线运行的线路，才有可能真正利用K线组合指导交易。

拓展阅读

希望之星

希望之星由3根K线组成，第一根是阴线，第二根是小阳线、小阴线或十字线，第三根是阳线。第三根K线实体深入到第一根K线实体之内。如果第二根是十字线，并且伴随着长长的下影线，是希望之星的特例，称为希望十字星。

①希望之星是在下跌过程中和上升过程的回调中的见底信号，后势看涨。

②投资者可以在第三根阳线收盘前参与。

③希望之星之前的跌幅越大，其看涨的信号越强。

④第一根和第三根的实体越大、振幅越宽，其看涨的信号越强。

⑤当股价跌破希望之星第二根K线的最低点时，转而看跌。

⑥希望十字星比普通的希望之星形态见底信号更强。

⑦盘整过程中出现的希望之星形态，不具有上述所讲的操作意义。

黄昏之星

黄昏之星由3根K线组成，第一根是阳线，第二根是小阳线、小阴线或者十字线，第三根是阴线。第三根K线实体深入到第一根K线实体之内。如果第二根是十字线，并且伴随着长长的上影线，是黄昏之星的特例，称为黄昏十字星。

①黄昏之星是在上涨过程中和下跌过程的反弹中的见顶信号，后势看跌。

②投资者可以在第三根阴线收盘前出局。

③黄昏之星之前的涨幅越大，其看跌的信号越强。

④第一根和第三根的实体越大、振幅越宽，其看跌的信号越强。

⑤当股价向上突破黄昏之星第二根K线的最高点时，转而看涨。

⑥黄昏十字星比普通的黄昏之星形态见顶信号更强。

⑦盘整过程中出现的黄昏之星形态，不具有上述所讲的操作意义。

红三兵

红三兵由三根连续创新高的中小阳线组成。第二根阳线和第三根阳线要分别在前一根阳线的中心值之上开盘，第三根阳线必须在第二根阳线的最高价之上收盘。当3根小阳线收于最高或接近最高点时，称为三武士，三武士的拉升信号要强于普通的红三兵。

①红三兵出现在低位和上升途中，是可信的买入信号。

②红三兵出现在高位和下降途中，应考虑出货。

③如果红三兵出现的价格区域正好突破某些重要的压力位，红三兵的看涨信号更为强烈。

④红三兵的价格区域也是关键的价格区域，对后市有较强的参考价值。

三川底

三川底由两根带有下影线的阴线和一根小阳线组成。第一根带有较长的下影线，表示下跌受到支撑。第二根是高开的阴线，也带有较长的下影线，甚至比第一根的下影线还长。第三根是孕育在第二根K线中的小阳线。

①三川底出现在底部或上升趋势中是比较可信的做多信号。

②投资者可以在第三根阳线收盘前参与。

③第二根阴线的收盘价高于第一根阴线的收盘价时，是更为有效的信号。

④第三根小阳线在第二根阴线的下影线中，也被视为更有效的信号。

⑤当股价跌破三川底组合的最低点时，转而看跌。

⑥三川底出现在高位为不可信信号。

黑三鸦

黑三鸦是指由三根连续下跌的阴线组成的图形。一般而言，第一根K线是由上升转为下跌的，或是下跌中继之后再次下跌的首根K线。第二根K线在第一根K线的中间位置开盘，并以较大幅度低于前一交易日的最低价位处收盘。第三根K线的开盘价稍高于前一交易日的最低价。

①黑三鸦形态一旦出现，则充分表明卖压严重，后市看跌。

②投资者应注意在该区域内减仓甚至清仓出局。

③然而，并非黑三鸦出现以后才出局，而如果没有出局，也不是在股价连跌三天后出局，在随后的时间里或许会有更好的出局点。

④黑三鸦的出现是代表上方卖压严重，并不直接指导买卖点。

⑤当股价向上突破黑三鸦并站稳在黑三鸦之上时，代表股价在该位置支撑有力。

见顶三鸦

见顶三鸦是由“山”字形的三根阴线组成。股价在高位收出一根阴线；第二天，大幅向上跳空高开，随后下行，收出一根与前一根阴线实体大小相差不大的阴线；第三天，延续下降，再次收阴，并且收盘价在第一根阴线的中点以下。

①见顶三鸦一般出现在股价顶部位置或上升波段中的峰值位置，是比较强烈的见顶信号。

②当在高位出现顶部三鸦时，需减仓出局。

③有时，见顶三鸦也出现在低位和上升过程中，这些情况不作为顶部信号，投资者需根据更多的形态进行分析。

④盘整和底部的见顶三鸦形态不可作为看空信号。

见底三鸦

见底三鸦是由倒山字形的三根阴线组成。三根阴线一般由中阴线组成，实体的长短相当。第二根阴线如留有长长的下影线，则其见底信号强烈。第三根阴线一般是向上跳空高开，高开的幅度比较前两根阴线可略小，但最好不要太小。第三根阴线的收盘价应在第二根线的开盘价之上。

①见底三鸦大都出现在股价深跌后的低位，是典型的见底信号。

②当见底三鸦出现在盘整市中时，见底信号无效。

③如果第三根阴线的收盘价收在第二根阴线的实体下半部位置，则不应将此形态视为见底三鸦来操作。

红三线思考星

红三线思考星是由两根小阳线和中间的一根大阳线组成的图形。中间的一根大阳线的实体不得小于涨幅3%，越大越好。两根小阳线的实体不能超过中间大阳线实体的1/4，小阳线的实体越小，有效性越高。两根小阳线不能成为中间大阳线的抱线或中线。

①红三线思考星多数出现在高位，表示行情超买，上涨无力，获利回吐的压力在增加，市场将要进行调整，应卖出股票。

②有时红三线思考星也在低位或上升途中出现，此时多显示买入信号，可加码做多。但需要在股价经过回调后才可介入，因为第三根星形小阳线是一根不确定的线形，价格是上升还是下降难以捉摸，在这种情况下，就应慎重行事。

③中间的一根大阳线实体越大，信号越有效。

两阳夹一阴

两阳夹一阴由三根K线组成。第一根K线和第三根K线为阳线，第二根K线为阴线。两阳夹一阴的三根K线实体要略长一些，而且长短大体相当。处在高位的两阳夹一阴，阴线的开盘价和阳线的收盘价接近。处在低位和上涨途中的两阳夹一阴，阴线的收盘价和阳线的开盘价接近。

①处于高位的两阳夹一阴属于卖出信号。

②处于低位和上涨途中的两阳夹一阴属于买入信号。

③两阳夹一阴属于短线型的组合形态。

④只有处于底部的两阳夹一阴才适合中长线投资者逢低买入。

两阴夹一阳

两阴夹一阳由三根K线组成。第一根K线和第三根K线为阴线，第二根K线为阳线。两阴夹一阳的三根K线实体要略长一些，而且长短大体相当。处在高位的两阴夹一阳，阴线的开盘价和阳线的收盘价接近；处在低位的两阴夹一阳，阴线的收盘价和阳线的开盘价接近。

①处于高位和下跌途中的两阴夹一阳属于卖出信号。

②处于低位和上涨途中的两阴夹一阳，如果第三根K线收盘价没有破第二根阳线的最低点，可判断为买入信号。

③处于顶部的两阴夹一阳是很重要的卖出信号。

树上二鸦

树上二鸦是由一根大阳线和两根向上跳空开盘的小阴线组成的图形。大阳线后的小阴线既要呈向上跳空的态势，也要形成抱线形态。

①当标准形态的树上二鸦出现时，应果断清仓。

②当非标准的树上二鸦形态出现时，可再作考查，视具体情况而定。

③树上二鸦的最佳卖出时间在形成的当天，次日也是较好的出货时间。

前方受阻红三线

前方受阻红三线是由连续上升的三根阳线组成的图形。第一根阳线的实体较大，第二根阳线有所缩小，第三根阳线又比第二根阳线小。第三根阳线一般应带有较长的上影线，或者第二根和第三根同时带有较长的上影线。第二根阳线和第三根阳线，都应在前一根阳线的实体内开盘，在前一根阳线的收盘价之上收盘。

①前方受阻红三线多出现在天顶部位和波段的峰顶部位，显示出强烈的卖出信号，应卖出股票。

②有时也出现在上升行情的启动初期，显示出短线调整信号。股价经过小幅回挡后，还会重拾升势，若卖出了股票，应注意补回。

塔形底

塔形底由多根K线组成。先是一根大阴线，接着是一连串的小阴小阳线，最后出现一根大阳线。塔形底的主要特征是：大阳线的收盘价要位于大阴线实体1/2以上处，小阳线、小阴线的最低点基本处于同一水平线上。

①塔形底为见底信号，因此下跌过程中的塔形底最有关注价值。

②通常而言，一旦出现塔形底，后市很有可能进入整理或者上涨行情中。

③如果主要趋势是下跌，出现塔形底不要着急建仓，应该密切关注，确认底部后再建仓。如果主要趋势是上涨，下跌多为回调行情，发现塔形底可以择机建仓。

④塔形底除了发出见底信号之外，还树立了一个标尺，即该K线组合最低点。一旦突破这个最低点，后市看跌。

⑤大阴线、大阳线的实体越大，小阴线、小阳线的实体、振幅越小，其见底信号越强烈。

⑥塔形底之前的跌幅越大、下跌时间越长，见底信号越强烈。

⑦整理行情中的塔形底没有特殊含义，应结合当时走势综合判断。

塔形顶

塔形顶同样由多根K线组成。与塔形底恰好相反的是，塔形顶先出现一根大阳线，接着是一连串的小阴小阳线，最后出现一根大阴线。塔形顶的主要特征是：大阴线的收盘价要位于大阳线实体1/2以下处，小阳线小阴线的最高点基本处于同一水平线上。

①塔形顶为见顶信号，因此上涨过程中的塔形顶最有关注价值。

②通常而言，一旦出现塔形顶，后市很有可能进入整理或者下跌行情中。

③如果主要趋势是下跌，此波上涨属于反弹，出现塔形顶就出场。如果主要趋势是上涨，而且没有见长期顶部的迹象，可以选择减仓。如果上涨持续时间长、涨幅巨大，而且有见长期顶部的迹象，清仓离场。

④如果高位建仓，最好清仓离场；如果低位或者相对低位建仓，可以先进行减仓。

⑤塔形顶除了发出见顶信号之外，还树立了一个标尺，即该K线组合最高点。一旦突破这个最高点，后市看涨。

⑥大阴线、大阳线的实体越大，小阴线、小阳线的实体、振幅越小，其见顶信号越强烈。

⑦塔形顶之前的涨幅越大、上涨时间越长，见顶信号越强烈。

⑧整理行情中的塔形底没有特殊含义，应结合当时走势综合判断。

多方尖兵

多方尖兵由多根K线组成。第一根为阳线，但留有一根较长的上影线。然后，连续数个交易日回落调整，但调整幅度较小（最好不破第一根阳线的最低点）。调整结束后，继续上涨，并突破长上影线的高点。注意，只有最后一根阳线的收盘价站稳第一根阳线的最高点，才能确认该组合为多方尖兵。

①长下影线的阳线，常常表示上涨受阻。随后的多根K线开始回调，显示空头进场。这两个信号均代表后市看跌。然而，再次出现一根阳线，冲破前期高点，证明之前的走势为诱空。因此，就整个组合而言，多方尖兵为看多信号。

②多方尖兵主要出现在盘整行情或者上涨过程中。

③通常而言，发现多方尖兵组合，可以选择最后一根阳线为建仓K线，也可以选择多方尖兵确认之后的下一个交易日建仓。

空方尖兵

空方尖兵与多方尖兵相对，同样由多根K线组成。第一根为阴线，但留有一根较长的下影线。然后，连续数个交易日发生反弹，但反弹幅度较小（最好不破第一根阴线的最高点）。反弹结束后，继续下跌，并跌破长下影线的低点。注意，只有最后一根阴线的收盘价跌破第一根阴线的最低点，才能确认该组合为空方尖兵。

①长下影线的阴线，常常表示下跌受阻。随后的多根K线开始反弹，显示多头进场。这两个信号均代表后市看涨。然而，再次出现一根阴线，跌破前期低点，证明之前的走势为诱多。因此，就整个组合而言，空方尖兵为看空信号。

②空方尖兵出现的概率较低，而且主要出现在下跌过程中。

③由于中国股市没有做空机制，空方尖兵的实战价值大为降低。对中国股市而言，发现空方尖兵组合，继续持币等待。

上升三部曲

上升三部曲由5根大小不等的K线组成。先出现一根大阳线或中阳线，接着出现3根向下调整的阴线，但这3根阴线都没有跌破第一根K线的最低点，最后一根大阳线或中阳线又一下子全部或大部分吞吃了前面3根小阴线，其走势有点类似英文字母“N”。

上升三部曲与多方尖兵非常类似，其主要差别在于，多方尖兵的第一根阳线有长长的上影线，而且随后的调整处于阳线的上影线之下。对于上升三部曲而言，最后一根阳线的收盘价不一定要突破组合的最高点。

①上升三部曲为看涨信号。发现上升三部曲，可以选择最后一根阳线进行建仓，也可以选择上升三部曲确认之后的交易日建仓。

②典型上升三部曲（即中间3根为阴线）出现的概率较小，主要出现在上涨过程中。

③通常而言，上升三部曲前后两根阳线的实体越大，其看涨信号越强烈。

下降三部曲

下降三部曲由5根大小不等的K线组成。先出现一根大阴线或中阴线，接着出现3根向上爬升的小阳线，但这3根小阳线都没有冲破第一根K线的开盘价，最后一根大阴线或中阴线又一下子全部或大部分吞吃了前面3根小阳线。对于下降三部曲而言，最后一根阴线的收盘价不一定要突破组合的最低点。

①下降三部曲为看跌信号。其应对策略，应该结合实际行情走势决定。

②在下跌趋势中发现下降三部曲，如果持有仓位，最好立刻进行清仓，以免套牢；如果空仓，继续持币等待。

③在上升趋势中发现下降三部曲，如果持有仓位，可以选择减仓或者清仓；如果空仓，应该密切关注，耐心等待回调见底信号，以便安全建仓。

④相对典型上升三部曲，典型下降三部曲（即中间3根K线为阳线）出现的概率较大，而且可以在任何行情走势中发现。

⑤通常而言，下降三部曲前后两根阴线的实体越大，其看空信号越强烈。

低档五阳线

五阳线一般由5根阳线组成，多为小阳线。所谓低档五阳线，是指处于相对低位的五阳线。低档五阳线不一定都是5根阳线，有时也可能是6根、7根阳线。

①低档五阳线属于看涨信号，不提供交易信号。发现低档五阳线，应该结合实际行情走势择机入场。

②在上涨过程中发现五阳线，要充分考虑其所处的位置，并结合其他信号综合判断，不可盲目追涨。

③在下跌过程中发现五阳线，一般都是看涨信号，可以择机进行建仓。如果跌破五阳线的最低点，认错离场。

④出现五阳线后，股价已经有所上涨。因此，通常股价不会立刻迅速攀升，需要经过整理。五阳线上涨的幅度越大，调整的时间可能越长、空间可能越大。

高档五阴线

五阴线一般由5根阴线组成，多为小阴线。所谓高档五阴线，是指处于相对高位的五阴线。五阴线不一定都是5根阴线，有时也可能是6根、7根阴线。

①高档五阴线属于看跌信号，同样不提供交易信号。发现高档五阴线，应该结合当时的行情走势择机出场。

②如果主要趋势是上涨，发现五阴线，持币者应密切关注，以便回调结束时安全建仓；持仓者如果无法提前离场，只能根据五阴线所处的位置，结合其他信号做出决定。

③如果主要趋势是下跌，发现五阴线，持币者继续耐心等待；持仓者应该立刻寻找机会出场，以免深度套牢。

④出现五阴线后，股价已经有所下跌。但是，与五阳线不同，股价还

是有可能立刻迅速下跌。因此，面对五阴线，不妨慢一些行动。

⑤由于中国股市没有做空机制，五阴线的利用价值有所削弱。尤其是下跌趋势中的五阴线，其关注价值更低。

下降覆盖线

下降覆盖线由4根K线组成。第一根K线为阳线；第二根K线为阴线，并且其最低价低于第一根阳线的最低价；第三根K线是一根中阳线或小阳线，但阳线的实体通常比前一根阴线要短；之后又出现一根阴线，阴线实体已深入到前一根阳线实体之中，甚至跌破前一根阳线的最低价。

①下降覆盖线属于看跌信号，能够提供卖出信号。发现下降覆盖线，应该结合当时的行情走势择机出场。

②在下降趋势中发现下降覆盖线，持币者继续耐心等待，持仓者立刻择机出场。

③在下降趋势的反弹行情中发现下降覆盖线，反弹行情很可能就此结束，应该立刻清仓出场。

④在下降趋势的下跌过程中发现下降覆盖线，继续持币等待。

⑤在上升趋势中发现下降覆盖线，持仓者可以根据实际走势决定减仓或者清仓。

⑥在上升趋势中，如果在下降覆盖线之后股价发生回调，应该密切关注见底信号，以便安全建仓。另外，还应该留意下降覆盖线高点形成的压力，一旦突破，后市继续看涨。

⑦在上升趋势中，如果下降覆盖线的看跌信号失败（或者说假信号），股价不但没有下跌，反而继续上涨，应该择机重新入场或者加仓。

连续跳空三阳线

连续跳空三阳线由4根K线组成。第一根K线可以是阳线，也可以是阴线；剩余的三根K线均为跳空高开的阳线。至于跳空阳线的实体大小、是否有上下影线以及上下影线的长短，都没有特别要求。连续跳空三阳线还有一些变形，比如，连续跳空的不是3根阳线，而是4根甚至5根阳线。

①连续跳空三阳线属于看空信号，但不提供交易信号。发现连续跳空三阳线，应该结合当时的行情走势做出决定。

②通常而言，不会选择连续跳空三阳线进行减仓或者清仓。

③主要趋势为上涨，发现跳空三阳线，密切关注随后的走势，一旦出现见顶信号，立刻减仓或者清仓，以保护既得利润。

④主要趋势为下跌，发现跳空三阳线，根据见顶信号出场。不过，应该密切关注随后的走势，因为跳空三阳线很可能会扭转主要趋势，这样的跳空三阳线已经显示了重要的底部区域。

⑤通常而言，连续跳空三阳线的涨幅越大，其看空信号越强烈。

连续跳空三阴线

连续跳空三阴线由4根K线组成。第一根K线可以是阳线，也可以是阴线；剩余的三根K线均为跳空低开的阴线。连续跳空三阴线还有一些变形。比如，连续跳空的不是3根阴线，而是4根甚至5根阴线。

①连续跳空三阴线属于看多信号，但不提供交易信号。发现连续跳空三阴线，应该结合当时的行情走势做出决定。

②通常而言，不要选择连续跳空三阴线进行建仓。

③主要趋势为上涨，发现跳空三阴线，密切关注随后的走势，一旦出现见底信号，择机建仓，以取得建仓的成本优势。在随后的走势中，如果跳空三阴线前期的高点没有被突破，行情又有进入下跌趋势的迹象，警惕转势。

④主要趋势为下跌，发现跳空三阴线，持币旁观。

⑤通常而言，连续跳空三阴线的跌幅越大，其看多信号越强烈。

摇橹底部线

股价经过长时间下跌后，在低位进行横向盘整，某一天，忽然大幅跳空低开，开盘价低于横盘期的低点价位5%以上，然后一路向上运行，尾盘收回前一天收盘价附近，形成一根光脚大阳线，这根阳线如同乌篷船的木浆伸进水中的情形，所以称为摇橹底部线。

①摇橹底部线属于见底看涨信号，但不提供交易信号。发现摇橹底部线，应该结合当时的行情走势择机入场。

②摇橹底部线主要出现在一波下跌之后。如果在盘整中出现摇橹底部线，其看涨信号值得推敲。

③通常而言，出现摇橹底部线之前，下跌的幅度越大，下跌的时间越长，其看涨信号越强烈。

④摇橹底部线的最低点为重要的标尺。如果最低点被跌破，摇橹底部线失效，后市看跌。

⑤摇橹底部线出现的概率较小，一旦出现，通常意味着重要的底部（中期底部或者长期底部），后市的涨幅非常值得期待。

梳子底线

梳子底线是指股价在筑底的过程中，出现的多根带有长下影的如梳子般排列整齐的图形。梳子底线一般由四根以上K线形成，不得少于四根，越多信号越强。一般来说，每根K线下影线的长度不应少于K线实体的一倍，下影线越长，信号越强。梳子底线的每根K线的最低价位应基本处于同一水平。

①在低位出现梳子底线，可大胆跟进做多。

②梳子底出现后，一般有半个月时间的反弹行情，投资者应抓住机会。

③如果梳子底组合中的下影线长度平均达到K线实体长度的三倍以上，这是强烈的买进信号。

孤岛组合线

在一波价格走势后，价格在过度预期中跳空，形成竭尽缺口，在整理一日至数日后，价格反向跳空，使整理期间的形态宛如一个孤岛，故此得名孤岛组合线。孤岛组合线分为见顶孤岛和见底孤岛两种。见顶孤岛的第一根 K 线通常为阳线，最后一根 K 线通常为阴线。见底孤岛的第一根 K 线通常为阴线，最后一根 K 线通常为阳线。

①孤岛组合线为反转信号。

②在上升过程中，孤岛组合线为见顶信号。一旦出现孤岛组合线，短期之内很有可能转入下跌行情中。

③在下降过程中，孤岛组合线为见底信号。一旦出现孤岛组合线，短期之内很有可能转入上涨行情中。

④在上升过程中发现孤岛组合线，最好清仓出场。在下降过程中发现孤岛组合线，可以适度建仓，但要注意设置止损位。

⑤孤岛组合线除了发出见顶、见底信号外，也树立了一个标尺，即该 K 线组合最高点和最低点。在孤岛组合线发出见顶信号的情况下，一旦突破组合的最高点，后市看涨；在发出见底信号的情况下，一旦突破组合的最低点，后市看跌。

⑥孤岛组合线需要第二个跳空的确认。在没有出现第二个跳空之前，不可将当时的 K 线组合成为孤岛组合线。

⑦孤岛组合线之前的趋势越明显、持续时间越长，反转信号越强烈。见顶孤岛组合线，其最后一根跳空阴线实体越大，信号可信度越高；见底孤岛组合线，其最后一根跳空阳线实体越大，信号可信度越高。

⑧整理行情中的孤岛组合线没有特殊含义，应结合当时走势综合判断。

厚积薄发的K线形态

A先生：自从上次学习了W底和M头之后，这段时间正好有机会利用W底买了些股票，虽然还没有出货，但收益已经很不错了，感觉这种技术运用简单、效果明显。因此，希望这次介绍更多的K线形态。

铁手：K线形态确实是一种非常实用的技术手段。通常，我都建议投资者从关键K线开始学习技术，从K线形态开始实战炒股，因为K线形态的构成时间较长，其发出的技术信号相对稳妥，对于很多人来讲比较容易把握，适合实战操盘。从暂时的反馈来看，这种方法还是收到了一定的成效。

K线形态可以分为见顶形态、见底形态和持续形态，下面从理解形态的角度出发，对这些形态进行简单的介绍，希望可以给各位一定的启发，让大家更加有针对性地认识和运用K线形态。

1. 见底形态

见底形态主要包括W底、头肩底、圆弧底、V形底等，这些内容相信大家都已经很熟悉了。如果还有朋友不熟悉这些形态，请自行阅读我们提供的学习资料，其中对这些形态进行了详细的描述。

我今天的重点是帮助大家从本质上认识K线形态，这样才有利于看盘水平的提高。下面我展示两张K线走势图，其中包括W底形态和头肩底形态。这些形态都有一个共同的特征：左侧处于下降趋势中，右侧处于上升趋势中。有人说这不是废话嘛，要不然股价怎么可能转势。我觉得这个特征很重要，如果投资者能够真正理解这个特征，K线形态不用学习都会识别并运用了。

图 65 中出现了一个 W 底形态。从图中可以明显看出，W 底的左侧，高点逐渐降低，低点逐渐降低，处于明显的下降趋势中；右侧，高点逐渐抬高，低点逐渐抬高，处于明显的上升趋势中。图 66 中是一个头肩底形态，同样可以明显辨认出该形态的左侧为下降趋势、右侧为上升趋势。圆弧底和 V 形底就不再举例了，其特征同样明显。

掌握了这个特征，即使你无法判断 K 线形态的类型，也可以轻松判断 K 线形态的实战含义了。图 67 中最低点 2.63 元左侧是明显的下降趋势，右侧是振荡爬升的上涨趋势。根据这两个趋势的转变，就可以知道股价由此见底了。至于这个形态究竟是什么，就不用费心思去计较了。这才是学习 K 线形态的核心。

理解完形态的构造之后，让我们来看看号称确认形态标尺的颈线。图 68中出现的是 W 底，当股价突破 W 底颈线时，W 底正式确认。为什么突破颈线就能确认 W 底呢？颈线，实际上就是 W 底之间的高点。当股价

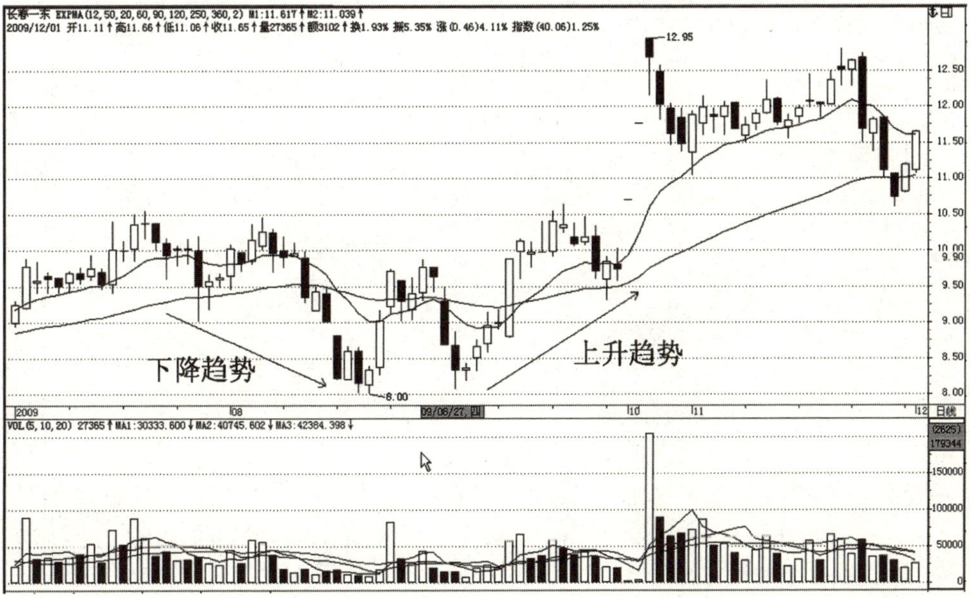

图 65 长春一东（600148）

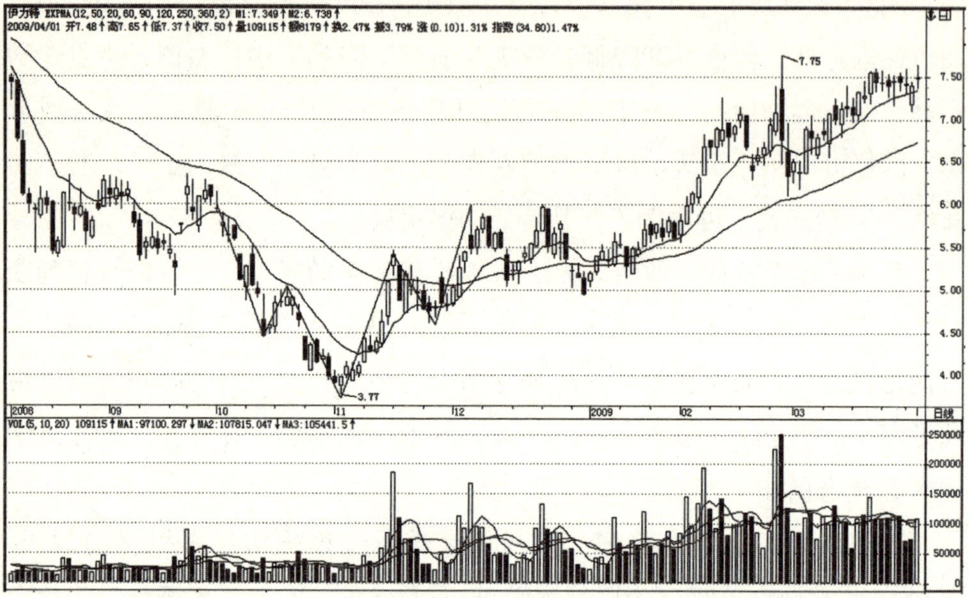

图 66　伊力特（600197）

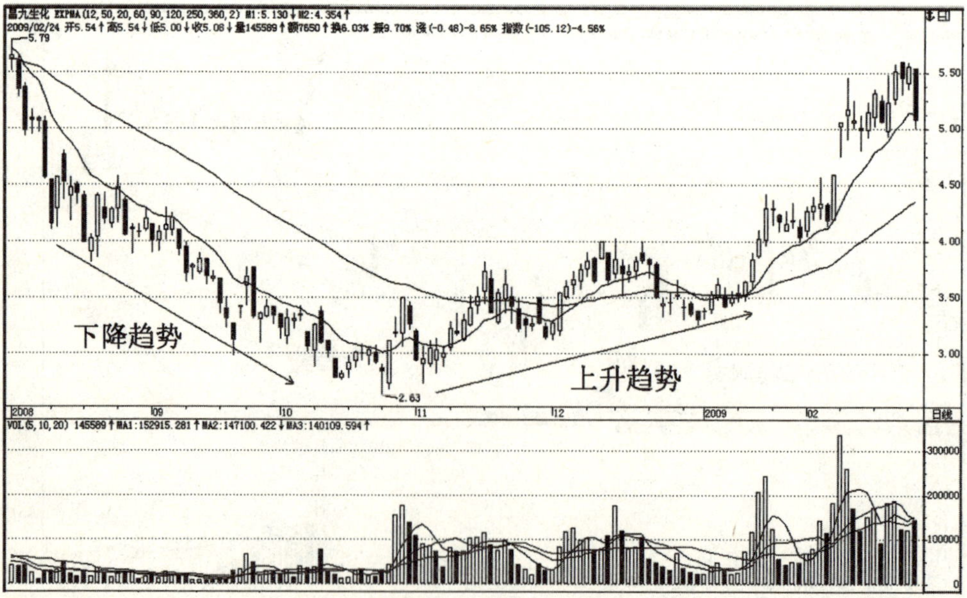

图 67　昌九生化（600228）

向上突破 W 底颈线时，说明新的高点诞生了。那么，就构成了低点逐渐抬高、高点逐渐抬高的上升趋势。在下降趋势之后出现上升趋势，那不就是见底信号吗？因此，当股价突破颈线后，W 底确认，即见底信号确认。

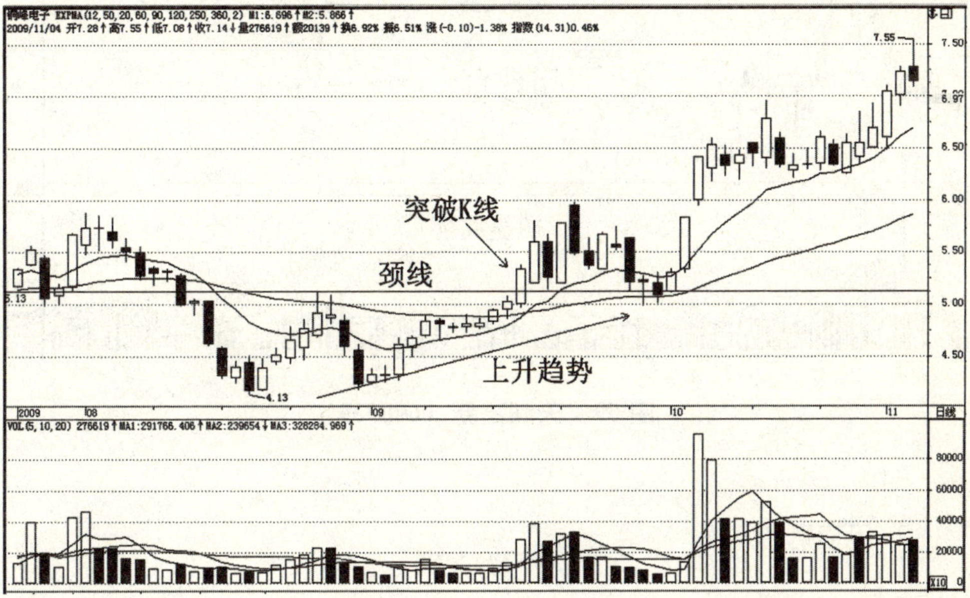

图 68　铜峰电子（600237）

在判断底部形态的突破时，要求成交量必须同步放大。这就涉及量价配合的问题。在上涨趋势中，当股价持续上升时，成交量通常会随之放大。也就是说，价涨量增的量价配合是上升趋势的重要标志。

图 69 中出现了一个头肩底组合。其中出现了两次颈线突破，第一次突破时成交量并没有明显放大，意味着颈线压力没有得到有效释放，股价就此快速上升的可能性较低，可能会出现假突破；第二次突破，成交量明显放大，可以确认该股进入上升趋势中，由此头肩底确认，后市将进入涨势中。

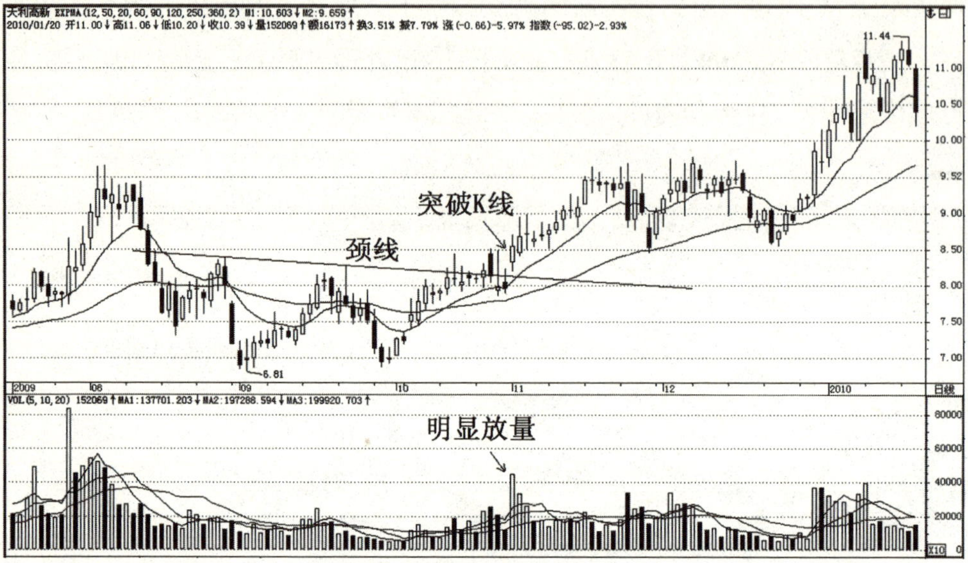

图 69　天利高新（600339）

2. 见顶形态

见顶形态包括 M 头、头肩顶、V 形顶、圆弧顶、喇叭口和菱形等。见顶形态的共同特征是：左侧处于上升趋势中，右侧处于下降趋势中。掌握了这个特征，不管 K 线组合成何种形态，投资者都可以从容面对。

图 70 中出现的是 M 头形态。在 M 头的左侧，高点逐次抬高，低点逐次抬高，处于明显的上涨趋势中。在 M 头的右侧，高点逐次降低，低点逐次降低，处于明显的下降趋势中。图 71 中出现的是头肩顶形态，在头肩顶的左侧，股价经过一段调整之后重新进入上涨趋势中；在头肩顶的右侧，股价处于一波比一波低的下降趋势中。正是因为股价在这些形态构成之后从上涨趋势转为下降趋势，才会被技术分析的前辈们提炼出来，作为重要的见顶形态。因此，在学习这些技术分析手段时，应该心存感念，感谢那些有名无名的奉献者！正是他们的努力，让我们可以更加轻松地学习炒股的基本技能。

图 70 方大炭素（600516）

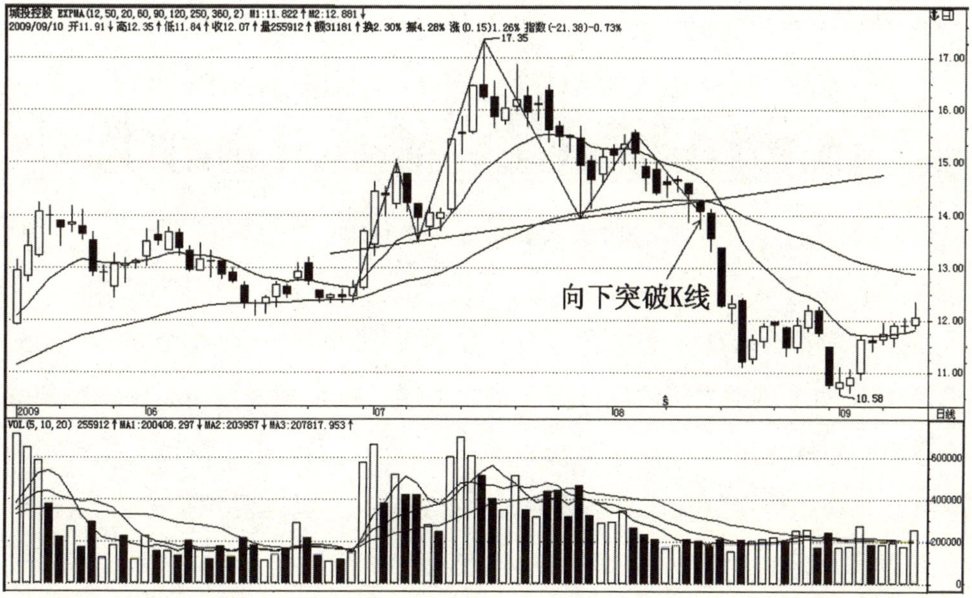

图 71 城投控股（600649）

股票在实际运行过程中，很难形成标准的K线形态。如果投资者不能正确理解K线形态背后的玄机，在面对很多的非标准走势时，就容易陷入困惑之中，从而导致交易失败。图72中出现的K线形态，既可以看作是M头，也可以看作是圆弧顶。具体它是什么形态并不重要，重要的是该形态导致了该股的趋势发生变化，股价就此从上涨趋势转入了下跌趋势。那么，它就属于见顶信号，投资者应该择机离场。

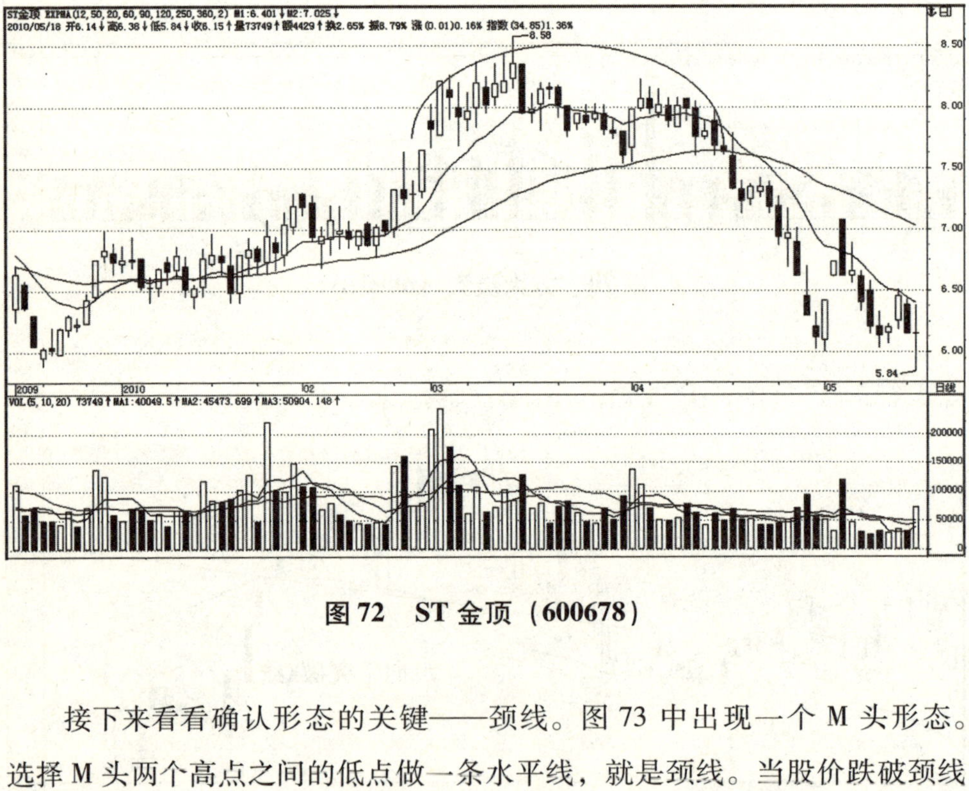

图72　ST金顶（600678）

接下来看看确认形态的关键——颈线。图73中出现一个M头形态。选择M头两个高点之间的低点做一条水平线，就是颈线。当股价跌破颈线支撑时，新低点出现。从M头的左顶开始观察，高点逐渐降低，低点逐渐降低，下降趋势得到确认。趋势的转变得到确认，就是见顶信号得到确认，自然M头形态也该确认了。

图74中出现的见顶形态是下降三角形，其颈线就是下降三角形的下边线。在高位出现下降三角形，说明个股的上涨趋势被遏制，下降趋势已经

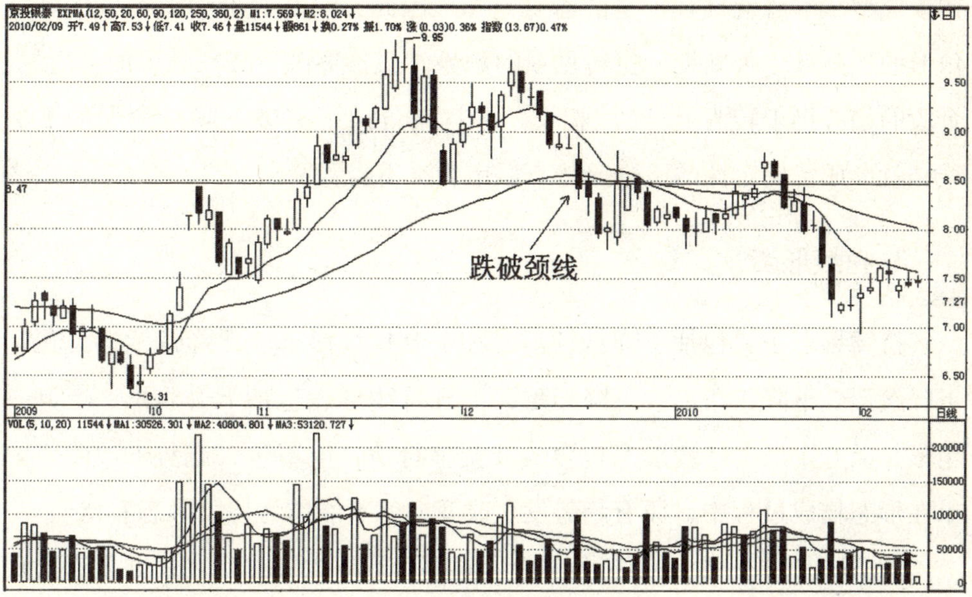

图 73 京投银泰（600683）

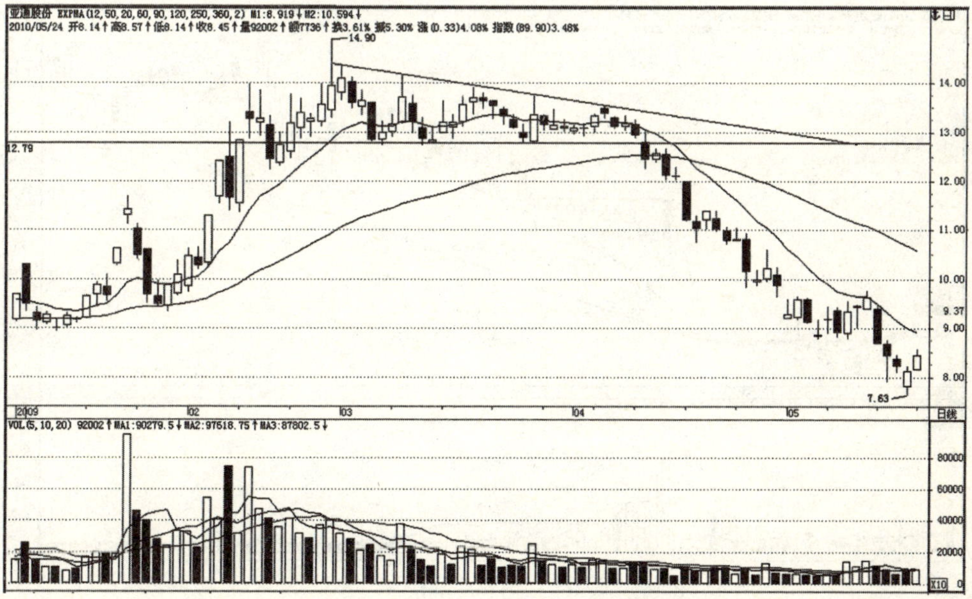

图 74 亚通股份（600692）

初步成型，本身就具有一定的看空意味。因此，除非股价向上突破下降三角形的最高点，否则无力扭转见顶的颓势（股价突破下降三角形的上边线，个股的趋势仍未转为上升）。相反，一旦股价向下突破下降三角形的下边线，就形成了确定性的下降趋势，后市看空不容置疑。

3. 持续形态

持续形态主要包括下降持续形态和上升持续形态。下降持续形态包括下降旗形、下降三角形、下降矩形，上升持续形态包括上升旗形、上升三角形、上升矩形。持续形态包含一波调整行情，但不包含趋势的改变。如果在形态构成过程中，原有趋势发生改变，就不能作为持续形态看待。

图 75 中出现一个上升三角旗形。在整个形态构成过程中，并没有出现高点逐次下降、低点逐次下降的下降趋势特征，因此其属于持续形态。当股价向上突破三角形整理区间时，上升三角形确认，后市股价将继续上扬。

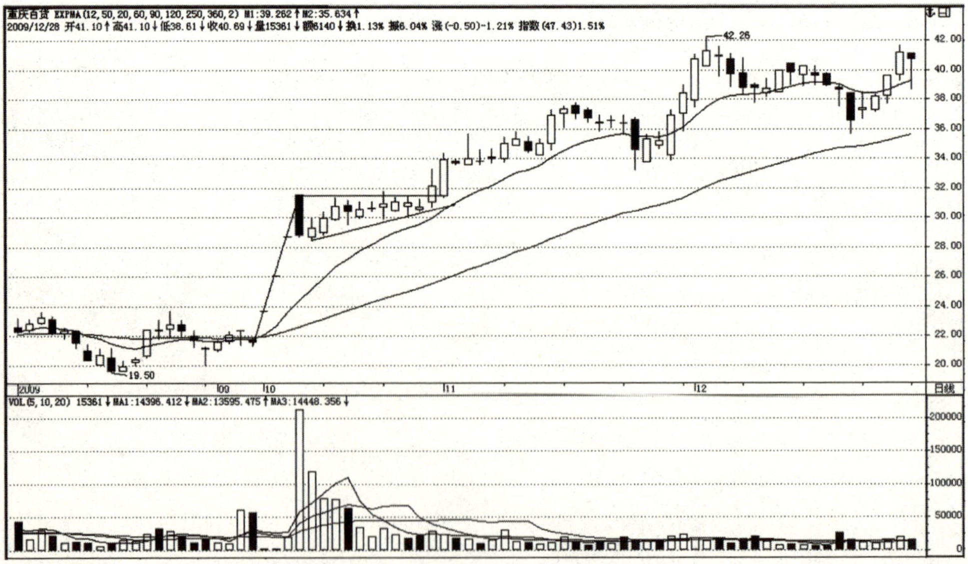

图 75　重庆百货（600729）

图 76 中出现一个矩形。在上涨趋势中出现矩形，通常属于持续信号，即后市将继续上涨。然而，这个矩形并非如此，其上下振幅较大、持续时间较长、成交量堆积明显，显示见顶的风险。在一根细细的长棍上绑个布条（上升旗形）是没有问题的，可要在一根细细的长棍上绑上一块巨石，这根长棍就随时都有折断的风险了。当股价向下突破矩形的下边线时，趋势发生了改变。就这么一点微弱的改变，在善于看盘者的眼中不亚于山摇地动，因为趋势开始转变了。至此，可以推断该矩形并非持续形态，而是见顶形态。

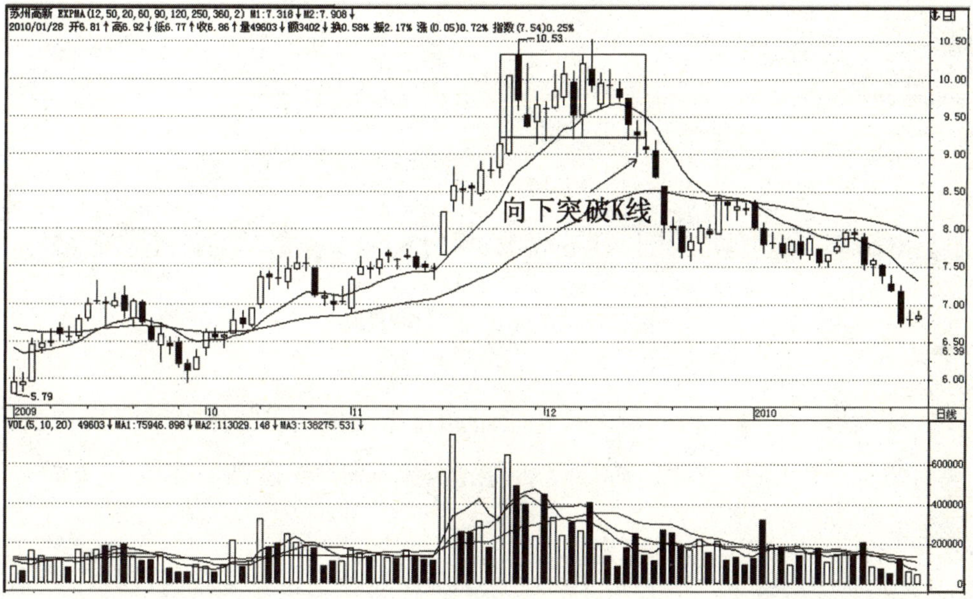

图 76 苏州高新（600736）

图 77 中出现一个下降旗形。当股价向下突破下降旗形时，持续形态确认，后市看跌。然而，股价在前低附近明显获得支撑（见图 77 中的方框）。如果股价经过调整后杀破前低支撑，股价将继续细化。实际走势却并非如此，股价由此开始上涨，并顺利突破前期高点（即 W 底颈线位），从而形

成W底。当这个见底形态形成后，持续形态下降旗形宣告失败，该股将进入明显的反弹行情中。

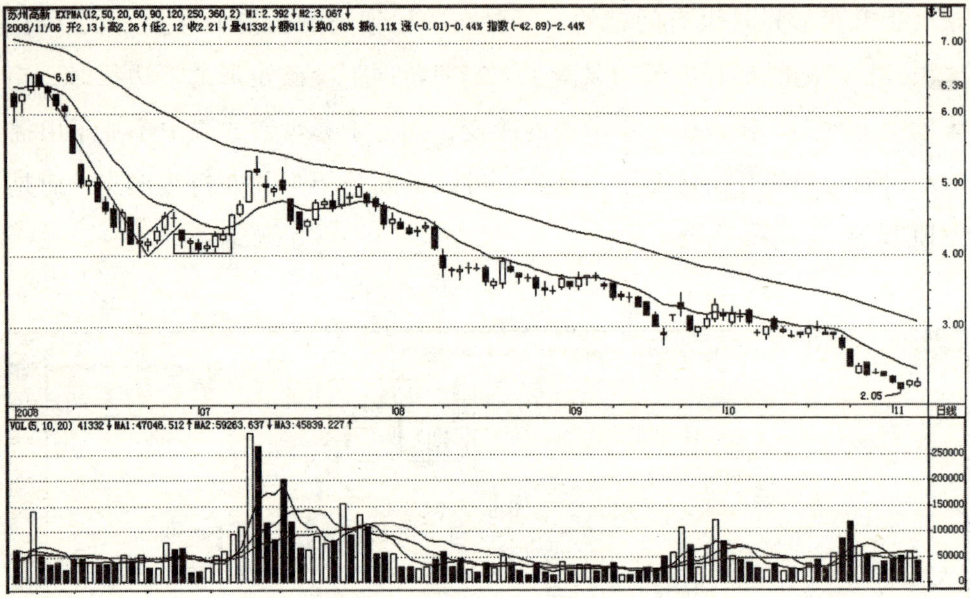

图77　苏州高新（600736）

持续形态的调整时间较短，通常不超过2个星期。如果持续时间过长，说明原有的趋势被破坏，后市是否能继续保持原有趋势需要走一步看一步了。

图78中的一波上涨行情中，出现了多次调整行情，调整时间均不超过1个星期。当调整结束后，股价继续原有的趋势，进入又一波上涨行情中。图79中出现了一个调整时间明显偏长的K线形态。经过长时间的调整之后仍无法突破前高，说明此时该股的卖压明显较重。因此，该股后市要想继续上涨，可能需要更长时间或者更大幅度的调整。当然，股价也有可能就此见重要顶部。

持续形态调整的幅度较小，通常不超过此前涨幅的50%。如果调整幅

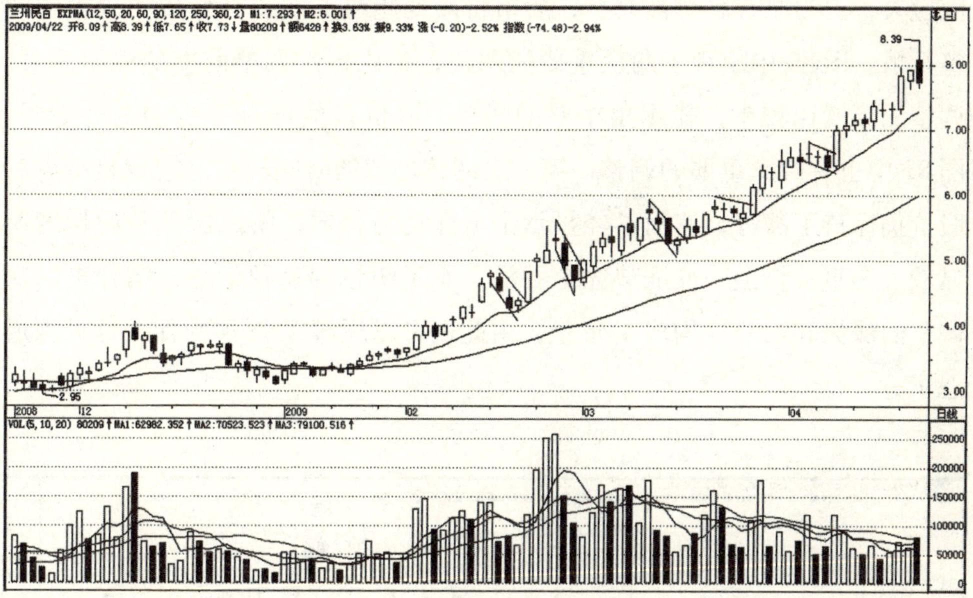

图 78　兰州民百（600738）

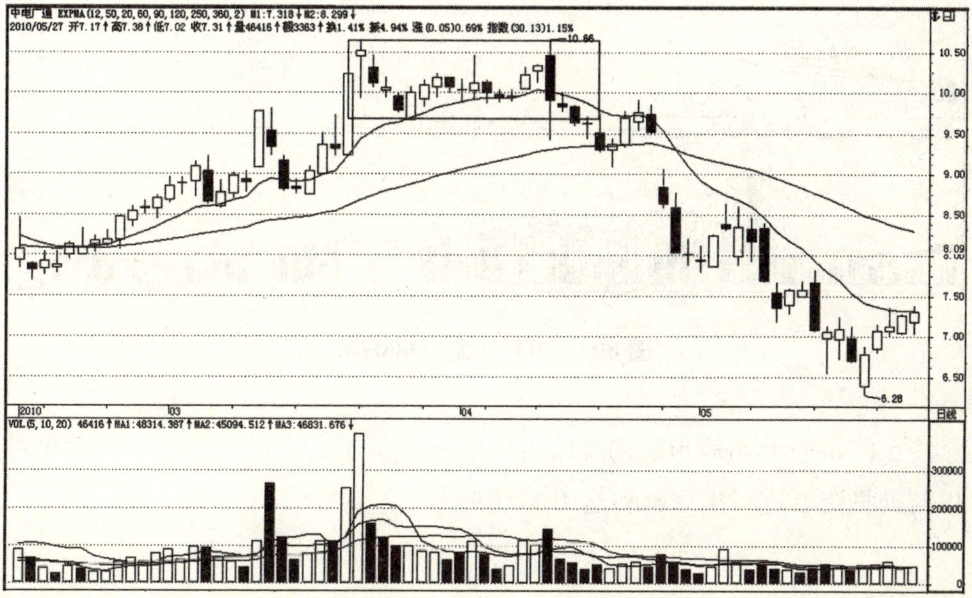

图 79　中电广通（600764）

度过大，说明原有趋势被改变，后市将改变趋势方向或者形成大规模的调整行情。图 80 中出现了两次重要的调整，相比每次调整前期的涨幅而言，调整的幅度比较小，显示出个股的强势，股价自然还有一定的上升空间。图 81 中也有两次重要的调整，第一次调整持续的时间较长，但调整结束后股价仍保持了涨势，然而已经显示了上涨动力趋弱；第二次调整的幅度明显较大，直接将上一波涨势完全吞没，属于明显的见顶信号。结合第二次调整的涨势和跌势就构成 V 形顶，由此也可以理解 V 形顶为什么是见顶形态了。

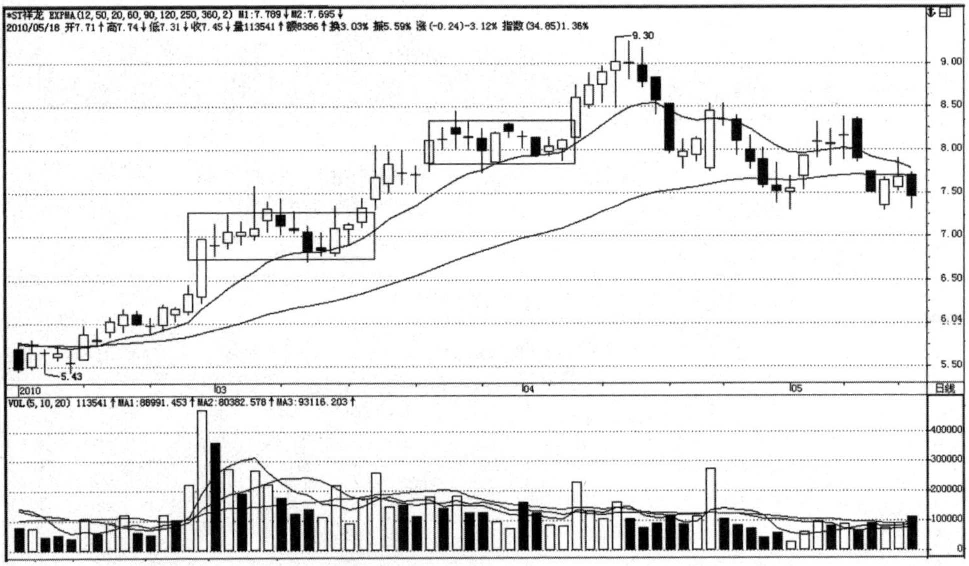

图 80　*ST 祥龙（600769）

至此，关于 K 线形态的介绍可以告一段落了。通过这些内容，希望可以帮助投资者进一步理解和运用 K 线形态。

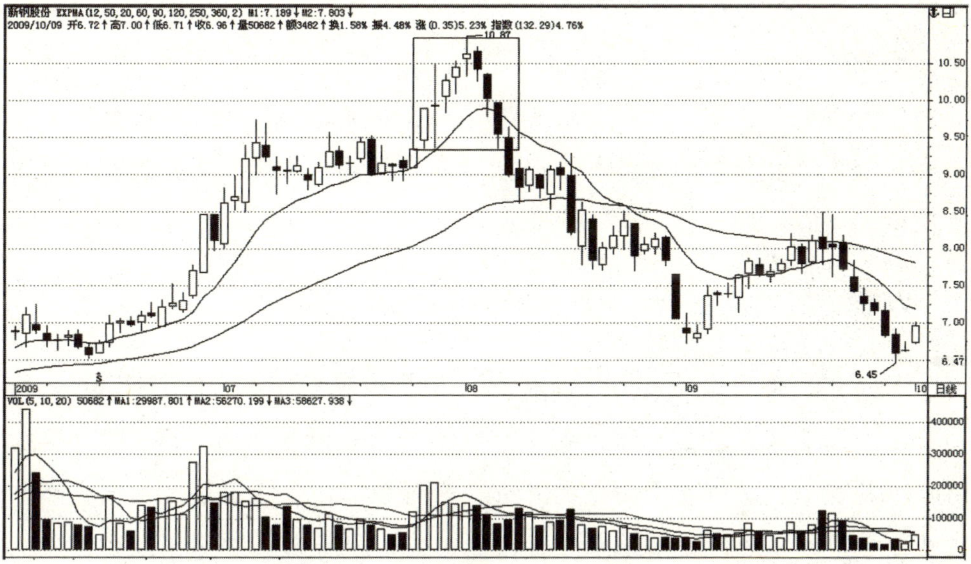

图 81　新钢股份（600782）

拓展阅读

M 头

M 头由两个价位相近的高点构成，其形状类似于英文字母“M”，因而得名。通常而言，M 头的左侧高点要高于右侧高点，两者之间的落差在 3% 左右。M 头确认的关键在于颈线的突破。所谓颈线，是指穿过两个高点之间的最低点的水平线。如果颈线没有被突破，即使 K 线形态看着类似 M 头，也不是 M 头形态。

M 头形态的两个高点应该有一定的时间间隔。通常而言，时间间隔越大，有效性越高。但是，如果日线 M 头的时间间隔超过半年，其判断的价值就很小了。

M 头形态分为标准形和复合形两种。标准形就是只有两个顶部，复合形除了两个明显高点之外，还会出现多个小顶部。不管是标准形还是复合形，均为见顶信号。

M头形态一旦得到确认，就可以用它对后市进行测算。M头形态突破后的跌幅常是形态本身颈高的1~3倍。所谓颈高，是指颈线与最高点之间的距离。

W底

W底由两个价位相近的低点构成，其形状类似于英文字母“W”，因而得名。通常而言，左侧低点要低于右侧低点，两者之间的落差在3%左右。W底确认的关键在于颈线的突破。所谓颈线，是指穿过两个低点之间的最高点的水平线。如果颈线没有被突破，即使K线形态看着类似W底，也不是W底形态。

W底形态的两个低点应该有一定的时间间隔。通常而言，时间间隔越大，有效性越高。但是，如果日线W底的时间间隔超过半年，其判断的价值就很小了。

W底形态分为标准形和复合形两种。标准形就是只有两个低部，复合形除了两个明显低点之外，还会出现多个小低部。不管是标准形还是复合形，均为见底信号。

W底形态一旦得到确认，就可以用它对后市进行测算。W底形态突破后的涨幅常是形态本身颈高的1~3倍。所谓颈高，是指颈线与最低点之间的距离。

头肩顶

头肩顶形态，包括三个连续的峰顶，中间的峰顶较高，被称为头，其他两个峰顶比中间的峰顶低一些，称为左肩和右肩，头与左肩之间的谷底与头和右肩之间的谷底的连成的直线称为头肩顶的颈线。头肩顶确认的关键在于颈线的突破。所谓颈线，是指穿过三个高点之间的两个低点的连线。

如果颈线没有被突破，即使K线形态看着类似头肩顶，也不是头肩顶。

头肩顶形态一旦得到确认，就可以用它对后市进行测算。头肩顶形态突破后的跌幅常是形态本身颈高的1~3倍。所谓颈高，是指颈线与最高点之间的垂直距离。

头肩底

头肩底包括三个连续底，中间的底较低，被称为头，其他两个底比中间的底低一些，称为左肩和右肩，头与左肩之间的谷底与头和右肩之间的谷底的连成的直线称为头肩底的颈线。头肩底确认的关键在于颈线的突破。所谓颈线，是指穿过三个低点之间的两个高点的连线。如果颈线没有被突破，即使K线形态看着类似头肩底，也不是头肩底。

头肩底形态一旦得到确认，就可以用它对后市进行测算。头肩底形态突破后的涨幅常是形态本身颈高的1~3倍。所谓颈高，是指颈线与最低点之间的垂直距离。

圆弧顶

圆弧顶形态中，股价呈弧形上升，虽然顶部不断升高，但每一个高点微升后即回落，先是出现新高点，而后回升点略低于前点，把短期高点相连接，就可形成一个圆弧顶状。圆弧顶是重要的见顶信号，该形态没有明显的颈线进行确认，需根据实际走势中的重要支撑位进行确定。

圆弧底

圆弧底形态中股价呈弧形下降，虽然底部不断下降，但每一个低点微跌后即回升，先是出现新低点，而后回升点略高于前点，把短期低点相连接，就可形成一个圆弧底状。圆弧底是重要的见底信号，该形态没有明显的颈线进行确认，需根据实际走势中的重要压力位进行确定。

上升三角形

股价上涨一段之后，在某个价位上遇阻回落，但逢低吸纳的资金也很多，因此股价下跌一定幅度之后很快企稳，并再次上攻。在上攻到上次顶点的时候，同样遇到抛压，但是，比起第一次来这种抛压小了一些，股价只是稍作回落，回落点比上次回落点要高，然后再次上攻，终于消化掉上方的抛盘，最终延续升势。如果把每次短期波动的高点和低点分别用直线连起来，就形成了一个向上倾斜的直角三角形，这就是上升三角形。

上升三角形确认的关键在于压力线的有效突破。这里的压力线，是指上升三角形内多个高点连接的横线。判断上升三角形还要配合量的分析，在其形成过程中，成交量会逐渐萎缩，上升时量增，下降时量稍减。但是向上突破的时候一定要有较大的成交量。无量突破一般是假突破，不要贸然介入。

下降三角形

股价在下跌到某个价位后获得支撑，然后开始反弹，但反弹的力度显然不够，这从成交量的萎缩可以看出，说明市场中看好后市的人越来越少。因此在反弹一段后便又回落，在回到上次的低点后再次反弹，反弹的力度依次减弱，最后空方占据明显优势，股价突破支撑位，迅速下跌。如果把每次短期波动的高点和低点分别用直线连起来，就形成了一个向下倾斜的直角三角形，这就是下降三角形。

下降三角形确认的关键在于支撑线的有效突破。这里的支撑线，是指三角形内多个低点连接的横线。下降三角形形成的过程中往往出现量价背离的状况，反弹的时候量较小，下跌的时候量较大，说明股价还有下行的空间。与上升三角形不同，跌破支撑线时，不一定有放量现象。

收敛三角形

收敛三角形又叫对称三角形，是由一系列的价格变动所组成，其变动幅度逐渐缩小，亦即每次变动的最高价，低于前次的水准，而最低价比前次最低价水准高，呈一压缩图形。如从横的方向看价格变动领域，其上限为向下斜线，下限为向上倾线，把短期高点和低点分别以直线连接起来，就可以形成一个对称的三角形。

收敛三角形的成交量，因愈来愈小幅度的价格变动而递减，反映出多空力量对后市犹疑不决的观望态度。当价格向上跳出三角形时，成交量随之放大；当价格向下突破三角形时，不需要成交量放大的确认。

收敛三角形确认的关键在于上下压力线或支撑线的有效突破，也就是三角形对称的两边。

喇叭口

股价在盘整过程中，出现上下波动幅度逐渐加大的走势，形状如同喇叭，故称喇叭口。喇叭口一般有两至三个顶部高点和三个底部低点（一般不少于三个）。顶部高点应是一顶比一顶高，底部低点可以是一底比一底低，也可处在同一水平线上。在整个形态形成的过程中，喇叭口保持着较高且不规则的成交量。喇叭口没有明显的判定标准。

上升旗形

股价在上升后走出一波下跌行情，在下落到某个低点后开始反弹，但反弹的力量不够，没有达到前期高点就重新下落，并向下突破上次的低点，在某个价位止跌后又开始反弹。如此反复多次后，股价向上突破，继续前期的上升趋势。如果我们把每一个短期波段的高点和低点用直线连接起来，就形成了一个由左向右下方倾斜的平行四边形，这就是上升旗形。

上升旗形确认的关键在于旗面上边线的有效突破。这里的上边线，是指上升旗形从左至右的高点连接的横线。上升旗形属于短期形态，一般在1~3个星期内完成。上升旗形形态一旦得到确认，就可以用它对后市进行测算。上升旗形形态突破后的涨幅常是旗杆至旗面的高度。

下降旗形

股价出现一波下跌后，由于低位的承接买盘逐渐增加，价格出现了大幅波动。在下跌过程中，成交量达到高峰，抛售的力量逐渐减少，在一定的位置有强支撑，于是形成了第一次比较强劲的反弹，然后再次下跌，然后再反弹，经过数次反弹，形成了一个类似于上升通道的图形。如果我们把每一个短期波段的高点和低点用直线连接起来，就形成了一个由左向右上方倾斜的平行四边形，这就是下降旗形。

下降旗形确认的关键在于旗面下边线的有效突破。这里的下边线，是指下降旗形从左至右的低点连接的横线。下降旗形属于短期形态，一般在1~3个星期内完成。下降旗形形态一旦得到确认，就可以用它对后市进行测算。下降旗形形态突破后的跌幅常是旗杆至旗面的高度。

矩形

股价由一连串在两条水平的上下界线之间变动而成的形态。股价在其范围之内出现上落。价格上升到某水平时遇上阻力，掉头回落，但很快便获得支持而升，可是回升到上次同一高点时再一次受阻，而挫落到上次低点时则再得到支撑。这些短期高点和低点分别以直线连接起来，便可以绘出一条通道，这通道是平行发展的，这就是矩形形态。

突破矩形上边线为看涨信号，突破矩形下边线为看跌信号。矩形突破后的涨跌幅度均为矩形高度的1~3倍。矩形形成的过程中，除非有突发性的消息扰乱，其成交量应该是不断减少的。当股价突破矩形上线时，必须有成交量激增的配合；当股价跌破下边线时，就无须高成交量的配合。

V形底

V形底走势形态可分为三个部分：一是下跌阶段，通常V形的左方跌势十分陡峭，而且持续一段短时间；二是转势点，V形的底部十分尖锐，一般来说形成这转势点的时间仅两三个交易日，而且成交量在这一低点明显增多；三是回升阶段，股价从低点回升，成交量亦随之而增大。

V形底形态的形成原理：由于市场中卖方的力量很大，令股价稳定而又持续地挫落，当这股做空力量消失之后，买方的力量完全控制整个市场，使得股价出现戏剧性的回升，几乎以下跌时同样的速度收复所有失地，因此股价的运行形成一个像V字般的移动轨迹。

V形顶

股价先是快速上涨，然后迅速下跌，头部为见顶，就像倒写的字母V，这就是V形顶。V形顶形态的形成原理：市场看好的情绪使得股价节节上升，短线买入的量越来越大，可是突如其来的一个因素扭转了整个趋势，做空力量瞬间堆积，卖方以上升时同样的速度下跌，形成一个倒转V形的移动轨迹。

纷繁复杂的技术指标

A先生：前些日子我买了一本关于技术指标的书，其中介绍的方法简单易行。我想如果根据这些方法买卖股票就可以赚钱，那还有谁不赚钱呢？关于这点，能不能给点解释。另外，我觉得技术指标太多了，是不是所有的指标都有用？其中哪个指标最实用呢？

铁手：技术指标是一种衍生品，属于辅助类指标，往往能够显示 K 线走势图上无法直接观测的信号，实战价值较高，值得投资者重视。至于是否能依靠它赚钱，答案自然是肯定的，要不然这些技术指标也不会流传至今。不过，运用技术指标并不保证一定赚钱，其关键还是在于使用技术指标的投资者。如果投资者能够合理组合、运用技术指标，那这些技术指标就是赚钱利器，手起刀落之间就有金钱入袋。如果投资者不懂得如何运用技术指标，不但无法保证赚钱，而且还可能伤到自己。

因此，可以说所有的技术指标都是有用的，但只有最适合投资者使用的技术指标才是最实用的。这样的答案也许令人失望，可这就是事实。投资者要想寻找适合自己的技术指标，只能通过不间断的学习、思考和实践，想借助外力选择技术指标不太现实。

有些投资者朋友认为技术指标特别多，不知该如何学习才能快速掌握。简单来说，技术指标的使用方法主要有六种：技术指标的交叉、技术指标的背离、技术指标的形态、技术指标的取值、技术指标的转折和技术指标的趋势。掌握了这六种使用方法，绝大多数技术指标便可以从容面对。

1. 技术指标的交叉

技术指标的交叉，在副图中主要包括黄金交叉和死亡交叉，在主图中主要包括黄金交叉、死亡交叉和 K 线与技术指标的交叉。所谓黄金交叉，就是指技术指标的短期曲线自下而上穿越长期曲线；死亡交叉，是指技术指标的短期曲线自上而下跌破长期曲线。至于其实战含义，从这两种交叉的名称上就可以知道了。黄金交叉，属于买入信号，后市看涨；死亡交叉，属于卖出信号，后市看跌。

图 82 的副图中出现了一个 MACD 黄金交叉，图 83 的副图中出现了一个 KDJ 黄金交叉，图 84 的副图中出现了一个 MTM 黄金交叉。这三个黄金交叉均为看涨信号。随后，股价进入上升通道中。观察 MACD、KDJ 和 MTM 黄金交叉的时间，我们可以发现，MTM 黄金交叉的时间较早，KDJ

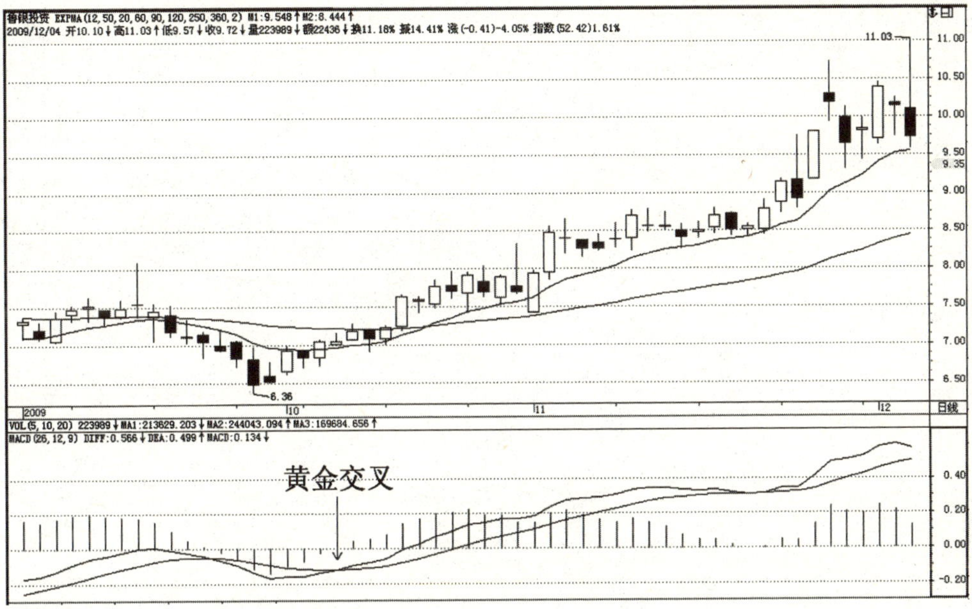

图 82　鲁银投资（600784）

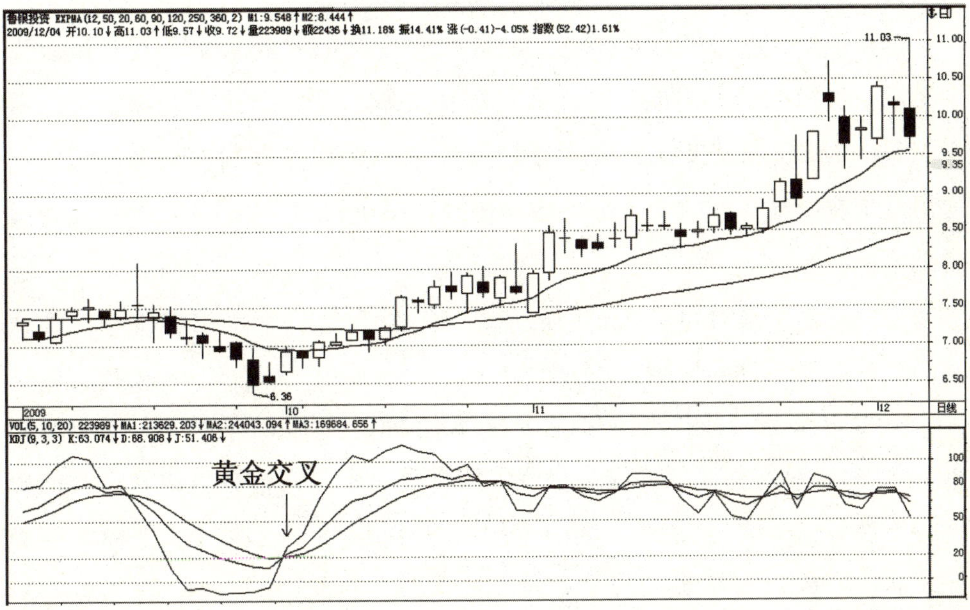

图 83　鲁银投资（600784）

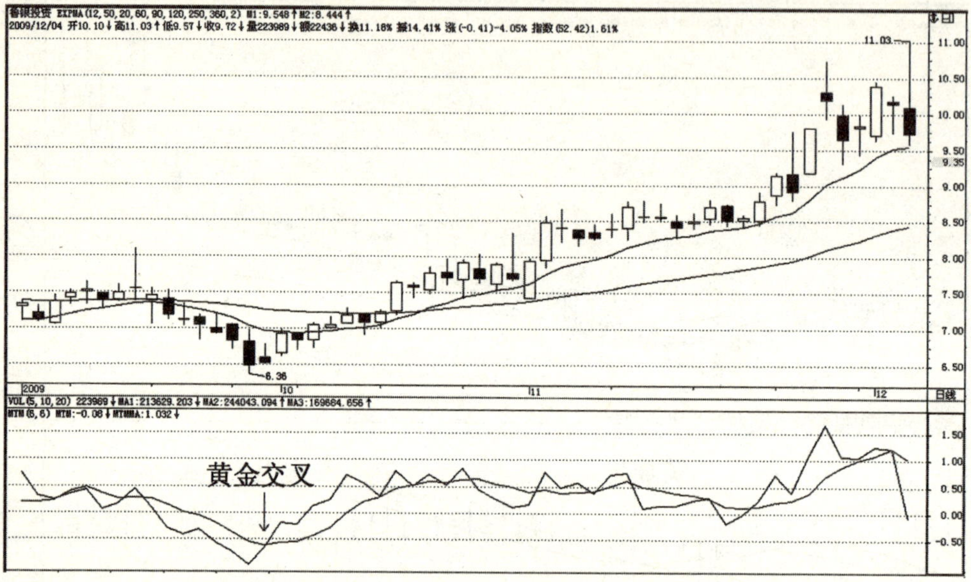

图 84 鲁银投资（600784）

黄金交叉的时间稍早，MACD 黄金交叉的时间稍晚。

不要由此认为 MTM 更有用。MTM 黄金交叉的时间最早，其实是因为它采用了更短的计算周期，自然波动更加灵敏。看看上述三张图，可以看出 MTM 和 KDJ 的交叉很频繁，与此同时 MACD 却只有两次交叉。从操作的角度来看，MACD 的交叉更加容易把握，KDJ 和 MTM 交叉频繁会让投资者无所适从。

因此，为了适合每个人不同的操作喜好，投资者应该根据各种技术指标的特性调整指标的周期。

K 线走势图主图中也有许多技术指标，如移动平均线、EXPMA、BOLL、SAR 等。移动平均线为投资者所喜爱，所以常被独立讲解，我们也留待下次分析。看看图 85，其中采用了 SAR 指标。当股价从下而上突破 SAR 指标时，后市看涨。

图 86 结合了 K 线走势图的主图和副图。主图中选取的是 BOLL 指标，

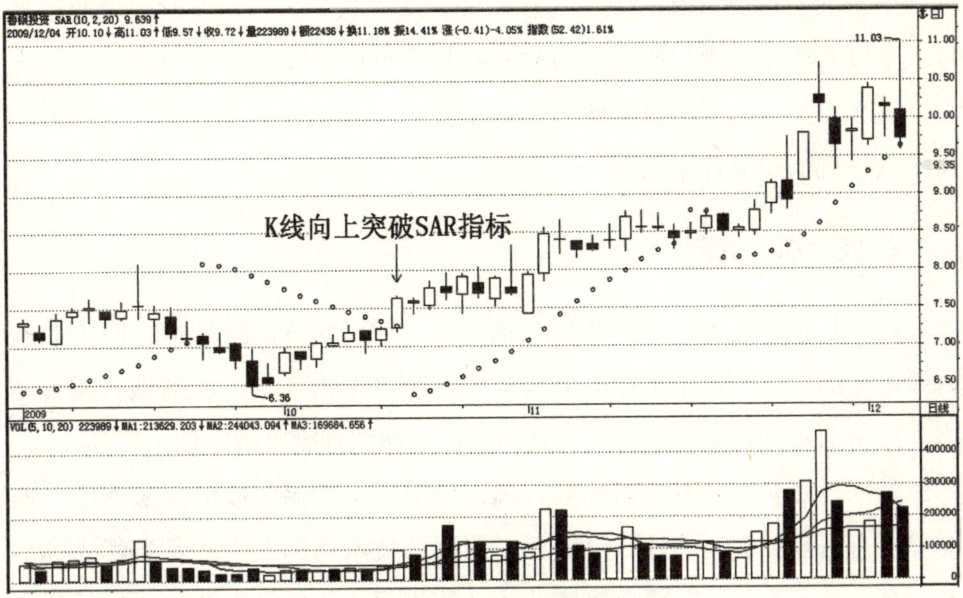

图85 鲁银投资（600784）

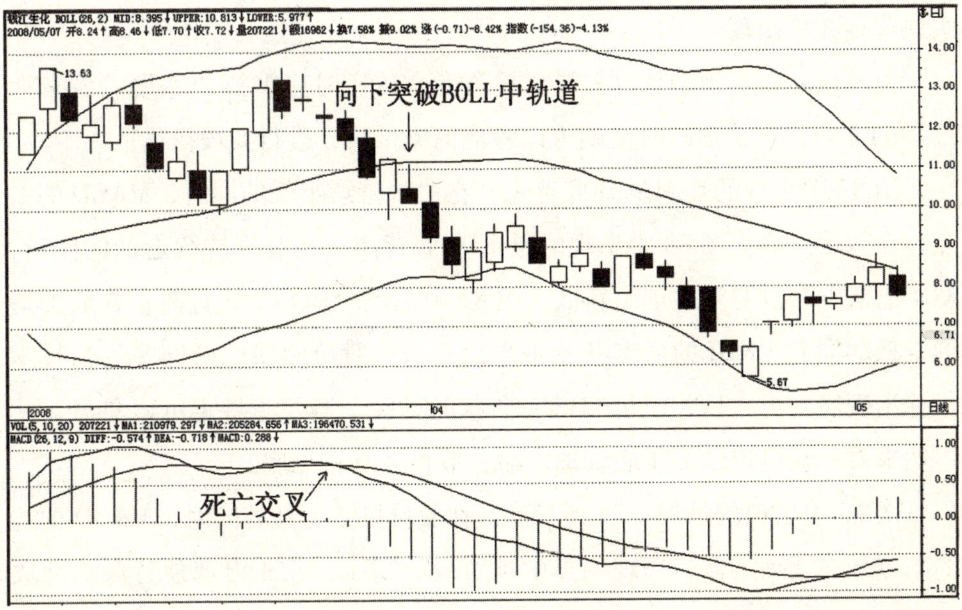

图86 钱江生化（600796）

副图中选取的是 MACD。当主图中 K 线向下突破 BOLL 轨道时，说明市场进入下跌趋势中。观察此时的 MACD 指标，可以发现 MACD 早已经发生死亡交叉了。投资者应该根据哪个指标来操作呢？没有标准答案，这要取决每个人不同的交易性格了。

2. 技术指标的背离

技术指标的背离包括底背离和顶背离。所谓底背离，是指在股价曲线持续走低的同时，技术指标的曲线却没有随之创出新低。所谓顶背离，是指在股价曲线持续走高的同时，技术指标的曲线却没有随之创出新高。

如果投资者发现技术指标底背离，应该保持警惕，股价在未来的一段时间内有可能见底。不过，投资者不能因为技术指标发生底背离就入场抄底，真正的底部往往需要多次底背离才能出现。如果投资者发现技术指标顶背离，应该保持警惕，股价在未来的一段时间内有可能见顶。同样，投资者不能因为技术指标发生顶背离就匆忙清仓，真正的顶部通常也需要多次顶背离才能出现。

由于筑底和筑顶的特性差异，投资者在筑底时应秉持“一慢二看三通过”的原则，在筑顶的时候则可以考虑高抛低吸，进行波段操作。

图 87 中出现的是 MACD 底背离，在股价持续走低的同时，MACD 的低点却在持续走高。图 88 中出现的是 KDJ 底背离，在股价持续走低的同时，KDJ 的低点却没有随之创出新低。图 89 中出现的是 CCI 底背离，在股价持续走低的同时，KDJ 的低点开始走平，并未与股价曲线保持同步。当技术指标出现底背离之后，股价有可能会就此见底，但并非肯定可以见底。从本例来看，经过连续多次底背离之后，股价才真正见底。

图 90 中出现的是 MACD 顶背离。在股价持续走高的同时，MACD 曲线的高点却在逐渐走低，呈现明显的顶背离。同样，并非出现顶背离之后股价就会见顶，本例中经过连续数次顶背离之后股价才真正见顶。不过，在每次顶背离出现之后，股价都发生了幅度不同的回调。如果投资者波段操

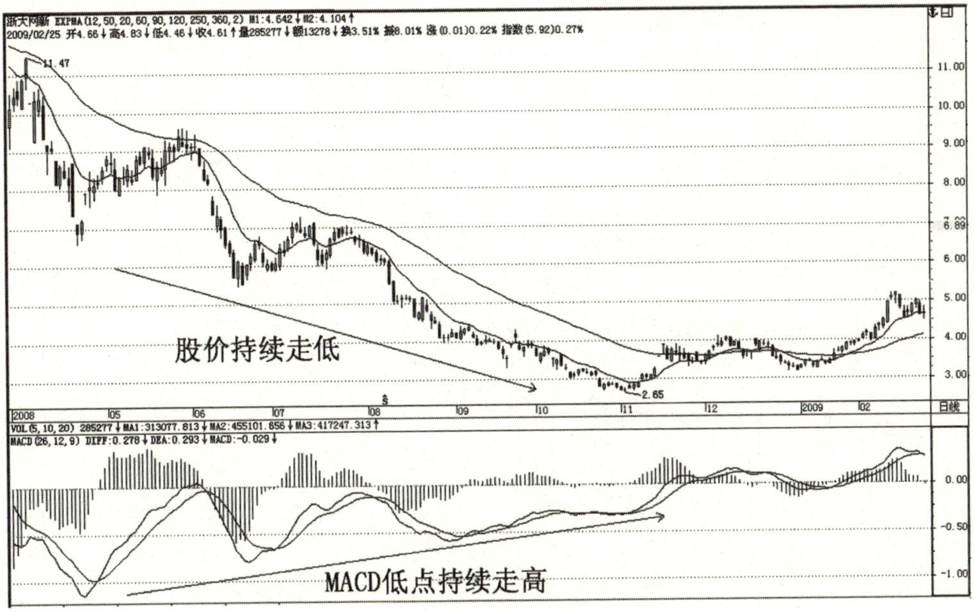

图 87　浙大网新（600797）

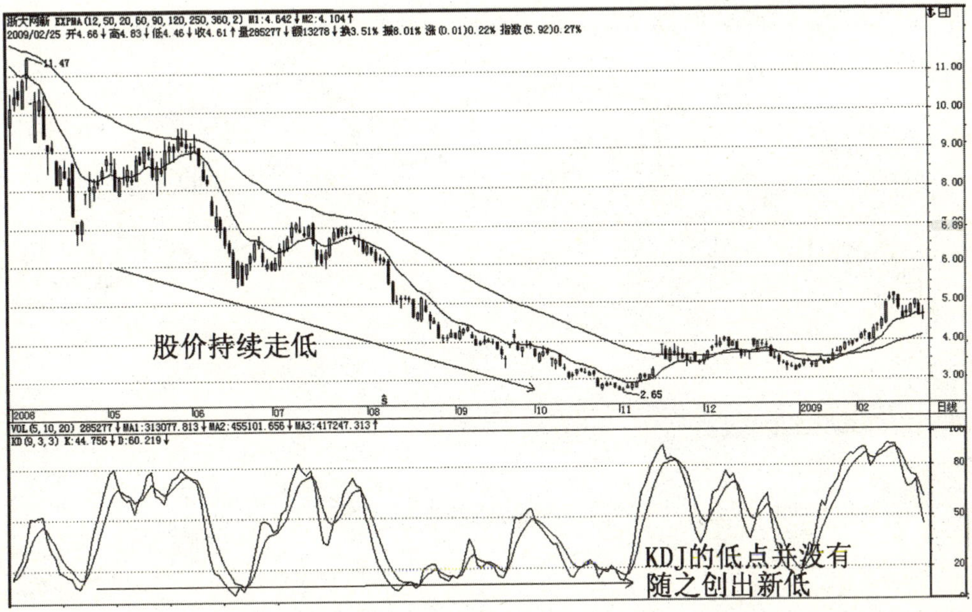

图 88　浙大网新（600797）

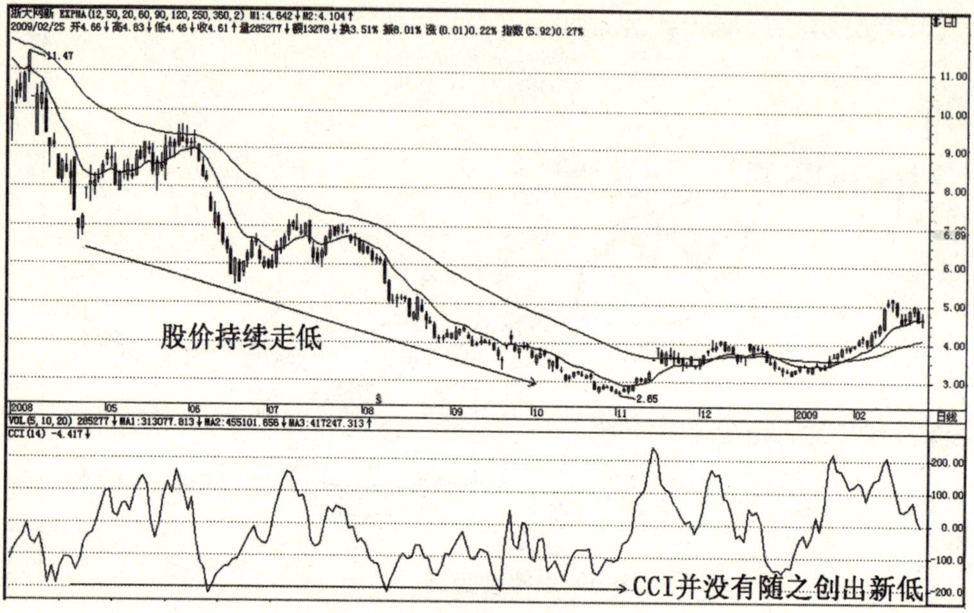

图 89　浙大网新（600797）

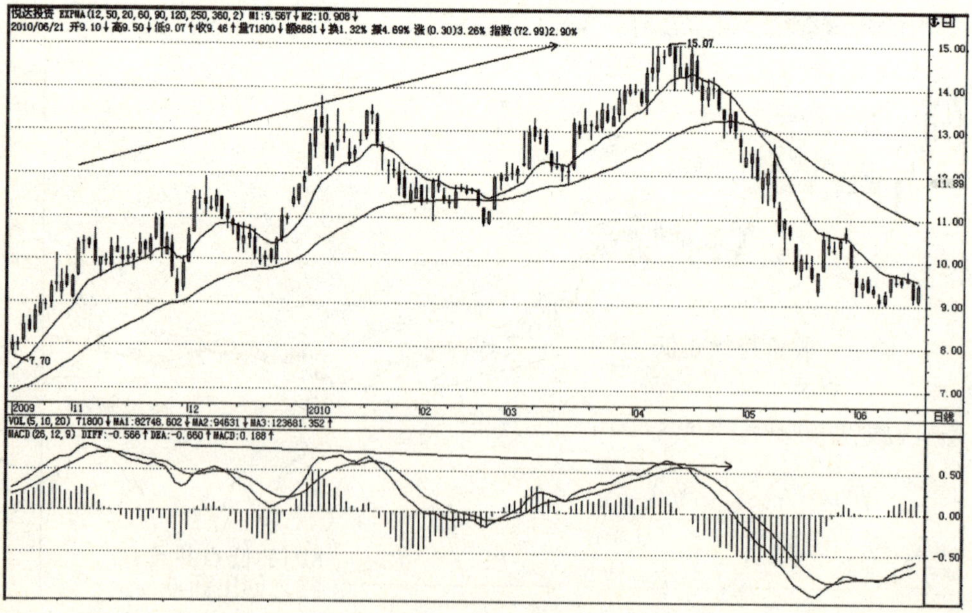

图 90　悦达投资（600805）

作技术出色，这些顶背离还是提供了不错的高抛低吸的机会。

3. 技术指标的形态

技术指标的形态，是指技术指标曲线的波动过程中出现了形态理论中所介绍的反转形态，如 M 头、W 底、头肩顶、头肩底等。当技术指标出现见底形态时，股价也有可能就此见底；当技术指标出现见顶形态时，股价则有可能就此见顶。

图 91 中出现了一个 CCI 的 W 底形态。这个形态属于见底信号，因此推测股价后市可能进入上涨趋势中。图 92 中出现了一个 CCI 的 M 头形态，这个形态属于见顶信号，因此推测股价后市可能进入下跌趋势中。我觉得，相比技术指标交叉和背离而言，技术指标形态的实战效果较差，这里只作简单介绍。如果投资者有兴趣，可以自行研究。

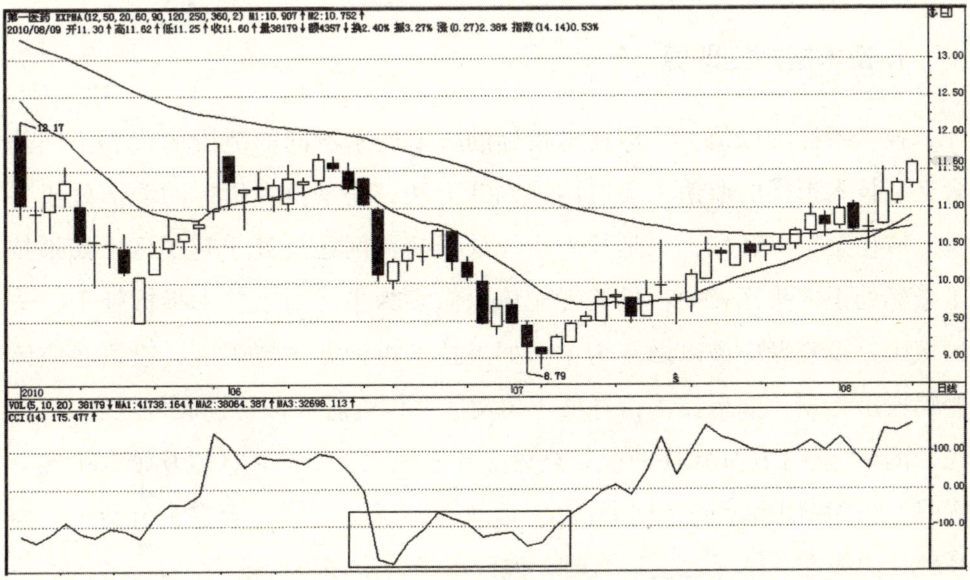

图 91 第一医药（600833）

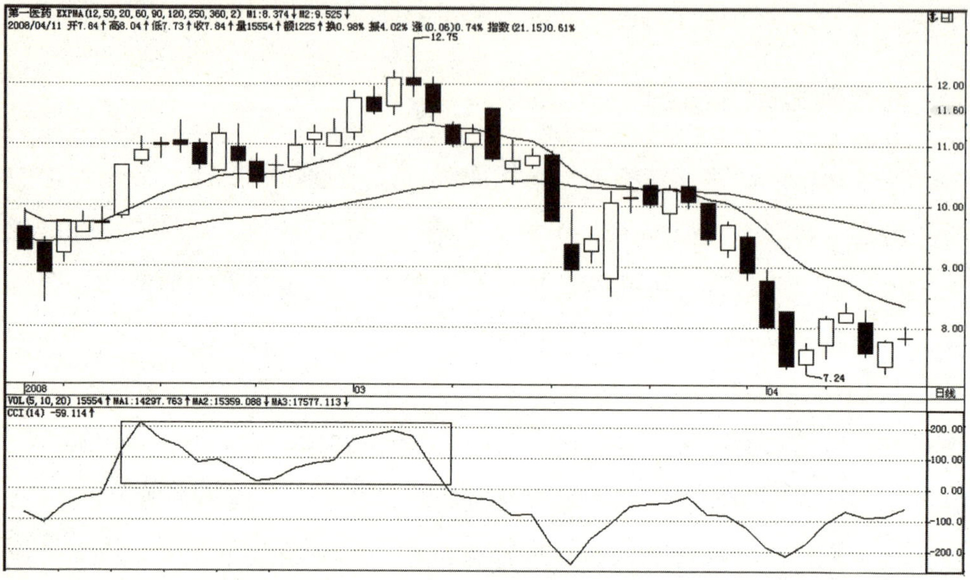

图 92　第一医药（600833）

4. 技术指标的取值

技术指标的取值，是指技术指标的数值处于不同的范围内代表不同的含义。技术指标的取值主要有两种判断方法：一是技术指标的取值处于多头区域还是空头区域，二是技术指标处于超买区还是处于超卖区。如果技术指标处于多头区域中，投资者应该以做多为主；如果技术指标处于空头区域中，投资者应该以做空为主。如果技术指标处于超买区，投资者应该警惕股价见顶；如果技术指标处于超卖区，投资者应该警惕股价见底。

图 93 副图中 MACD 曲线始终处于 0 轴线之下。MACD 以 0 轴为牛熊分界线，当 MACD 曲线在 0 轴线之下运行时，说明市场处于空头行情中；当 MACD 曲线在 0 轴线之上运行时，说明市场处于多头行情中。

图 94 副图中 RSI 曲线始终处于 50 轴线之下。RSI 以 50 轴线为牛熊分界线，当 RSI 曲线运行于 50 轴线之下时，说明市场处于空头行情中；当 RSI 曲线运行于 50 轴线之上时，说明市场处于多头行情中。

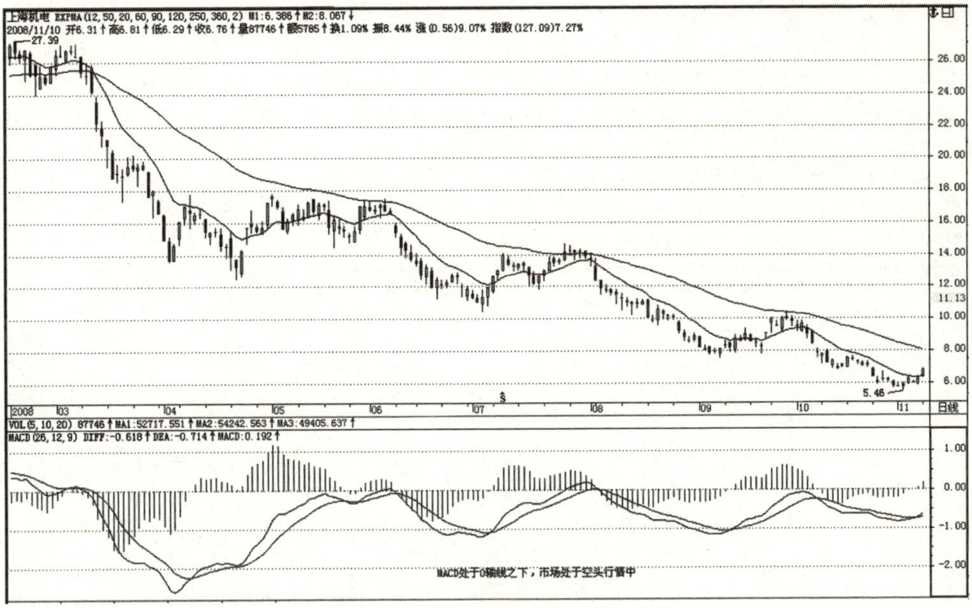

图 93　上海机电（600835）

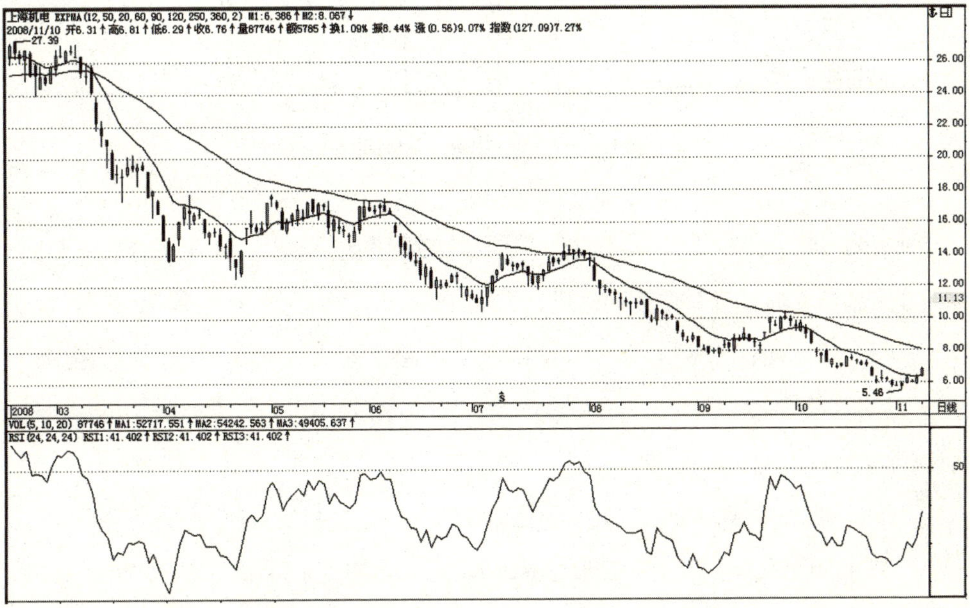

图 94　上海机电（600835）

图 95 副图中 KDJ 曲线 4 次运行到超卖区域。当 KDJ 曲线在 20 轴线之下时，进入超卖区域；当 KDJ 曲线在 80 轴线之上时，进入超买区。KDJ 进入超卖区域，股价并不一定会就此见底，但往往会引发一波反弹。如果投资者的短线技术超群，可以进行抢反弹。

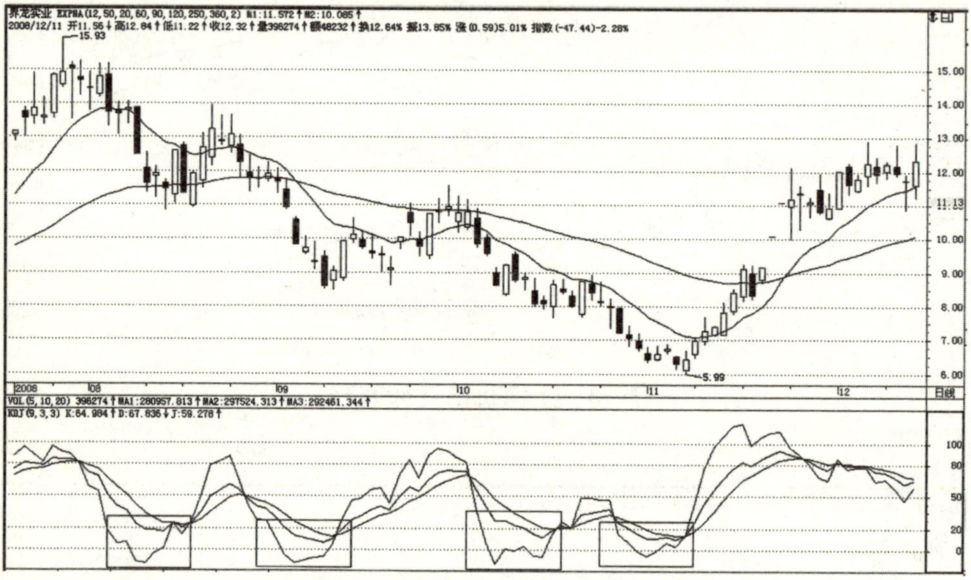

图 95　界龙实业（600836）

图 96 副图中 RSI 曲线只有一次运行到超卖区域。与 KDJ 指标不同，RSI 曲线运行到 25 轴线之下就进入超卖区域；RSI 曲线运行到 75 之上就进入超买区域。相比上例 KDJ 指标 4 次进入超卖区域，RSI 为什么只有 1 次呢？这并不是因为 RSI 比 KDJ 更有效，而是因为 RSI 采用了更长的参数周期，其波动相对比较迟钝。

图 97 副图中 RSI 曲线多次运行到超买区域，主要原因就是其参数由上例中的 24 调整为 6。计算周期缩短，其波动自然比较活跃，振幅相应较大，那么指标就更容易进入超买区。同样，指标进入超买区，只是说明股价有见顶的可能，并非肯定就此见顶。本例中，RSI 指标长时间运行于超买区

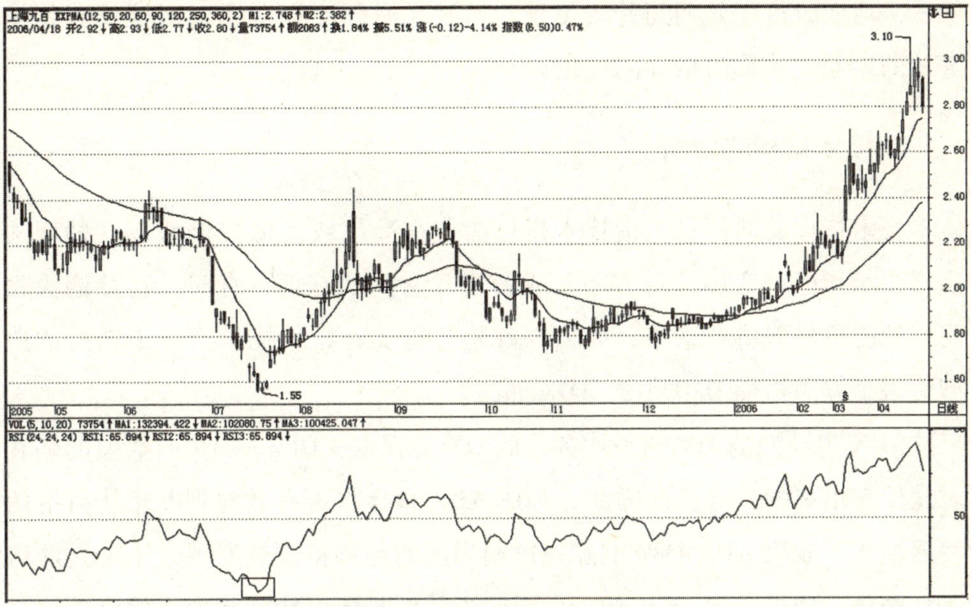

图 96　上海九百（600838）

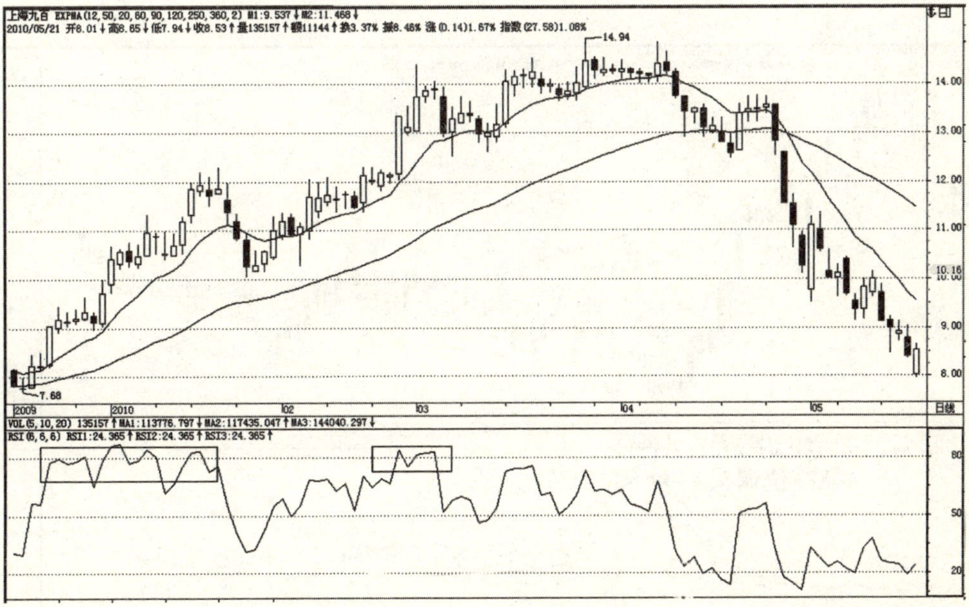

图 97　上海九百（600838）

域中，然而股价在此期间并未见顶。这种长时间停留在超买区域或者超卖区域的现象，被称为指标的钝化。

5. 技术指标的转折

技术指标的转折，是指技术指标曲线在高位或者低位调头。这种调头表明技术指标将变换运行方向，或者暂时遇到了麻烦；有时，这种调头表明一种股价趋势将要结束，而另一种趋势将要开始。技术指标中转折的典型代表是方向指标 DMI 中的 ADX 曲线。

ADX 为动向值 DX 的平均数，而 DX 是根据 +DI 和 −DI 两数值的差和对比计算出来的百分比。因此，利用 ADX 指标将更有效地判断市场行情的发展趋势。如果 ADX 持续上涨，说明当前的趋势将继续发展，不论是涨势还是跌势；如果 ADX 高位转折，说明当前的趋势可能就此告一段落。

图 98 副图中 ADX 出现了高位调头现象。在 ADX 持续上涨时，股价处于明显的下跌过程中。因此，当 ADX 高位转折时，说明股价有可能就此见

图 98　上海九百（600838）

底。图 99 副图中 ADX 同样出现高位转折现象。观察 ADX 曲线与 K 线走势，可以发现在 ADX 持续上涨时，股价处于明显的上涨趋势中。因此，当 ADX 无力上行转而下降时，说明股价有可能就此见顶。

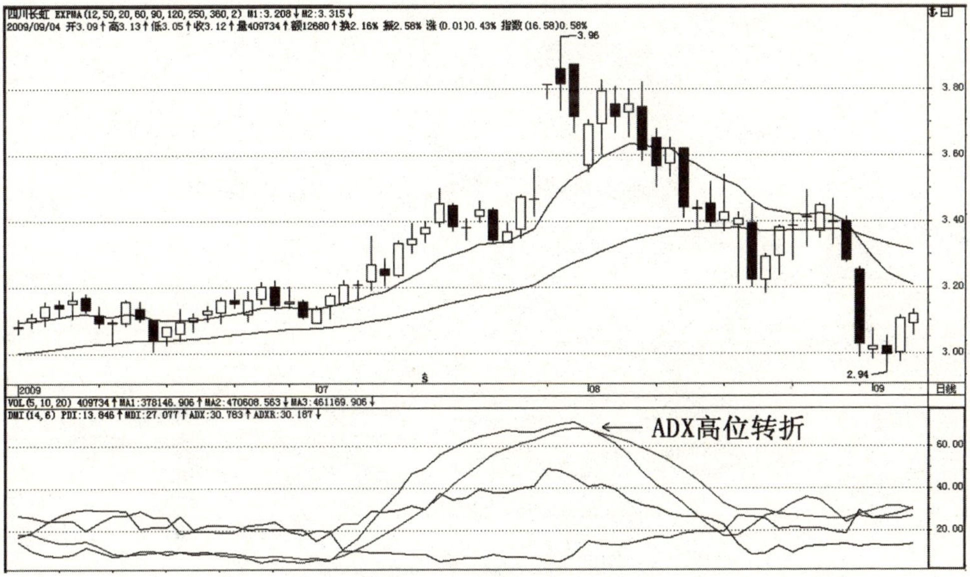

图 99 四川长虹（600839）

6. 技术指标的趋势

技术指标的趋势，是指技术指标曲线的运行也会保持一定的趋势，当其趋势发生改变时，投资者应该引起警惕。技术指标的趋势也可以分为上涨趋势和下降趋势，当然也可以把盘整当作一种趋势看待。

图 100 副图中 MACD 的运行趋势就发生了改变。在许继电气陷入长时间的盘整区间时，MACD 始终处于下降趋势中。面对令人头痛的盘整行情，投资者最关心的问题是盘整何时结束。利用 MACD 趋势的变化，我们寻找到盘整结束的信号。经过转势区间之后，MACD 曲线的低点抬高、高点抬高，明显进入上涨趋势中。在 MACD 上涨趋势的调整行情结束时，即

MACD 两条曲线黏合后重新向上发散时，说明盘整行情结束，股价随后进入一波快速上涨中。

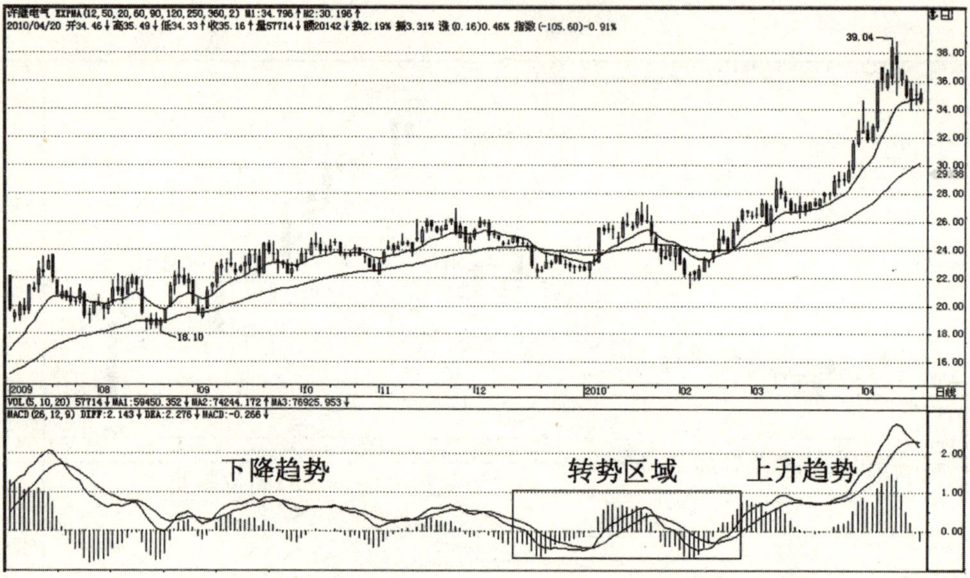

图 100　许继电气（000400）

技术指标的趋势也可以标记趋势线。图 101 副图中出现了 RSI 的下降趋势线。当 RSI 向上突破下降趋势线时，说明此前 K 线的盘整行情结束了，后市将进入上涨趋势中。图 102 副图中出现了 RSI 的上涨趋势线。当 RSI 跌破上升趋势线的支撑后，说明股价可能结束上涨行情，即股价可能就此见顶。

至此，关于技术指标的常见用法已经介绍完毕，各位朋友结合这些使用方法再去观察不同的技术指标，自然就能事半功倍了。

图 101 许继电气（000400）

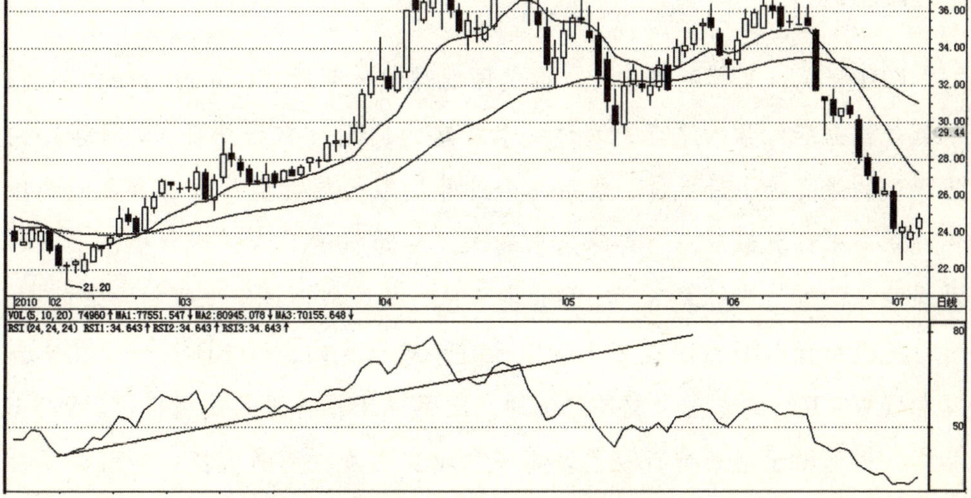

图 102 许继电气（000400）

•拓展阅读•

MACD

MACD，其英文全称为 Moving Average Convergence and Divergence，一般译为“指数平滑异同移动平均线”，由杰拉尔德·阿佩尔（Gerald Appel）于1979年提出，是最为简单同时又最为可靠的指标之一。

MACD 的基本原理是借用短中期快速与慢速移动平均线分离、聚合的特征，加上双重平滑处理，来判断买进与卖出的时机与信号。MACD 实际上是均线之间的比较。

MACD 指标属于大势趋势类指标，一般作为中长期技术分析的手段。它由长期均线 MACD（为避免和指标名称冲突，常被称为 DEA）、短期均线 DIF、红色能量柱（多头）、绿色能量柱（空头）、0 轴（多空分界线）五部分组成。

KDJ

KDJ 指标，又称随机指标，由美国的乔治·莱恩（George Lane）所创，一般是根据统计学的原理，通过一个特定的周期（常为9日、9周等）内出现过的最高价、最低价、最后一个计算周期的收盘价及这三者之间的比例关系，来计算最后一个计算周期的未成熟随机值 RSV，然后根据平滑移动平均线的方法来计算 K 值、D 值与 J 值，并绘成曲线图来研判股票走势。

随机指标 KDJ 最早是以 KD 指标的形式出现的，而 KD 指标是在威廉指标（W%R）的基础上发展起来的，比 W%R 指标更具使用价值。W%R 指标一般只限于用来判断股票的超买和超卖现象，而随机指标却融合了动量指标、强弱指数和移动平均线的一些优点，对买卖信号的判断更加准确。

KDJ 指标通过计算当日或最近数日的最高价、最低价及收盘价等价格波动的真实波幅，研究高低价位与收盘价的关系，充分考虑了价格波动的随机振幅和中短期波动的测算，使其短期测市功能比移动平均线更准确有效，在市场短期超买超卖方面，又比相对强弱指标 RSI 敏感。

KDJ 是一个随机波动的概念，反映了价格走势的强弱和波段的趋势，对于把握中短期的行情走势十分敏感。

DMI

DMI 由技术分析大师威尔斯·威尔德（Wells Wilder）发明。DMI 是英文 Directional Movement Index 的缩写，中文直译是方向移动指数，比较流行的译法有趋势指标、趋向指标和动向指标等。DMI 指标是通过分析股票价格在涨跌过程中买卖双方力量均衡点的变化情况，即多空双方的力量的变化受价格波动的影响而发生由均衡到失衡的循环过程，从而提供对趋势判断依据的一种技术指标。

DMI 指标的基本原理是在股票价格涨跌过程中，寻找股价藉以创造新高价或新低价的功能，研判多空力量，进而寻求买卖双方的均衡点及股价在双方互动下波动的循环过程。在大多数指标中，绝大部分都是以每一日的收盘价的走势及涨跌幅的累计数来计算出不同的分析数据，其不足之处在于忽略了每一日的高低之间的波动幅度。比如某只股票的两日收盘价可能是一样的，但其中一天上下波动的幅度不大，而另一天股价的振幅却在 10% 以上，那么这两日的行情走势的分析意义截然不同，这点在其他大多数指标中很难表现出来。而 DMI 指标则是把每日的高低波动的幅度因素计算在内，从而更加准确地反映行情的走势及更好地预测行情未来的发展变化。

动向指标 DMI 由上升动向指标（+DI 或 PDI）、下降动向指标（-DI 或 MDI）和平均动向指数 ADX 及它的缓动线 ADXR 四条曲线组成。

RSI

RSI 由技术分析大师威尔斯·威尔德（Wells Wilder）发明，其英文全称为“Relative Strength Index”，中文译作相对强弱指标。

在解释RSI之前，先来看个例子。假设股票市场中只有1只股票和100名投资者，那么，股票市场中最佳的平衡点，就是其中50人打算购买这只股票，而另外50个人则打算卖出这只股票。如果供应者大于50人，就会造成供大于求，从而产生卖压，导致股价下跌。如果需求者大于50人，则会造成供小于求，从而形成买入动力，导致股价上涨。

RSI正是根据股票市场上的这种供求关系平衡原理，通过比较一段时期内单只股票价格的涨跌幅度或整个市场指数的涨跌大小，分析市场上多空双方买卖力量的强弱程度，从而判断未来的市场走势。

BOLL

BOLL指标是美国股市分析家约翰·布林（John Bollinger）根据统计学中的标准差原理设计出来的一种非常简单实用的技术分析指标。其英文全称是“Bolinger Bands”，中文一般译作布林线、布林通道，也有“包络线”的称谓。在实际运用中，人们常取其英文缩写“Boll”来简称该指标。

BOLL指标属于路径指标，是研判股价运动趋势的一种中长期技术分析工具。一般而言，股价的运动总是围绕某一价值中枢（如均线、成本线等）在一定的范围内变动。BOLL指标正是建立在这个观点的基础上。

BOLL指标引进了“股价通道”的概念。股价通道由BOLL指标中的上、中、下轨线所形成。股价通道的移动范围不确定，其上、下限随着股价的上下波动而变化。在正常情况下，股价应始终处于股价通道内运行。如果股价脱离股价通道运行，则意味着行情处于极端的状态下。

在BOLL指标中，股价通道的上下轨是显示股价安全运行的最高价位和最低价位。上轨线、中轨线和下轨线都可以对股价的运行起到支撑作用，而上轨线和中轨线有时则会对股价的运行起到压力作用。

一般而言，当股价在布林线的中轨线上方运行时，表明股价处于强势趋势；当股价在布林线的中轨线下方运行时，表明股价处于弱势趋势。

BOLL 指标中的股价通道对预测未来行情的走势起着重要的参考作用，它是布林线指标所特有的分析手段。

SAR

SAR 指标，又称抛物线指标或停损转向操作点指标，其英文全称为“Stop and Reveres”，是由美国技术分析大师威尔斯·威尔德（Wells Wilder）所创造的，是一种简单易学、比较准确的中短期技术分析工具。

SAR 指标设计形式相当别致。大多数传统技术指标都是在当天行情结束后给出当天的指标，指标晚于行情，属于追随性的。而 SAR 则是在当天行情结束后给出第二个交易日的停损点，投资人第二天可以在盘中盯着这个点，一旦被突破立刻止损，从而赢得主动性，可以避免其他指标被动追随的缺点。

W% R

威廉指标（W%R），又叫威廉超买超卖指标，简称威廉指标，是由拉瑞·威廉在 1973 年发明的，是目前股市技术分析中比较常用的短期研判指标。

威廉指标主要是通过分析一段时间内股价最高价、最低价和收盘价之间的关系，来判断股市的超买超卖现象，预测股价中短期的走势。它主要是利用振荡点来反映市场的超买超卖行为，分析多空双方力量的对比，从而提出有效的信号来研判市场中短期行为的走势。

威廉指标属于研究股价波幅的技术分析指标，在公式设计上和随机指标的原理上比较相似，两者都是从研究股价波幅出发，通过分析一段时间的股票的最高价、最低价和收盘价这三者的关系，来反映市场的买卖气势的强弱，借以考察阶段性市场气氛、判断价格和理性投资价值标准相背离的程度。

和股市其他技术分析指标一样，威廉指标可以运用于行情的各个周期的研判。虽然各周期的威廉指标的研判有所区别，但基本原理相差不多。如当日威廉指标是表示当天的收盘价在过去的一段日子里的全部价格范围内所处的相对位置，把这些日子里的最高价减去当日收市价，再将其差价除以这段日子的全部价格范围，就得出当日的威廉指标。

CCI

CCI 指标又叫顺势指标，其英文全称为“Commodity Channel Index”，是由美国股市分析家唐纳德·蓝伯特（Donald Lambert）于 20 世纪 80 年代所创造的，是一种重点研判股价偏离度的股市分析工具。

CCI 指标是一种比较新颖的技术指标。它最早用于期货市场的判断，后运用于股票市场的研判，并被广泛使用。与大多数单一利用股票的收盘价、开盘价、最高价或最低价而发明出的各种技术分析指标不同，CCI 指标是根据统计学原理，引进价格与固定期间的股价平均区间的偏离程度的概念，强调股价平均绝对偏差在股市技术分析中的重要性，是一种比较独特的技术分析指标。

CCI 指标用来专门衡量股价是否超出常态分布范围，属于超买超卖类指标的一种，但它与其他超买超卖型指标比较，又有自己的独特之处。像 KDJ、WR%、CCI 等大多数超买超卖型指标都有“0～100”上下界限，因此，它们对待一般常态行情的研判比较适用，而对于那些短期内暴涨暴跌的股票的价格走势，就可能会发生指标钝化的现象。而 CCI 指标却是波动于正无穷大到负无穷大之间，因此不会出现指标钝化现象，这样就有利于投资者更好地研判行情，特别是那些短期内暴涨暴跌的非常态行情。

TRIX

三重指数平滑移动平均指标，其英文全名为“Triple Exponentially Smoothed Average”，是一种研究股价趋势的长期技术分析工具。

TRIX 指标是根据移动平均线理论，对一条平均线进行三次平滑处理，再根据这条移动平均线的变动情况来预测股价的长期走势。

与 TRMA 等趋向类指标一样，TRIX 指标一方面忽略价格短期波动的干扰，去除移动平均线频繁发出假信号的缺陷，以最大限度地减少主力“骗线行为”的干扰，避免由于交易行为过于频繁而造成较大交易成本的浪费；另一方面，保留移动平均线的效果，凸现股价未来长期运动趋势，使投资者对未来较长时间内股价运动趋势有个直观、准确的了解，从而降低投资者深度套牢和跑丢“黑马”的风险。因此，对于稳健型的长期投资者来说，TRIX 指标对实战提供了有益的参考。

VOL

成交量是成交股数和成交金额的统称。成交股数是某股票某日成交股数之和，成交金额则是该股票成交值总和的货币表示。

成交量是投资者分析判断市场行情并做出投资决策的重要依据，也是各种技术分析指标应用时不可或缺的参照。

成交量与股票价格、交易时间、投资者意愿、市场人气等诸多因素互为因果，相互影响。成交量的变化过程就是股票投资者购买股票欲望消长变化的过程，也是股票市场人气聚散的过程。当人气聚敛，成交量增大，会吸引更多投资者介入，必定刺激股价攀升；股价升至一定高度，投资者望而却步，成交量开始徘徊；获利盘纷纷出手，成交量放大，又会导致人心趋散，股价会下跌；而当人心惶惶，抛盘四起，成交量的放大似乎成为人气进一步涣散的引信；待到股价继续下跌，成交量萎缩，投资者逃脱唯恐不及，供大于求，股价又走入低谷……

成交量的变化最能反映股市的大趋势。上升行情中，做长线和做短线都可获利，因此股票换手频繁，成交量放大；在下跌行情中，人气日趋散淡，成交量缩小。

OBV

能量潮（OBV），是将成交量值予以数量化，制成趋势线，配合股价趋势线，从价格的变动及成交量的增减关系，推测市场气氛。OBV 的理论基础是市场价格的变动必须有成交量配合，价格升降而成交量不相应升降，则市场价格的变动难以继续。

MTM

动量指标 MTM，其英文全称是“Momentom Index”，是一种专门研究股价波动的中短期技术分析工具。

动量指标 MTM 是一种利用动力学原理，专门研究股价在波动过程中各种加速、惯性作用以及由静到动或由动转静的现象。动量指标的理论基础是价格与供求量的关系。它认为股价的涨跌幅度随着时间的推移会逐渐变小，股价变化的速度和能量也会慢慢减缓，之后行情就可能反转。在多头行情里，随着股价不断上升，股价上涨的能量和速度必将日渐萎缩，当上涨的能量和速度减少到一定程度时，行情将会出现大幅回荡整理或见顶反转的行情；而在空头行情里，随着股价不断下跌，股价下跌的能量和速度也将日渐萎缩，当下跌的能量和速度萎缩到一定程度时，行情也会出现大幅反弹或见底反转的行情。

因此，动量指标就是通过观察股价波动的速度，衡量股价波动的动能，从而揭示股价反转的规律，为投资者正确地买卖股价提供重要的参考。

亦步亦趋的移动平均线

A 先生：我是初学炒股的新股民，刚刚接触到移动平均线，想问一下这种线具体是如何计算出来的。另外，为什么 K 线图上有很多条移动平均线，它们分别都有什么作用？炒股到底要用哪根移动平均线？

铁手：移动平均线是主图技术指标之一，因为常被股票软件作为默认的首选指标而为大众所熟悉。移动平均线（MA）是以道·琼斯的“平均成本概念”为理论基础，采用统计学中“移动平均”的原理，将一段时期内的股票价格平均值连成曲线，用来显示股价的历史波动情况，进而反映股价指数未来发展趋势的技术分析方法。

移动平均线的计算方法很简单，其计算公式如下：

$$MA = (C1 + C2 + C3 + \cdots + Cn) \div N$$

C：某日收盘价

N：移动平均周期

以 5 日移动平均线为例，将今日的收盘价、昨日的收盘价、前日的收盘价、大前日的收盘价和再前一日的收盘价加总到一起，然后除以 5，就得出了今日的 5 日移动平均值。以相同的办法计算昨日、前日、大前日……的 5 日移动平均值，再把这些数值在 K 线走势图的坐标体系中连接成线，一只股票的 5 日移动平均线就形成了。

图 103 主图中显示了 4 条移动平均线，这 4 条移动平均线的计算周期是不同的。观察该图右上角，可以发现“MA（5，10，20，30，60，120，360，4）”的字样，表示这条移动平均线的计算周期分别是 5 日、10 日、20 日和 30 日，最后一个数字“4”是指 K 线走势图中显示 4 条移动平均线。

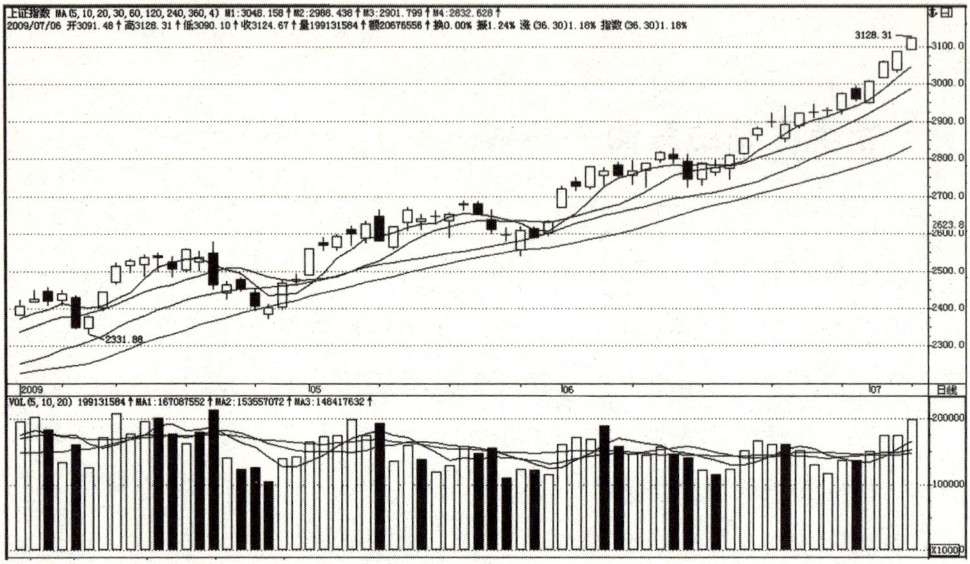

图 103　上证指数（999999）

5 日移动平均线、10 日移动平均线，可以看作是市场的短期平均成本；20 日移动平均线、30 日移动平均线，可以看作是市场的中期平均成本。通过观察股价、短期平均成本和长期平均成本的相对位置，就可以判断股价目前所处的位置，从而为下一步交易确定基调。

至于炒股要选择哪条移动平均线，这取决于炒股者的交易偏好。如果投资者喜欢短线交易，可以选择 5 日、10 日移动平均线；如果投资者喜欢中线交易，可以选择 20 日、30 日移动平均线。当然，投资者也可以自行修改移动平均线的计算周期，寻找最适合自己的移动平均线。

要想寻找到最适合自己的移动平均线，除了投资者要明确自己的交易偏好之外，还要熟悉移动平均线的使用方法。通常而言，移动平均线主要有 3 种使用方法：移动平均线的交叉、移动平均线的支撑和移动平均线的压力。

1. 移动平均线的交叉

移动平均线的交叉包括黄金交叉和死亡交叉。移动平均线黄金交叉，是指短期移动平均线由下而上穿越长期移动平均线，属于看涨信号；移动平均线死亡交叉，是指短期移动平均线由上而下跌破长期移动平均线，属于看跌信号。

为了便于大家观察，图 104 和图 105 中修改了移动平均线的参数，其中两条均线的计算周期分别是 10 日和 60 日。

图 104 中出现了一个移动平均线黄金交叉。当 10 日移动平均线自下而上穿越 60 日移动平均线时，黄金交叉出现，后市看涨。图 105 中出现了一个移动平均线死亡交叉。当 10 日移动平均线自上而下跌破 60 日移动平均线时，死亡交叉出现，后市看跌。

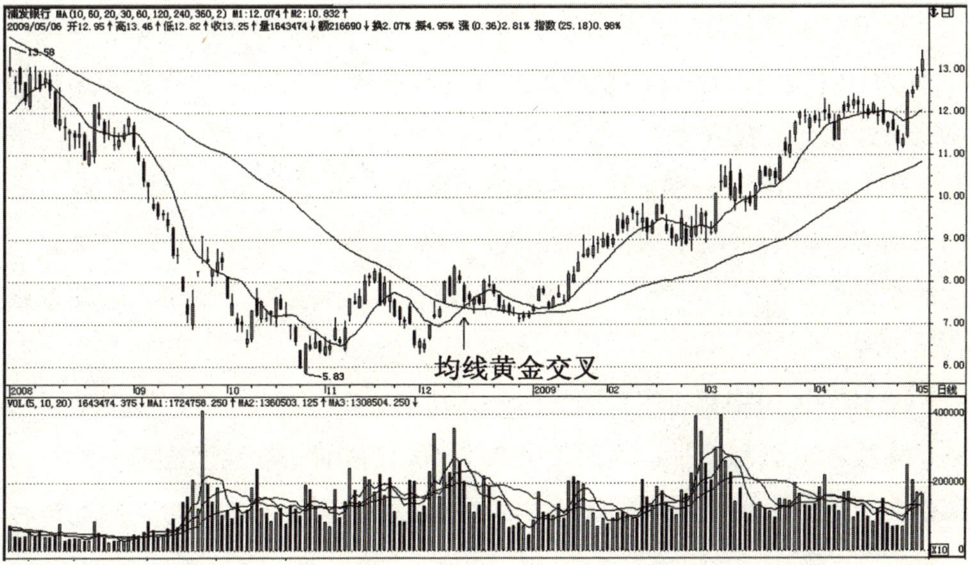

图 104 浦发银行（600000）

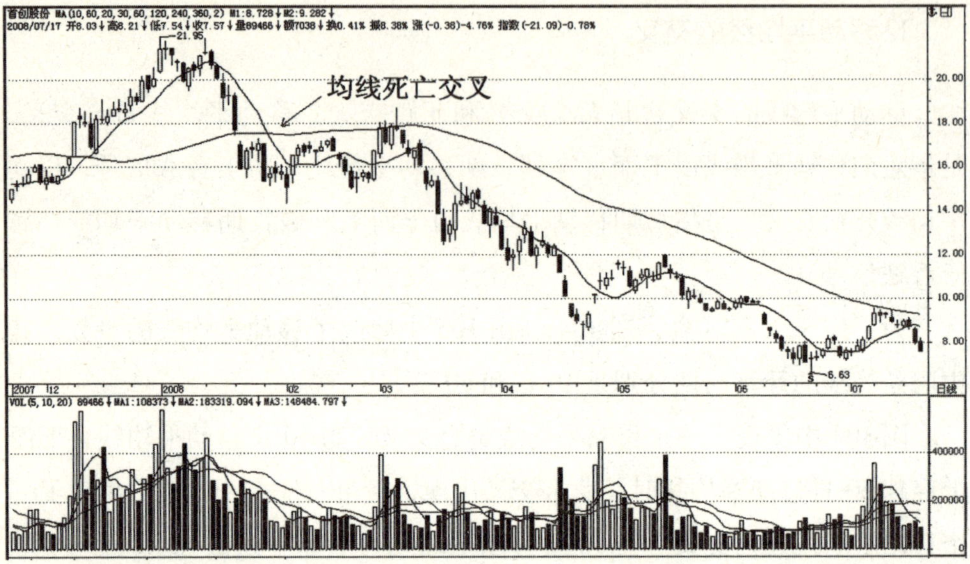

图 105　首创股份（600008）

图 106 和图 107 中出现了 3 条移动平均线，其计算周期分别是 10 日、20 日和 60 日。两条移动平均线的交叉可以构成黄金交叉和死亡交叉，那么三条移动平均线的交叉呢？

图 106 中 10 日移动平均线先后向上突破了 20 日移动平均线和 60 日移动平均线，20 日移动平均线向上突破了 60 日移动平均线。这三个黄金交叉的交叉点，构成了一个三角形。由于该三角形属于看涨信号，因此被称为银山谷。

图 107 中 10 日移动平均线先后向下跌破了 20 日移动平均线和 60 日移动平均线，20 日移动平均线向下突破了 60 日移动平均线。这三个死亡交叉的交叉点，构成了一个三角形。由于该三角形属于看跌信号，因此被称为死亡谷。

为了增加交易成功的概率，有些投资者并不会在第一次出现银山谷时建仓，而是等待第二次银山谷出现时入场。为了区别这两个银山谷形态，第二个银山谷常被称为金山谷，寓意据其入场交易的成功率更高。图 108

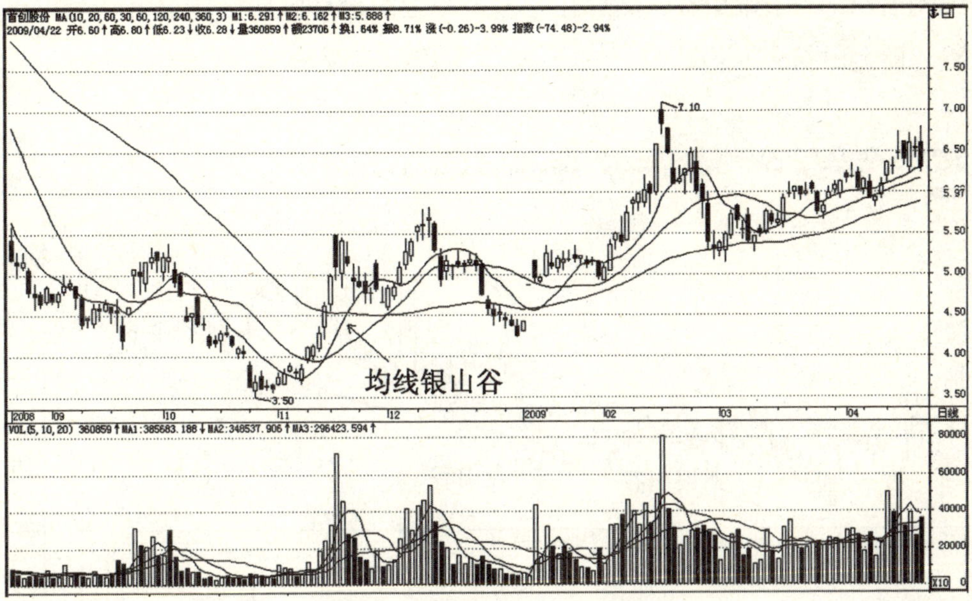

图 106 首创股份（600008）

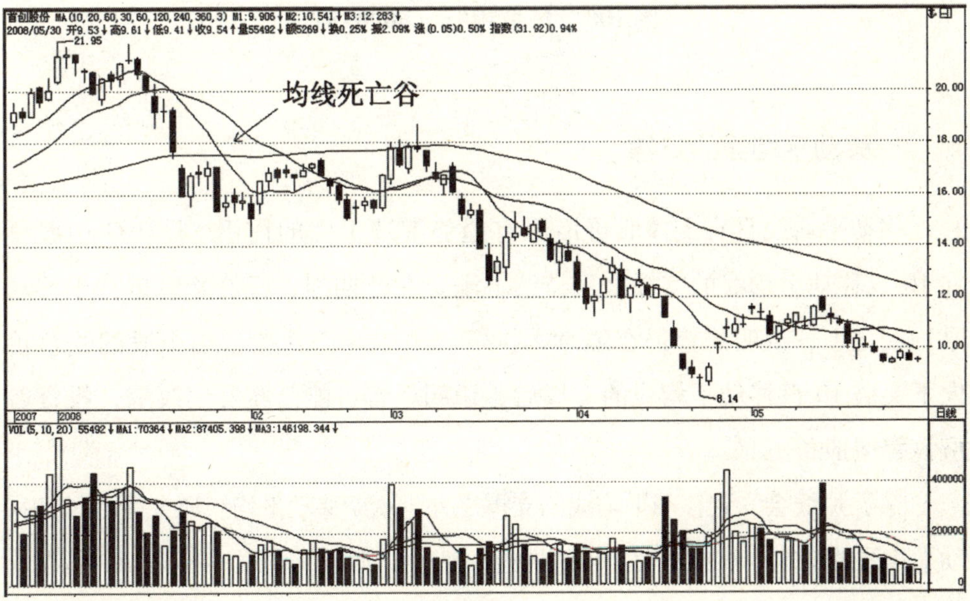

图 107 首创股份（600008）

中先出现了一个银山谷，然后在差不多相近的价格区域出现了第二个银山谷，即金山谷。

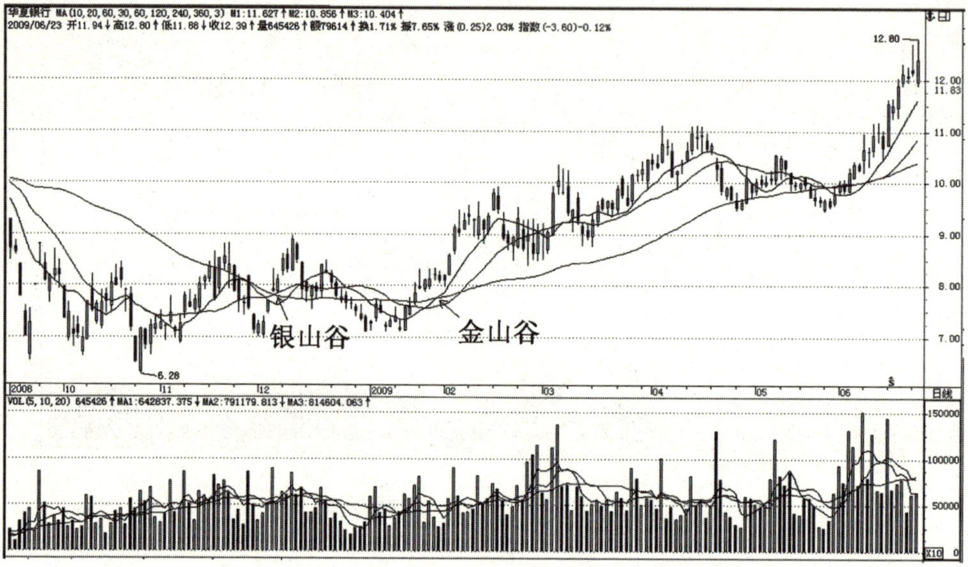

图 108　华夏银行（600015）

2. 移动平均线的支撑

移动平均线具有支撑股价沿原有趋势继续上涨的作用。图 109 中股价在 10 日移动平均线的支撑之下持续上涨。在此期间，股价始终运行于移动平均线之上，说明涨势仍在继续，投资者可以耐心持股。当个股的收盘价向下突破 10 日移动平均线的支撑后，说明趋势可能已经发生改变，投资者应该警惕股价见顶。

除了 K 线会受到移动平均线的支撑之外，短期移动平均线还会受到长期移动平均线的支撑。根据移动平均线的这一特性，形成了均线多头排列。所谓均线多头排列，是指 K 线在最上方，以下依次是短期均线、中期均线和长期均线。均线呈现这种排列方式，说明市场处于牛市之中，后市继续看涨。图 110

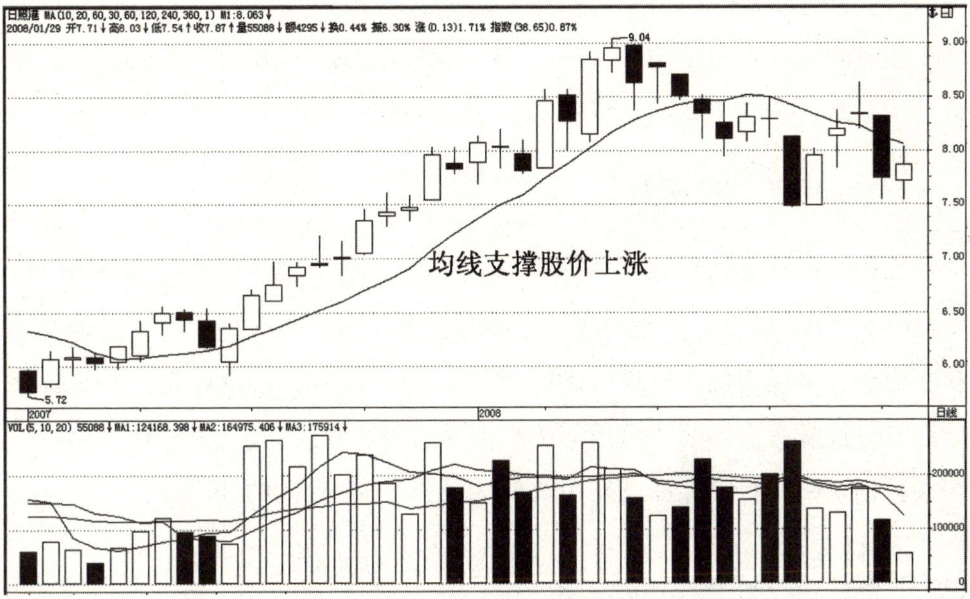

图 109　日照港（600017）

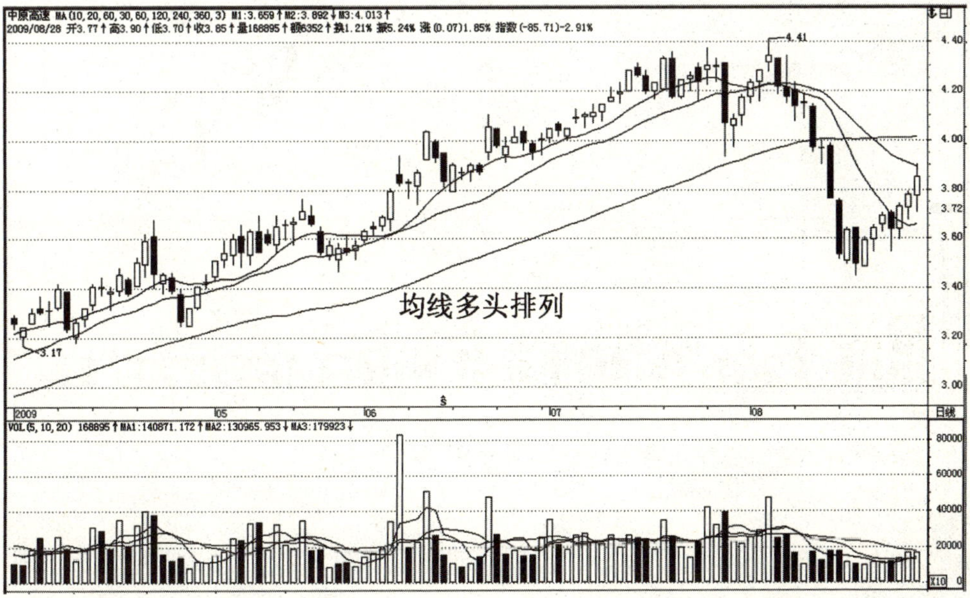

图 110　中原高速（600020）

中选择了 10 日、20 日和 60 日移动平均线。在该股处于上升趋势中时，股价多数时间运行在最上方，10 日均线、20 日均线居中，20 日均线支撑 10 日均线上涨，60 日均线在最下方，形成明显的均线多头排列。

3. 移动平均线的压力

同样，移动平均线具有压制股价沿原有趋势继续下跌的作用。图 111 中股价在 10 日移动平均线的压力下持续下跌。在此期间，股价一度触及移动平均线，但无力向上突破，随后股价继续大幅下滑。面对股价如此萎靡的走势，投资者应该耐心持币等待。当个股的收盘价向上突破 10 日移动平均线后，说明趋势可能就此发生改变，投资者应该警惕股价见底。

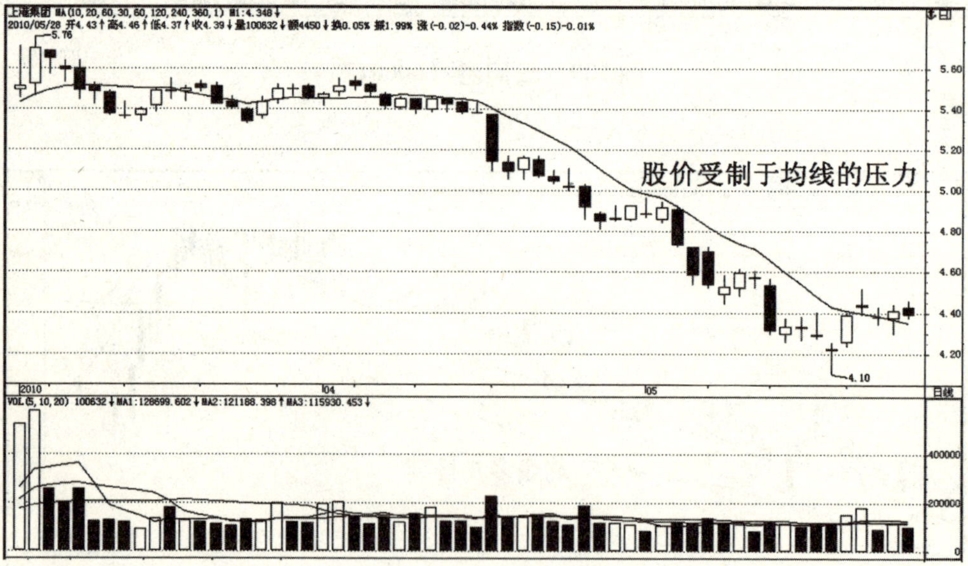

图 111　上港集团（600018）

同样，除了 K 线受制于移动平均线的压力之外，短期移动平均线会受制于长期移动平均线。根据移动平均线的这种特性，形成了均线空头排列。所谓空头排列，是指 K 线在最下方，以上依次是短期均线、中期均线和长期均线。均线呈现这种排列方式，说明市场处于熊市之中，后市继续看跌。图112中同样选择了10日、20日和60日移动平均线。在该股处于下跌趋势中时，连续出现了3段均线空头排列。伴随着这几次空头排列，股价大幅下滑。

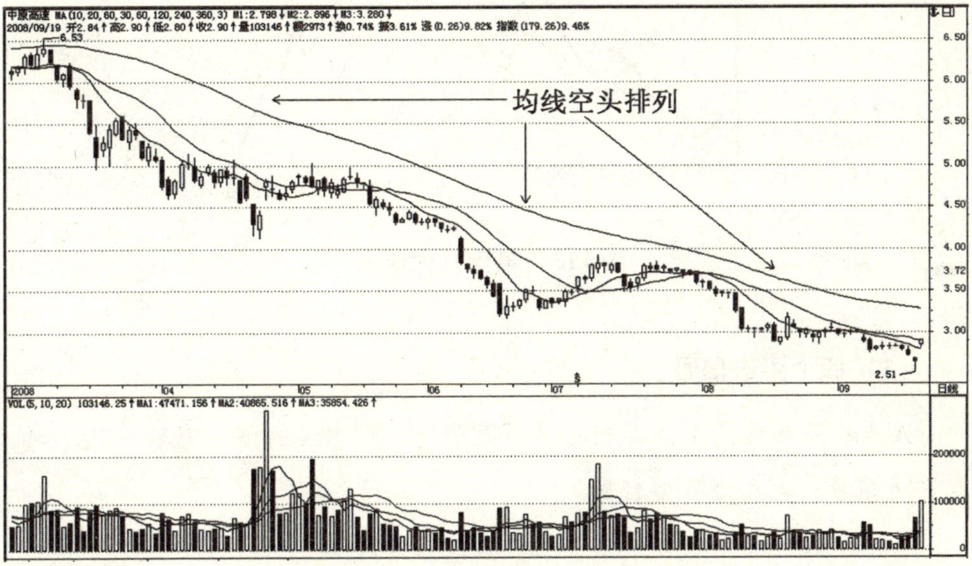

图112 中原高速（600020）

至此，移动平均线的主要应用方法已经简单介绍完毕。如果投资者有兴趣进一步研究移动平均线，可以参考我们发放的资料，也可以自行购买相关书籍阅读。

拓展阅读

葛氏八大法则

葛兰威尔是美国投资专家，在长期的投资实践中，他总结出了8条移动平均线的规律，人称“葛氏八大法则”。

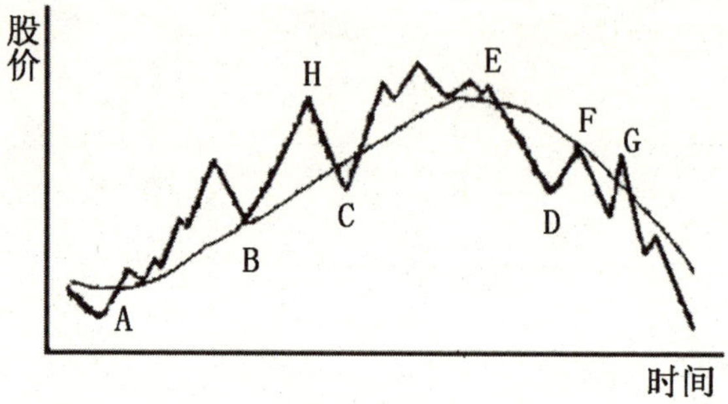

图113　葛氏八大法则

（1）四个买进信号

A点：平均线从下降逐渐走平，而股价从平均线的下方突破平均线时，是买进信号；此形态称为打底。

B点：股价趋势线走在平均线之上，股价突然下跌，但未跌破平均线，股价又上升时（助涨效果），可以加码买进。此形态称为回测。

C点：股价虽跌到平均线下，而均价线仍在上扬，立刻又回复到平均线时，为买进信号。

D点：股价趋势线低过平均线，突然暴跌，远离平均线之时，极有可能再趋向平均线，是买进时机。此形态可视为修正乖离过大或称为回抽。

（2）四个卖出信号

E点：平均线走势从上升逐渐走平，而股价从平均线的上方往下跌破平均线时，应是卖出的机会。此形态可称为做头。

F点：股价趋势线在平均线之下，股价上升但未达平均线又告回落（助跌），是卖出时机。此形态可称为逃命。

G点：股价虽上升突破平均线，但又立刻回复到平均线之下，而且平均线仍然继续下跌时，是卖出时机。

H点：股价趋势线在上升中，且走在平均线之上，突然大涨而远离平均线，很可能再趋向平均线，为卖出时机。此形态也是一种修正乖离过大的行为。

均线口诀

年线下变平，准备捕老熊。
年线往上拐，回踩坚决买！
年线往下行，一定要搞清，
如等半年线，暂作壁上观。
深跌破年线，老熊活年半。
价稳年线上，千里马亮相。
要问为什么？牛熊一线亡！
半年线下穿，千万不要沾。
半年线上拐，坚决果断买！
季线如下穿，后市不乐观！
季线往上走，长期做多头！
月线不下穿，光明就在前！
汇价踩季线，入市做波段。
季线如被破，眼前就有祸，
月线上穿季，买进等获利。
月线如下行，本波已完成！
价跌月线平，底部已探明。
20线走平，观望暂做空。
20线上翘，犹如冲锋号。
突然呈加速，离顶差一步！
10天庄成本，不破不走人。
短线看3天，破掉你就跑！

长期往上翘，短期呈缠绕，
平台一做成，股价往上跃。

眼花缭乱的分时图

A 先生：有位朋友告诉我，炒股要斤斤计较，因此买卖股票的时候必须要看分时图。可另外的朋友却告诉我，分时图不重要，应该看日 K 线进行买卖。想问一下，这两种建议哪种比较好呢？另外，分时图变动很快，如何才能把握住其中的节奏呢？

铁手：炒股的个性化比较强，如果抛开投资者不说，单论交易技术，很难有优劣之分。对于短线交易者，尤其是超短线的交易者，1% 的出入场误差都可能会决定交易的成败，那么分时图就是其主战场。对于中长线投资者而言，重点在于把握大趋势，日 K 线走势图是其关注的重点，分时图中的买卖点并不是很重要。如果是基本面投资者，日 K 线图和分时走势图都不重要，其成败的关键在于股价的高低，只要股价具有投资价值，介入的位置是高点还是低点都可以。因此，你朋友的建议如何选择，我无法给你答案，这需要你自己去摸索。

至于分时图节奏的把握，我可以给你一些建议。同样，这些建议是否值得采纳，还是需要你在实战中测试过之后才能决定。我们观察分时图，主要有两个目的：寻找买点、寻找卖点。下面分别进行介绍，希望能给大家一些帮助。

1. 寻找买点

分时图中的买点有两个：一是突破买点，二是回调买点。所谓突破买点，是指股价突破分时图上的前高时买入，或者股价突破分时图整理区间时买入。所谓回调买点，是指股价回调至均价线获得支撑时买入，或者股价回调到分时图重要支撑位重新上涨时买入。

图 114 中出现的买点属于突破买点。开盘之后，股价围绕前一交易日的开盘价振荡。在此过程中，该股形成了一个高点。当股价向上突破了这个高点构筑的压力线时，成交量随之放大，因此该突破的可信度较高，后市看涨。对于超短线投资者而言，这个交易机会值得介入。对于中长线投资者而言，应该在看好日线走势的基础上，再选择这样的买点介入，不可仅凭分时走势图买卖。

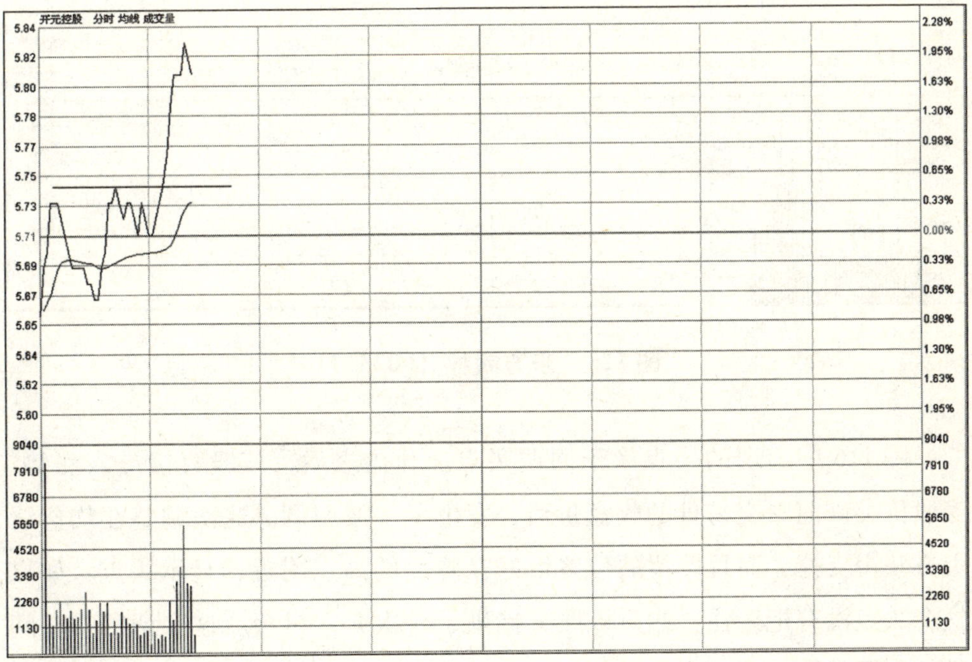

图 114 开元控股（000516）

图 115 中出现的买点同样属于突破买点。开盘之后，该股在低位略作调整之后直线飙升。当股价运行到 188.00 元左右时，该股进入横盘整理

区。经过一段时间的调整，该股向上突破了这个整理区的上边线，成交量也明显放大，涨势再现。把握这种突破整理区间的买点，需要投资者耐心地等待，否则很容易错过。

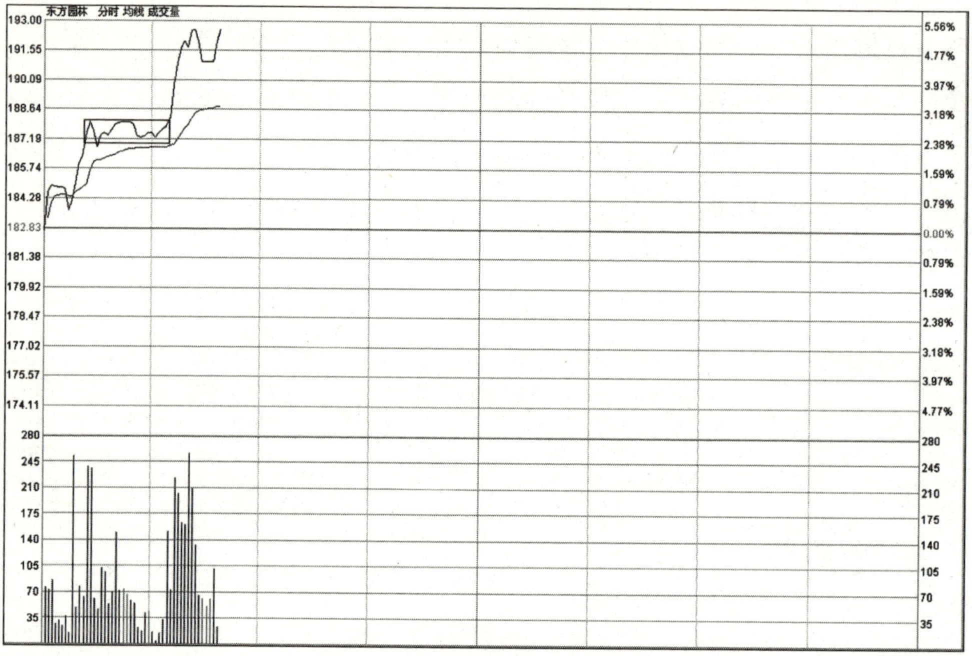

图 115 东方园林（002310）

图 116 中出现的买点属于回调买点。开盘之后，该股直接进入涨势。当股价突破前一交易日的收盘价后，发生了一波回调。这次调整在均价线上方获得支撑，而且停留的位置恰好在曾经的高点附近，显示买点。如果这个买点没有把握住，此后该股又提供了一次介入机会。这次调整的时间较长，调整结束的迹象也很明显，结束调整的位置明显处于均价线之上，这给了投资者充足的反应时间。当成交量开始放大，股价再次上扬时，投资者就可以入场了。

图 117 中出现的买点同样属于回调买点。开盘之后，该股围绕前一交易日的收盘价上下波动。经过一段时间的振荡之后，股价向上突破了此前

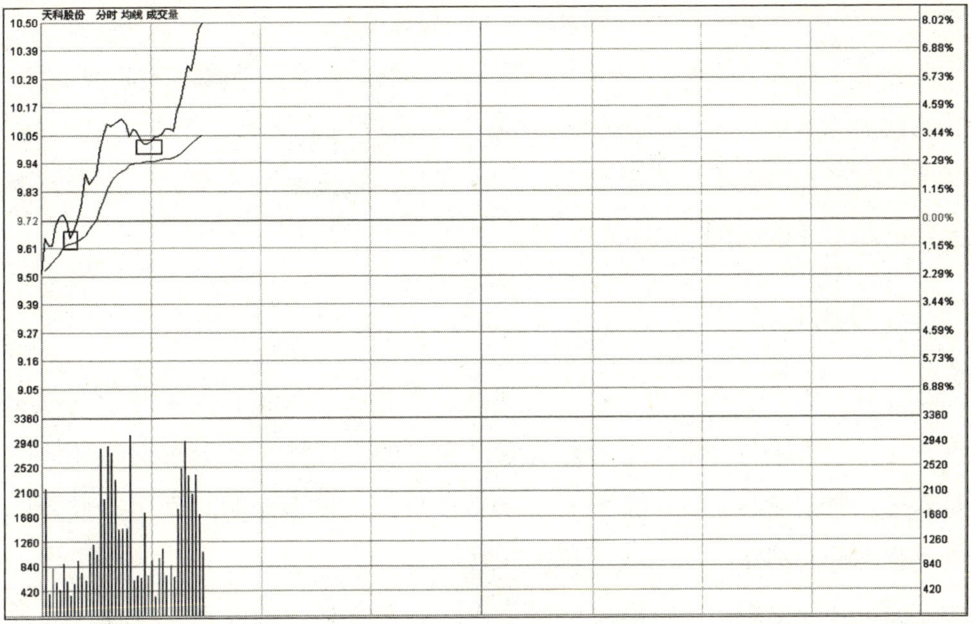

图 116 天科股份（600378）

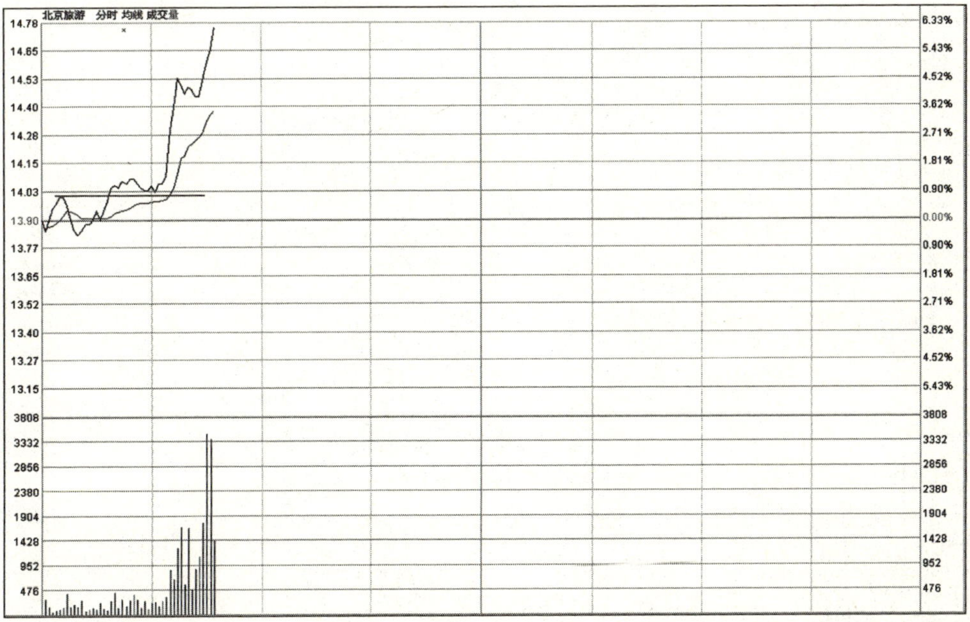

图 117 北京旅游（000802）

的高点。不过，突破高点时没有明显的放量现象，让我们对这个突破持有怀疑态度。然而，突破后股价的回调非常有限，明显在前高之上获得支撑。当确认支撑有效，股价伴随成交量放大开始重新上涨时，介入良机闪现。面对这样的交易机会，投资者必须眼疾手快，否则可能买不到，或者需要大幅追高后才能买到。

2. 寻找卖点

分时图中的卖点有两个：一是突破卖点，二是反弹卖点。所谓突破卖点，是指股价跌破分时图上的前低时卖出，或者股价跌破分时图整理区间时卖出。所谓反弹卖点，是指股价反弹至均价线遭遇压制时卖出，或者股价反弹到分时图重要压力位重新下跌时卖出。

图 118 中出现的卖点属于突破卖点。开盘之后，该股稍微下探之后就

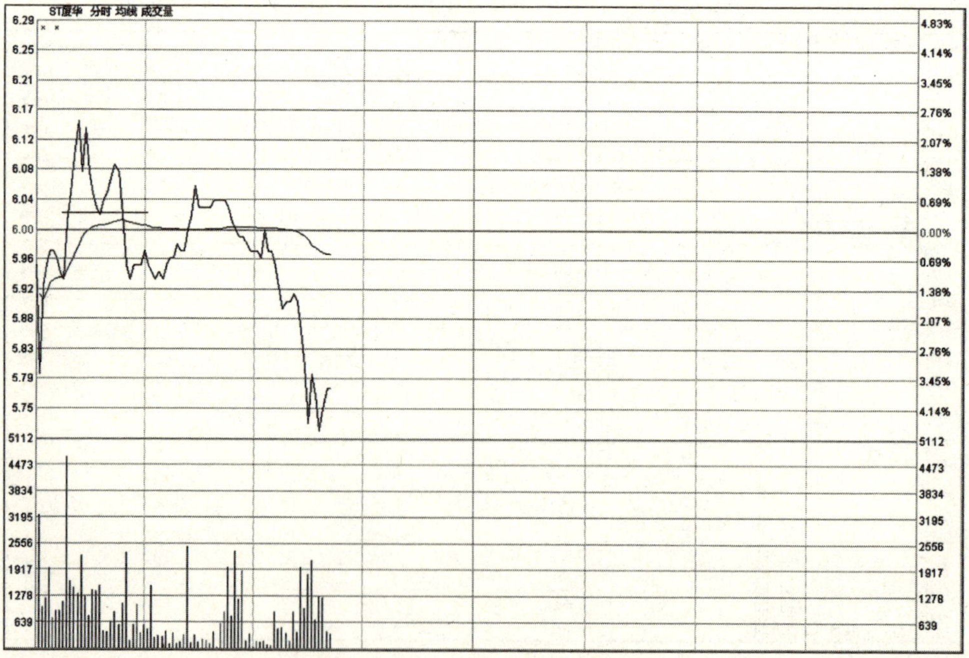

图 118　ST 厦华（600870）

快速拉升。早盘快速拉升，要谨慎追涨，因为一旦抓不住强势股，很容易入场就被套。该股就是如此，经过虚张声势的拉升之后，股价开始下跌。当该股出现 M 头明显见顶后，股价再次跌破前低支撑，卖出点浮现，投资者不可以再犹豫了。

图 119 中出现的卖点同样属于突破卖点。开盘之后，该股稍加振荡之后就开始大幅下跌。随后，股价进入整理行情中。经过长时间的整理之后，该股出现了收敛三角形整理形态。当投资者发现这一迹象后，应该保持足够的警惕。整理结束时，股价选择了向下突破，卖点出现，投资者应该遵从交易规则果断离场。图 120 中的整理形态是矩形，突破下边线就是卖点。

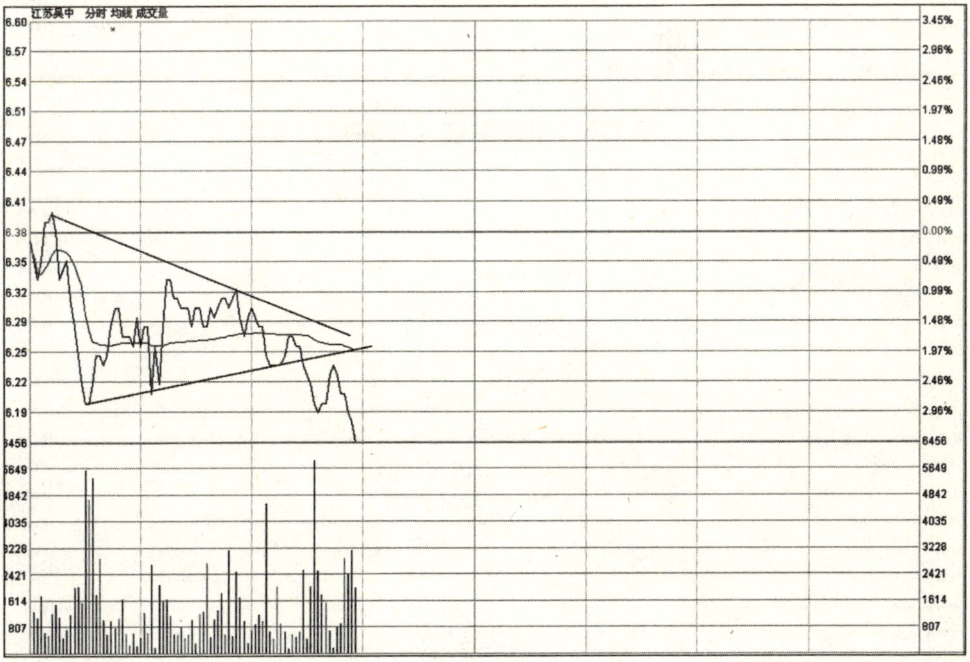

图 119 江苏吴中（600200）

图 121 中出现的卖点属于反弹卖点。该股跳空高开，然而开盘后股价并没有顺利涨停，反而出现直线下滑，这已经提示了风险。随后，股价进

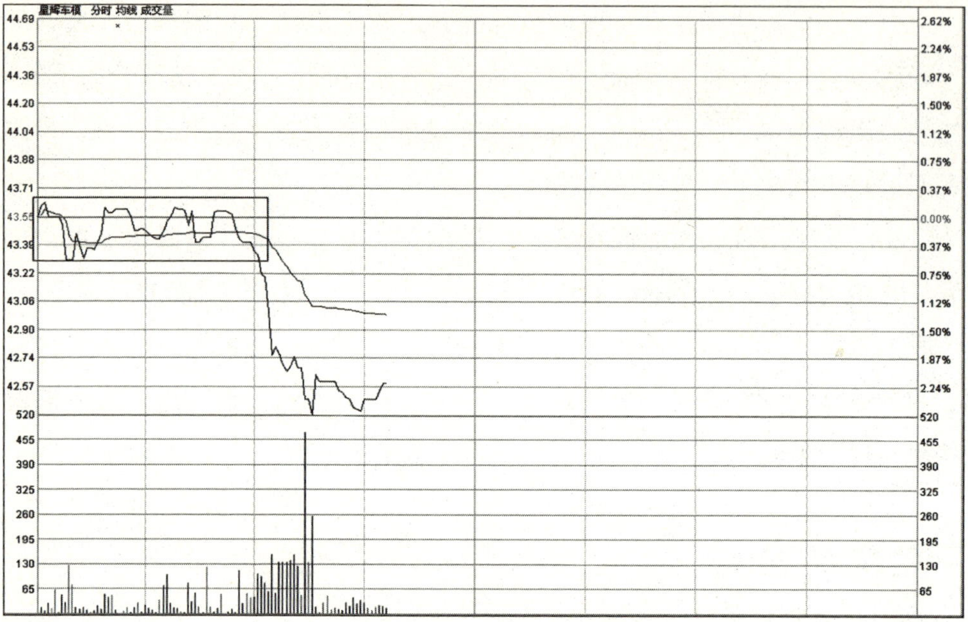

图 120　星辉车模（300043）

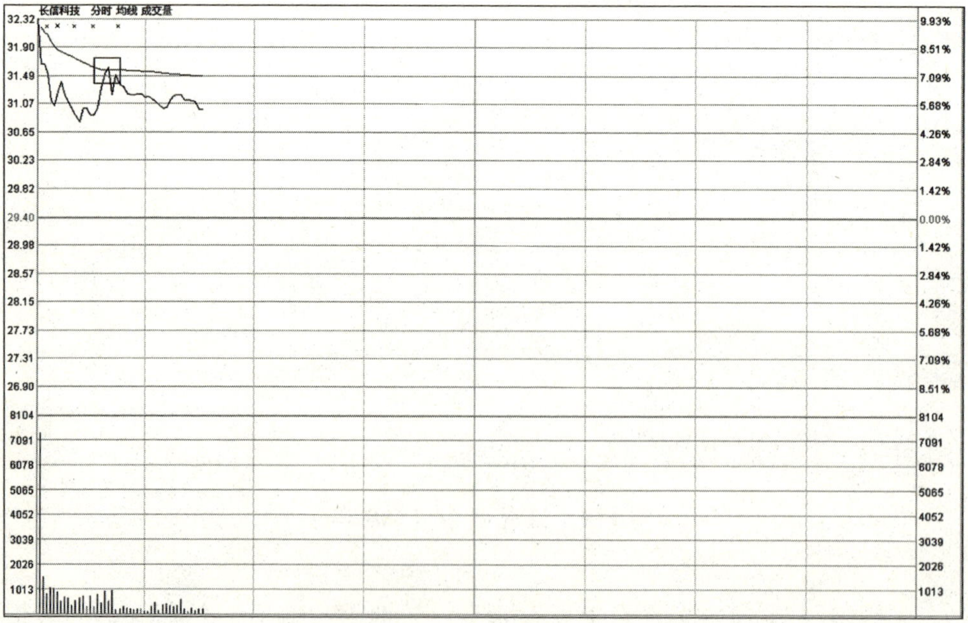

图 121　长信科技（300088）

入反弹行情中。当股价反弹至均价线附近时，明显遭遇压力。当股价无法突破均价线压力重新开始下跌时，卖点出现了。

图 122 中出现的卖点同样属于反弹卖点。观察该股第二次受制于前一交易日的收盘价后开始的下跌，其中两次反弹均在前低附近遭遇压力，随即进入一波下跌。当股价反弹受制于前低的压力时，说明该股的跌势仍然没有停止，属于明显的卖出信号，投资者可以据此出场。

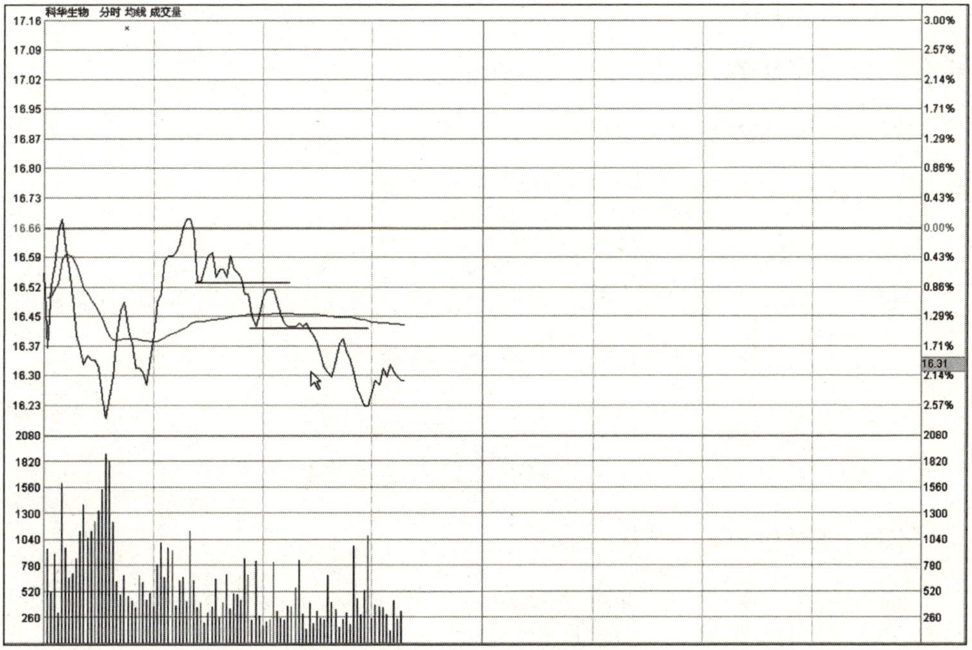

图 122 科华生物（002022）

至此，分时图中主要的买入信号和卖出信号已经介绍完毕，各位可以将其融会贯通，纳入自己的交易系统中。再次提醒，分时图中买入信号和卖出信号属于超短线信号，只有在投资者能够把握个股运行大势的前提下才能发挥更好的作用。如果单独利用分时图进行交易，效果并不理想。

拓展阅读

大盘指数即时分时走势图

(1) 白色曲线

表示大盘加权指数，即证交所每日公布媒体常说的大盘实际指数。

(2) 黄色曲线

大盘不含加权的指标，即不考虑股票盘子的大小，而将所有股票对指数的影响看作是相同的而计算出来的大盘指数。

参考白、黄二曲线的相互位置可知：

①当大盘指数上涨时，黄线在白线之上，表示流通盘较小的股票涨幅较大；反之，黄线在白线之下，说明盘小的股票涨幅落后大盘股。

②当大盘指数下跌时，黄线在白线之上，表示流通盘较小的股票跌幅小于盘大的股票；反之，盘小的股票跌幅大于盘大的股票。

(3) 红绿柱线

在黄白两条曲线附近有红绿柱状线，它们是反映大盘即时所有股票的买盘与卖盘在数量上的比率。红柱线的增长、减短表示上涨买盘力量的增减；绿柱线的增长、缩短表示下跌卖盘力度的强弱。

(4) 黄色柱线

在红白曲线图下方，用来表示每一分钟的成交量，单位是手（每手等于100股）。

(5) 委买委卖手数

代表即时所有股票买入委托下三档和卖出上三档手数相加的总和。

(6) 委比数值

是委买、委卖手数之差与之和的比值。当委比数值为正值的时候，表示买方力量较强，股指上涨的概率大；当委比数值为负值的时候，表示卖方的力量较强，股指下跌的概率大。

个股即时分时走势图

(1) 白色曲线

表示该种股票即时实时成交的价格。

(2) 黄色曲线

表示该种股票即时成交的平均价格，即当天成交总金额除以成交总股数。

(3) 黄色柱线

在红白曲线图下方，用来表示每一分钟的成交量。

(4) 成交明细

在盘面的右下方为成交明细显示，显示动态每笔成交的价格和手数。

(5) 外盘、内盘

外盘又称主动性买盘，即成交价在卖出挂单价的累积成交量；内盘又称主动性卖盘，即成交价在买入挂单价的累积成交量。外盘反映买方的意愿，内盘反映卖方的意愿。

(6) 量比

是指当天成交总手数与近期成交手数平均的比值，具体公式为：

现在总手÷[(5日平均总手÷240)×开盘多少分钟]

量比数值的大小表示近期此时成交量的增减，大于1表示此时刻成交总手数已经放大，小于1表示此时刻成交总手数萎缩。

必不可少的止损技术

A 先生：关于止损我有些疑惑，希望请您指教一下。第一个问题，炒股要不要止损？如果不止损，我顶多就是账面的损失；如果止损，可就要实实在在亏损了。第二个问题，如果要止损，该如何设置止损才最有效呢？第三个问题，有没有不需要止损的交易方式？

铁手：炒股肯定要止损，只是我所指的止损可能与你理解的止损不完全一致，我所认同的止损实际还包括止赢，并不仅包括因为交易错误了亏损出场。我认为，只有如此全方位地看待止损，才能真正用好止损技术。

有些投资者止损意识很强，如果操作失误能够利索出场，哪怕是亏损。可是，一旦股价开始上涨，账面出现浮动利润，这些投资者就不知道该如何处理了。结果因为出场技术的缺乏，导致本来十分出色的交易变成微利甚至亏损的交易了。这些投资者就是缺乏止赢技术，或者说缺乏保护既得利润的止损技术。因此，只要投资者还想在这个市场中奋斗下去，就必须要学会止损技术。

至于你说“不止损只是账面损失，止损就是真亏了”的观点，我不是很赞成。以浦发银行为例，如果在 24.00 元附近建仓，在 1 年的时间内，不止损的账面损失就达到了 70%，这可不是明智的选择。即使持有到现在，浦发银行的股价也不过 16.00 元左右，而且有继续下滑的态势，账面损失还是高达 30%，已经接近 2 年了啊！如果再算上资金成本，亏损更大。相反，如果投资者可以及时止损，然后在相对低位重新建仓，即使是 10.00 元的成本，如今的账面利润也已经达到了 60% 了。两相比较，有天壤之别了。

当然，如果你是在低位建仓，那可以考虑不止损，巴菲特就是这么做

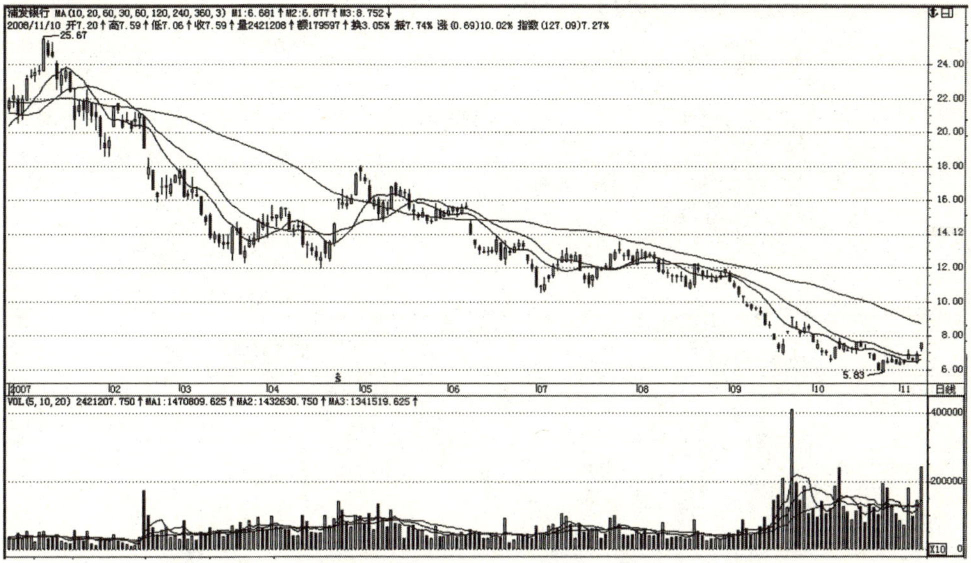

图 123　浦发银行（600000）

的。可是，这要求投资者必须准确判断何时的股价才是低位。相比止损而言，抄底的难度更高一些吧！

止损技术比较容易掌握，但要选择最适合自己的止损方法，却需要各位进行认真的尝试。下面我介绍三种常见的止损方法，各位看看是否有合适自己的。

1. 一根 K 线止损法

一根 K 线止损法，是指投资者据以进场的 K 线最低点，就是这笔交易的止损点。这根 K 线既可以是分时图，也可以是日线图，还可以是周线图，只要它是你建仓时参考的 K 线。其理论根据很简单：你选择了这根 K 线建仓，就是因为你看好后市股价会开始上涨，结果股价没有向上发展，反而跌破了建仓 K 线的最低点，说明你的判断是错误的，那自然就该出场了。

一根 K 线止损法对付假突破非常有效。图 124 中出现了一个假突破。

当股价向上突破前期高点时，后市看涨，投资者追涨建仓。然而，次日股价就发生暴跌，收盘价接近建仓 K 线的最低点。如果投资者还有侥幸心理，第三日股价就跌破了建仓 K 线最低点，止损被触发，投资者亏损离场。虽然这笔交易以亏损告终，但相比继续持仓而经受后期的大幅下跌，及时止损还是很值得的。

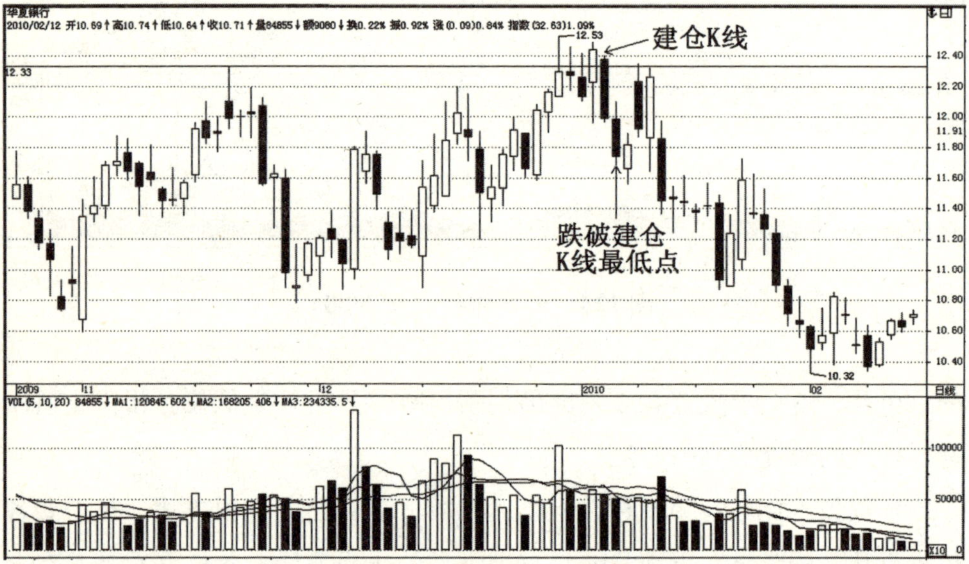

图 124　华夏银行（600015）

对付高位追涨，一根 K 线止损法也有很不错的表现。图 125 中出现一根一字线涨停，投资者当日无法介入。为了追击如此强势的个股，投资者次日择机介入。然而，第三日股价并没有继续上涨，反而跳空低开低走，盘中还一度跌破了建仓 K 线的最低点，止损被触发，投资者亏损离场。这次止损离场，使投资者躲开了一波直线下跌，功不可没。

当然，一根 K 线止损法也会出现失误。图 126 中出现一根突破 K 线，投资者据此入场。然而，次日股价就跌破了建仓 K 线的最低点，投资者止损离场。随后，经过数个交易日的整理，该股再次进入一波上涨行情中。

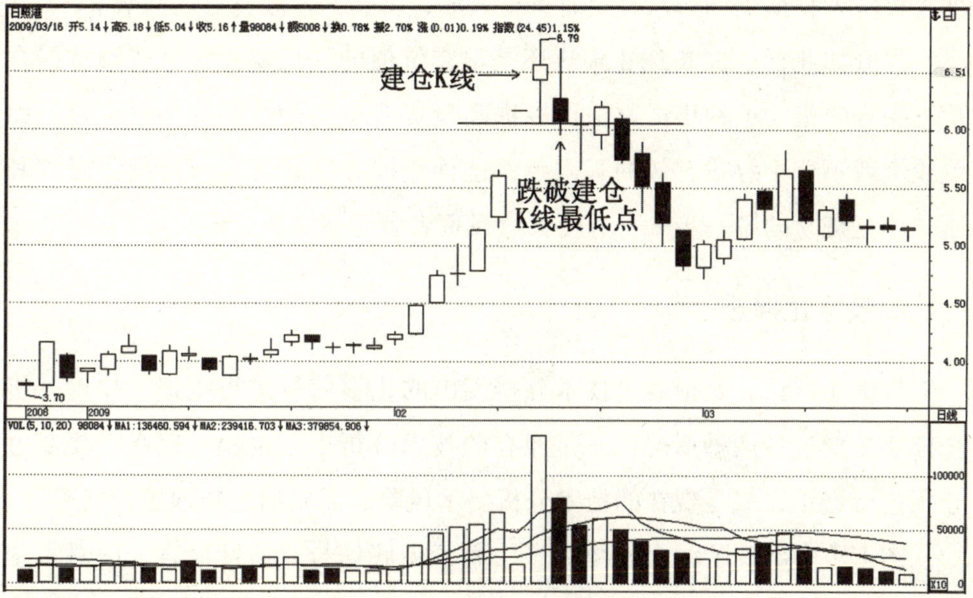

图 125 日照港（600017）

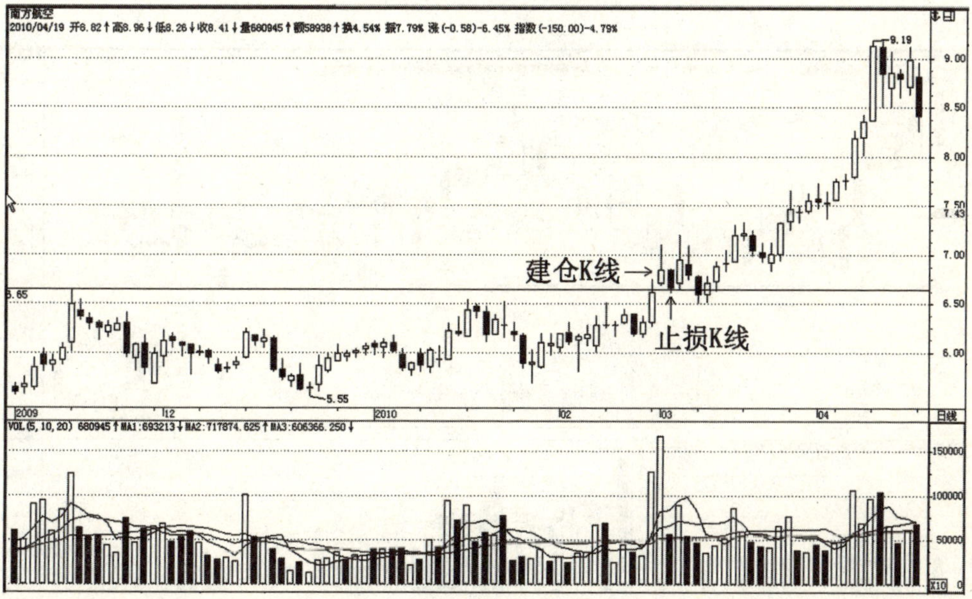

图 126 南方航空（600029）

如果投资者止损出场后没有及时重新入场，将错过这段良好的涨势。

尽管如此，一根 K 线止损法还是很有价值的。只要投资者能够掌握合理的买入时机，这种止损方法可以提高投资者交易的获利能力。不过，如果投资者不善于寻找有效的买入点，这种止损方法就无力帮助投资者盈利了，毕竟交易的第一步——选择买点投资者就走错了。

2. 技术止损法

技术止损法，是指通过技术分析发出的止损信号进行止损。技术分析止损法主要包括两种情况：一是原有的技术分析出现错误，现在需要通过止损进行修正；二是现在的技术分析提示风险，需要通过止损进行回避。

图 127 中出现了一个希望之星，属于见底信号。通常而言，面对希望之星，投资者会在大阳线当日建仓。然而，建仓之后股价并没有向上发展，而是在大阳线收盘价附近横向振荡，显示卖压沉重。这种走势已经向投资者发出警告了。如果投资者仍存侥幸之心，当股价跳空跌破希望之星的最

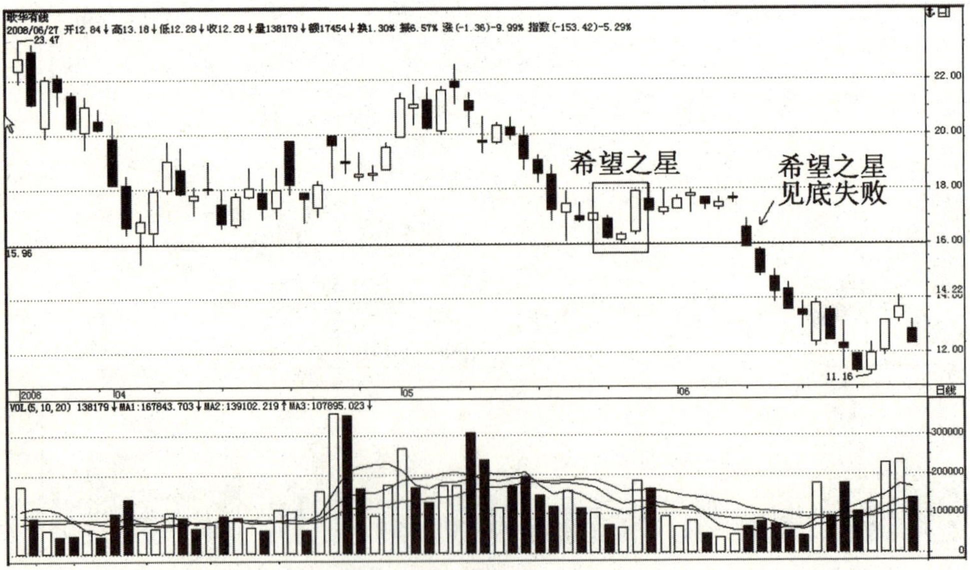

图 127　歌华有线（600037）

低点之后，希望之星信号宣告失败，止损被触动，必须要离场了。

图 128 中出现了一个均线黄金交叉，属于买入信号。根据这个信号入场之后，股价并没有继续上涨，显示上方卖压沉重，股价很难向上发展。面对这种走势，投资者应该引起警觉，可以考虑离场回避潜在的风险。如果投资者要等等看，当股价持续下滑，导致移动平均线出现死亡交叉时，说明此前的均线黄金交叉失效，止损被触发，赶紧离场吧！

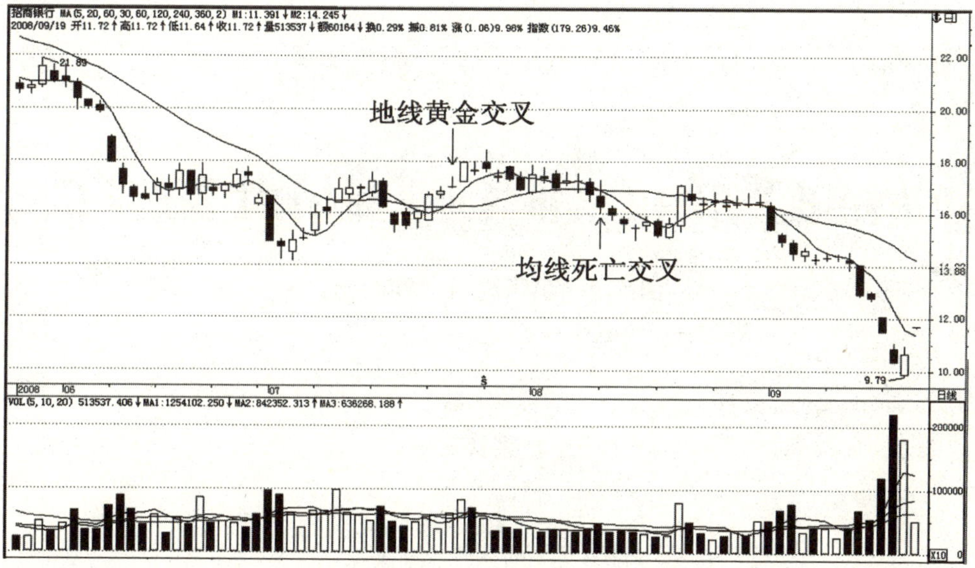

图 128　招商银行（600036）

上面的两个例子都是通过止损修正原有技术分析的错误，接着看两个利用技术分析通过止损回避风险的案例。图 129 中出现了一个头肩顶形态。当股价向下突破头肩顶颈线后，头肩顶形态确认，股价就此见顶，后市看空。面对如此明确的卖出信号，不管投资者在何处建的仓，这个时候都应该止损（或者说止赢）离场了。

图 130 中出现了一个黄昏之星组合，属于见顶信号。在黄昏之星出现之前的这波涨势中，股价的调整都非常有限，始终没有破坏上涨趋势。因

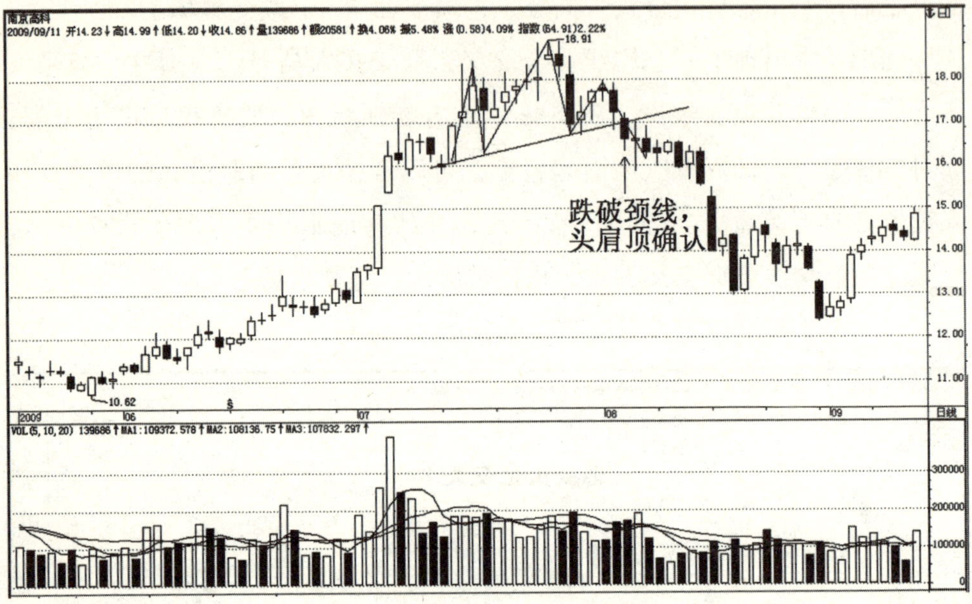

图 129　南京高科（600064）

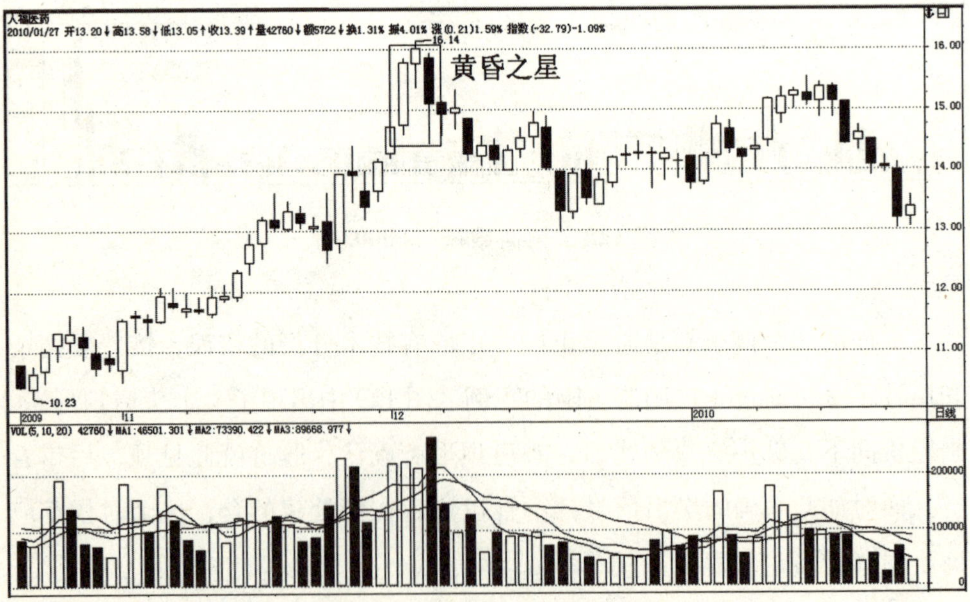

图 130　人福医药（600079）

此，当破坏性较强的黄昏之星出场之后，不管投资者追涨的位置在哪里，都应该止损（或者说止赢）出场了。

技术止损法包括很多，只要是技术分析得出的卖出信号，均为止损信号。这里仅举数例，大家可以举一反三。

3. 移动平均线止损法

移动平均线具有支撑作用。那么，当股价由下而上跌破移动平均线的支撑时，就说明趋势发生改变了，那自然该及时出场。根据这一原理，就形成了移动平均线止损的方法。图 131 中 * ST 金花的这波涨势运行于 30 日移动平均线之上。当股价跌破 30 日移动平均线的支撑后，说明此前的涨势受到遏制。为了回避潜在的见顶风险，投资者可以选择就此离场。

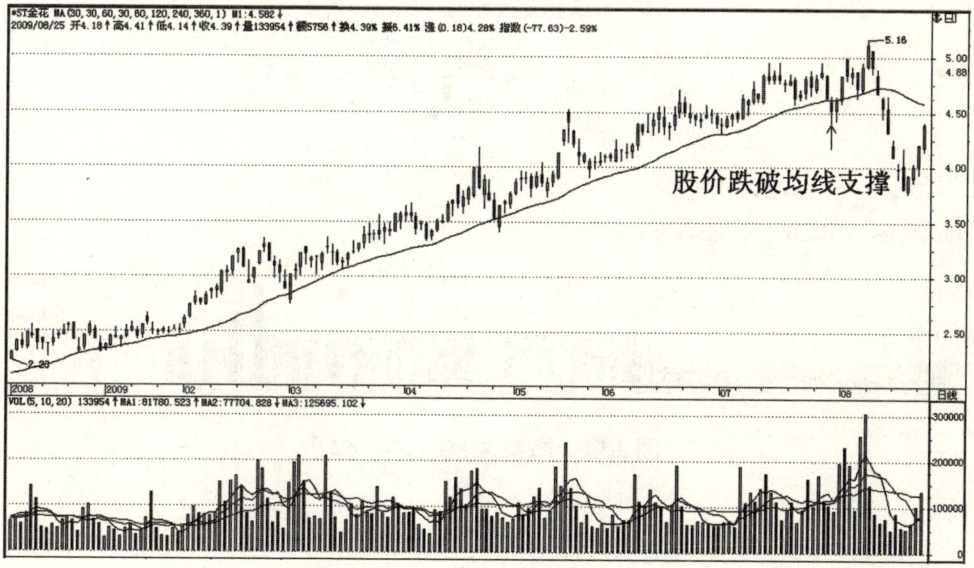

图 131 *ST 金花（600080）

对于中长期投资者而言，将 30 日移动平均线作为止损线是很不错的选择。不过，对于短期投资者而言，如果将 30 日移动平均线作为止损线，反应太慢，不利于波段操作和换股操作。因此，短线投资者可以采用 5 日移动平均线作为止损线。

图 132 中海泰发展的第一波涨势就是在 5 日均线的支撑下向上发展的。不过，当股价跌破 5 日均线时投资者离场，将会错过随后的第二波涨势。如果离场后根据股价在 30 日均线附近获得支撑重新入场，入场价和上次离场价相差无几。根据技术信号止损出场，目的不仅是高抛低吸，还有就是回避风险。因此，尽管这次止损离场没有获得价差利润，但回避了潜在的风险，仍然是非常有价值的。

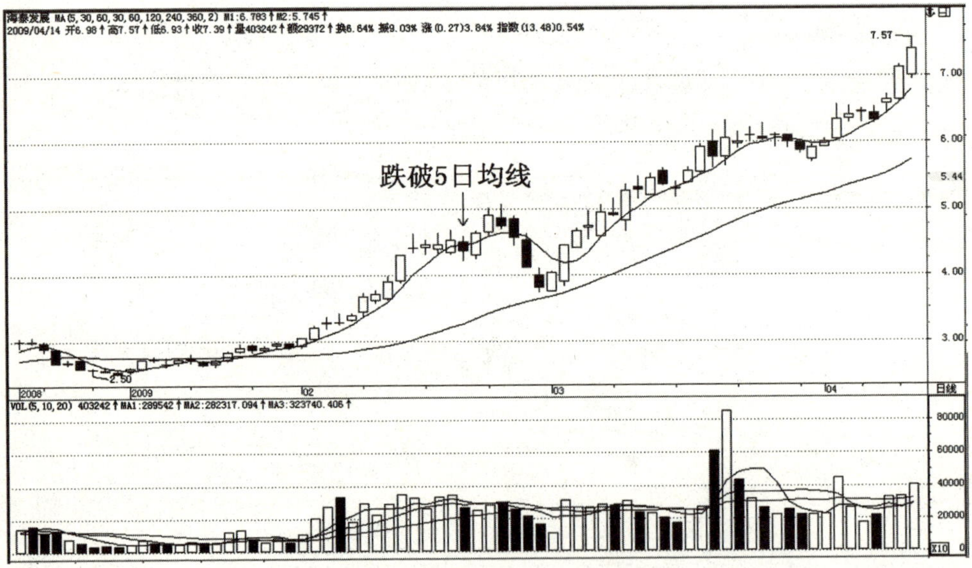

图 132　海泰发展（600082）

至此，三种常见的止损方法介绍完毕。最后回答这位朋友的第三个问题，不需要止损的交易方式暂时我还没有发现，即使像巴菲特那样的股神，偶尔也会需要通过止损来结束错误的投资。

拓展阅读

有哪些止损方法

(1) 正规止损

所谓正规止损，就是当买入或持有的理由和条件消失了，这时即使处于亏损状态，也要立即卖出。正规止损方法完全根据当初买入的理由和条件而定，由于每个人每次买入的理由和条件千差万别，因此正规止损方法也不能一概而论。例如，假设原来的买入并持有条件是5日、10日、30日均线呈上升排列，那么如果发现有一条均线下穿了另一条均线，上升排列受到破坏，就应立即卖出了。再如，假设原来的买入理由是预期上市公司将发生有利的资产重组，那么如果证实重组失败，就应立即卖出。

(2) 辅助性止损

辅助性止损的方法很多，也是很多人经常爱说的话题，下面就用一定的篇幅尽量全面地介绍一下各种常见的辅助性止损方法。

①最大亏损法。这是最简单的止损方法，当买入个股的浮动亏损幅度达到某个百分点时进行止损。这个百分点根据你的风险偏好、交易策略和操作周期而定，例如超短线（T+1）的可以是1.5%~3%，短线（5天左右）的可以是3%~5%，中长线的可以是5%~10%。这个百分点一旦定下来，就不可轻易改变，要坚决果断地执行。

②回撤止损。如果买入之后价格先上升，达到一个相对高点后再下跌，那么可以设定从相对高点开始的下跌幅度为止损目标。这个幅度的具体数值也由个人情况而定，一般可以参照上面说的最大亏损法的百分点。另外还可以再加上下跌时间（即天数）的因素，例如设定在3天内回撤下跌5%即进行止损。回撤止损实际中更经常用于止赢的情况。

③横盘止损。将买入之后价格在一定幅度内横盘的时间设为止损目标，例如可以设定买入后 5 天内上涨幅度未达到 5% 即进行止损。横盘止损一般要与最大亏损法同时使用，以全面控制风险。

④期望 R 乘数止损。R 乘数就是收益除以初始风险，例如，一笔交易最后实际获利 25%，初始风险假设按最大亏损法定为 5%，那么这笔交易的 R 乘数就是 5。我们现在要反过来应用它的概念，先算出一个期望收益，再定一个期望 R 乘数，然后用期望收益除以期望 R 乘数，得出的结果就是止损目标。关于期望收益的确定，如果你是一个系统交易者，那么可以用你的系统历史测试的平均每笔交易收益率（注意不是平均年回报率）；如果你不是一个系统交易者，你可以用经验判断这笔交易的预期收益。期望 R 乘数建议一般取 2.7～3.4 之间。

⑤移动均线止损。短线、中线、长线投资者可分别用 MA5、MA20、MA120 移动均线作为止损点。此外，EMA、SMA 均线的止损效果一般会比 MA 更好一些。MACD 红柱开始下降也可以作为一个不错的止损点。

⑥成本均线止损。成本均线比移动均线多考虑了成交量因素，总体来说效果一般更好一些。具体方法与移动均线基本相同，不过需要提醒的是，均线永远是滞后的指标，不可对其期望过高。另外在盘整阶段，你要准备忍受均线的大量伪信号。

⑦布林通道止损。在上升趋势中，可以用布林通道中位线作为止损点，也可以用布林带宽缩小作为止损点。

⑧波动止损。这个方法比较复杂，也是高手们经常用的，例如用平均实际价格幅度的布林通道，或者上攻力度的移动平均等作为止损目标。

⑨K 线组合止损。包括出现两阴夹一阳、阴后两阳阴的空头炮，或出现一阴断三线的断头铡刀，以及出现黄昏之星、穿头破脚、射击之星、双飞乌鸦、三只乌鸦挂树梢等典型见顶的 K 线组合等。

⑩K 线形态止损。包括股价击破头肩顶、M 头、圆弧顶等头部形态的颈线位，一阴断三线的断头铡刀等。

⑪切线支撑位止损。股价有效跌破趋势线或击穿支撑线，可以作为止损点。

⑫江恩线止损。股价有效击破江恩角度线 1×1 线或 2×1 线，或者在时间—阻力网、时间—阻力弧的关键位置发生转折，可以作为止损点。

⑬关键心理价位止损。关键心理价位有的是股评和媒体合伙制造出来的，如某股评人士说对某只股票要注意什么价位，这句话在市场上广为人知，那么这个价位就成了市场心理价位。另外，整数位、历史高低点、发行价、近期巨量大单出现的价位等都可能成为关键心理价位。

⑭筹码密集区止损。筹码密集区对股价会产生很强的支撑或阻力作用，一个坚实的密集区被向下击穿后，往往会由原来的支撑区转化为阻力区。根据筹码密集区设置止损位，一旦破位立即止损出局。不过需要注意的是，目前市面上绝大多数的股票软件在处理筹码分布时没有考虑除权因素。如果你所持个股在近期（一般是一年以内）发生过幅度比较大的除权，则需防止软件标示出错误的筹码密集区位置。

⑮筹码分布图上移止损。筹码分布图上移的原因一般主要是高位放量，如果上移形成新的密集峰，则风险往往很大，应及时止损或止赢出局。

⑯SAR（抛物线）止损。在上升趋势中，特别是已有一定累积涨幅的热门股进入最后疯狂加速上升时，SAR 是个不错的止损指标。不过在盘整阶段，SAR 基本失效，而盘整阶段一般占市场运行时间的一半以上。

⑰TWR（宝塔线）止损。宝塔线对于判断顶部的作用比较明显，一般在已有较大涨幅时出现三平顶或连续红柱，这时如果转绿，往往预示着下跌即将开始，应进行止损。

⑱CDP（逆势操作）止损。在熊市中后期进行超短线（T+1 或 T+2）操作时，可以将 CDP 的 NL 作为止损点。

⑲突变止损。突变即价格发生突然的较大变化。对于止损来说，主要是防止开盘跳空和尾盘跳水。突变绝大多数是由重大外部因素引起的，例如“9·11”事件、重大政策变动等。尾盘跳水一般是由政策变动引起的，

多数是因为政府部门下午2:00上班后新签发了什么文件。所以建议上班族投资者，如果可能的话，尽量在上午9:30和下午2:30快速查看一下行情，或者与其他职业投资者约定有情况及时在第一时间通知，以避免突变带来的损失。

⑳基本面止损。当个股的基本面发生了根本性转折，或者预期利好未能出现时，投资者应摒弃任何幻想，不计成本地杀出，夺路而逃，这时不能再看任何纯技术指标。庄股的做庄机构如果出现重大不利消息，如被查或有迹象显示其资金断裂，也应斩仓出局。

㉑大盘止损。对于大盘走势的判断是操作个股的前提，那种在熊市中“抛开大盘做个股”的说法是十分有害的。一般来说，大盘的系统性风险有一个逐渐累积的过程，当发现大盘已经处于高风险区，有较大的中线下跌可能时，应及时减仓，持有的个股即使处于亏损状态也应考虑卖出。逆市的英雄好汉让别人去做，咱们只等大部队又回来时才插队冲到前头。

辅助性止损的方法远远不止以上所说的这些，以上所列也仅供参考。根据自己的操作风格以及每次操作的具体情况，建立和熟练运用自己的止损方法，才是最重要的。建议最好多掌握一些辅助性止损方法，既筛选优化，也综合运用。对于资金量超过50万元的大户朋友，或者投入一只个股的资金量超过20万元的，还要注意止损点的设置要尽量放到市场关键价位以上，否则到时候想跑找不到路，闯进去出不来。

第三部分

实战解读篇

如何避免被套

A先生：2010年5月5日，当日大盘日内大反转。我觉得情况比较乐观，就以8.25元买入了长江投资（600119），因为该股出现了希望之星组合。今天，该股已经跌至7.20元，跌幅超过10%了，请问该如何处理？

铁手：这个问题很难回答啊！很多投资者都会在股票被套之后向我询问解救之道。坦率地说，我没有办法给出答案。当然，我也可以很“官方”地回答，该股的支撑位在哪里、压力位在哪里，然后剩下的交给投资者自己决定。不过，我觉得这种处理方法并不能真正给投资者帮助。

股票被套之后，投资者急于解套的心情可以理解，我也曾经多次遭遇这种窘境。为此，我尝试过很多方法来解套。割肉离场是最利索也是最彻底的解决方法；低位摊平成本是把双刃剑，可能会迅速解套，也可能会越陷越深；换股操作，碰到强势股还好，否则可能遭受更大的损失；坚决持股，等待解放，暂时来看往往能熬到出头之日，不过有可能要等待数年之久……摸索一段时间之后，我发觉如此被动应对实属误入歧途，因为我忽略了解决最重要的问题——为什么会被套。如果解决了被套的问题，就不用寻找解套的方法了，自然化被动为主动。

下面结合长江投资来实例研究一下。2010年5月5日，该股确实出现了希望之星的组合，为明确的买入信号。分析这个组合出现之前的股价走势：经过一段时间的横盘整理之后，该股破位快速下滑，跌幅巨大，形成第一波跌势。在这样的背景下，希望之星成功筑底的可能性较低，通常不宜介入。另外，观察与此同时的上证指数，可以发现大盘根本没有止跌的迹象，此时抄底风险太大。因此，这个交易信号根本不值得参与。

如果投资者还是根据这个信号抄底介入，那么希望之星组合的最低点

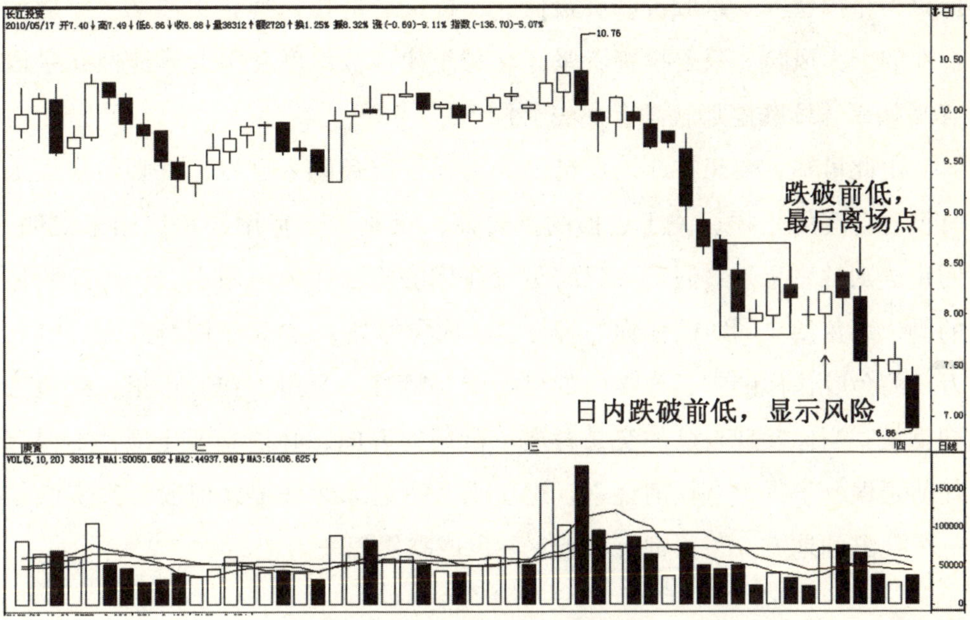

图 133 长江投资（600119）

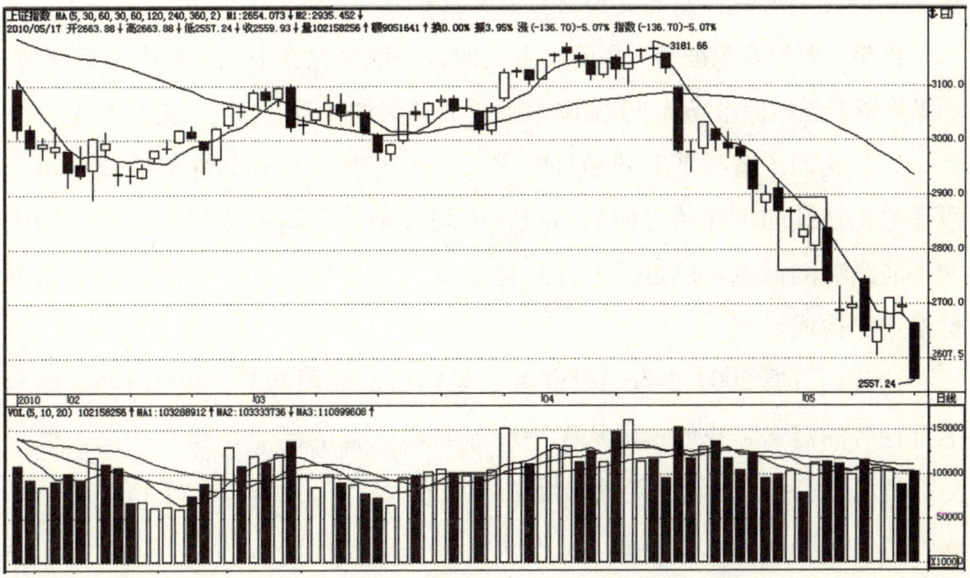

图 134 上证指数（999999）

应该为止损位。一旦股价跌破最低点，投资者应该迅速止损离场，以避免潜在的巨大风险。只要投资者坚守交易纪律，被深度套牢的可能性几乎没有（如果连续跌停那就没有办法了）。

由此可知，要想在介入点错误的情况下避免陷入巨亏，就必须在买入时设置合理的止损。关于止损的重要性，专业人士常用鳄鱼法则来说明。鳄鱼法则的原意是：假定一只鳄鱼咬住你的脚，如果你用手去试图挣脱你的脚，鳄鱼便会同时咬住你的脚与手。你愈挣扎，就被咬住得越多。所以，万一鳄鱼咬住你的脚，你唯一的机会就是牺牲一只脚。在股市里，鳄鱼法则就是：当你发现自己的交易背离了市场的方向，必须立即止损，不得有任何延误，不得存有任何侥幸。鳄鱼吃人听起来太残酷，但股市其实就是一个残酷的地方，每天都有人被它吞没或黯然消失。

A 先生：我明白了，造成现在的这种局面就是因为我抄底过急，另外没有坚守止损的原则，下次交易一定会改进。那能不能对于下次交易再给点更具体的建议呢？尤其是如何避免被套的问题。

铁手：要想避免被套，最简单有效的方法就是只在上升趋势中进行交易。如果投资者能把握市场从下跌趋势转为上升趋势的转折点，当然更好不过。

先让我们了解一下上升趋势的定义：由连续一系列的涨势构成，每一段涨势都持续向上穿越先前的高点，中间夹杂的下降走势都不会向下跌破前一波跌势的低点。总之，上升趋势是由高点与低点都不断抬高的一系列价格走势构成。

让我们看看 2009 年点燃投资者交易热情的那段涨势，见图 135。结合上升趋势的定义，我们可以从图中明显看出大盘的高点在逐渐抬高，低点也在逐渐抬高。正所谓：“一人得道鸡犬升天。”在大盘处于牛市中时，绝大多数个股的表现也十分迷人。图 136 是与此差不多时间段的浦发银行 K 线走势图，同样可以看到明显的上升趋势特征。试想，如果在这个时间段进行交易，你成功的概率会有多高呢？

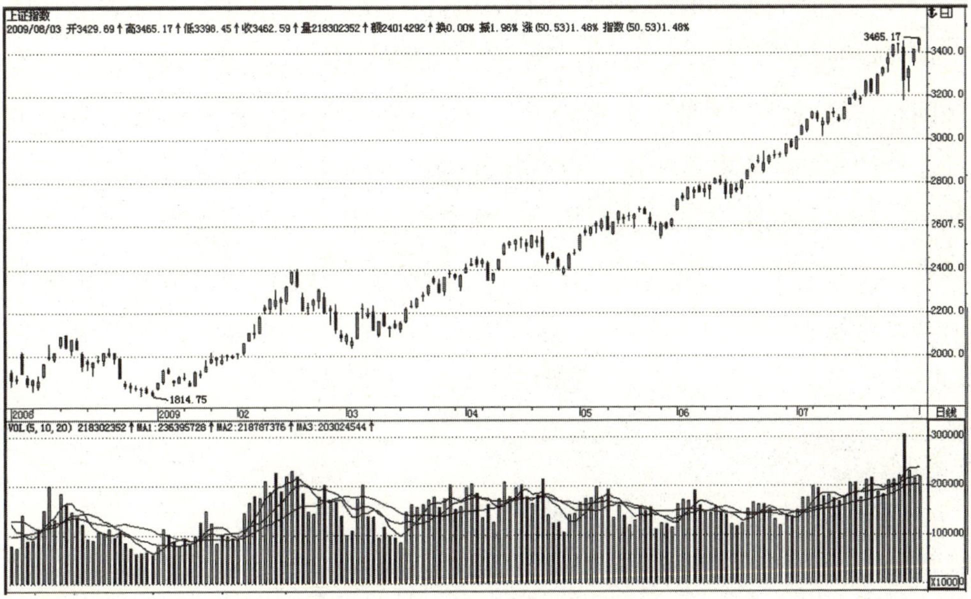

图 135 上证指数（999999）

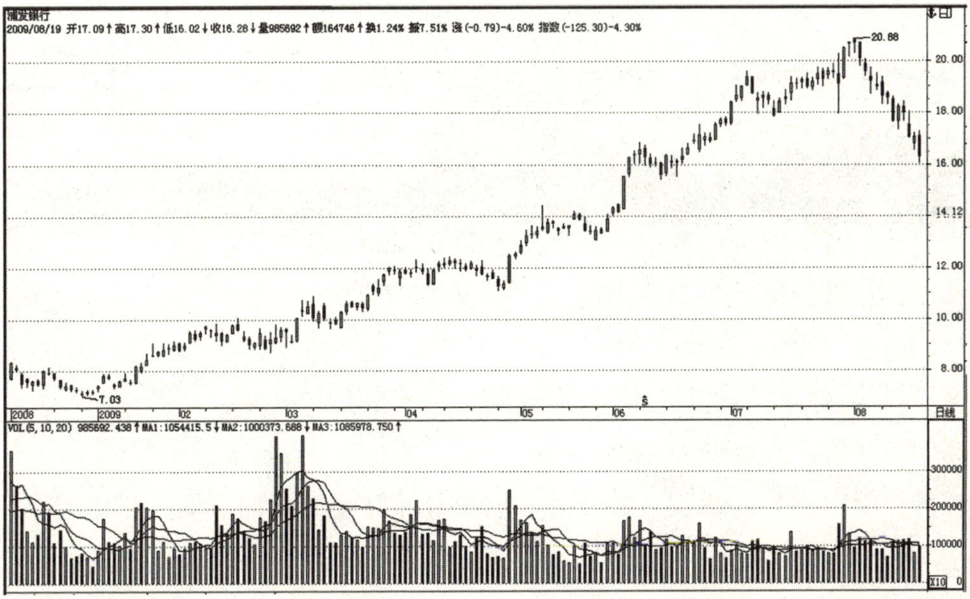

图 136 浦发银行（600000）

相反，让我们看看那2009年的牛市盛宴结束后的杯盘狼藉场面，见图137。从中可以看出，大盘经历长时间的高位筑顶后，开始加速下滑。毫无疑问，这绝对已经不是上升趋势了。在这样的背景下，浦发银行的走势会是怎样的呢？图138就是浦发银行与此差不多同等时段的K线走势图，虽然期间仍有不错的交易机会，但对投资者的技术要求明显增高，稍有不慎就有可能被套牢。也就是说，在这样的振荡行情中，瞎猫碰着死老鼠的好事情很难发生了。

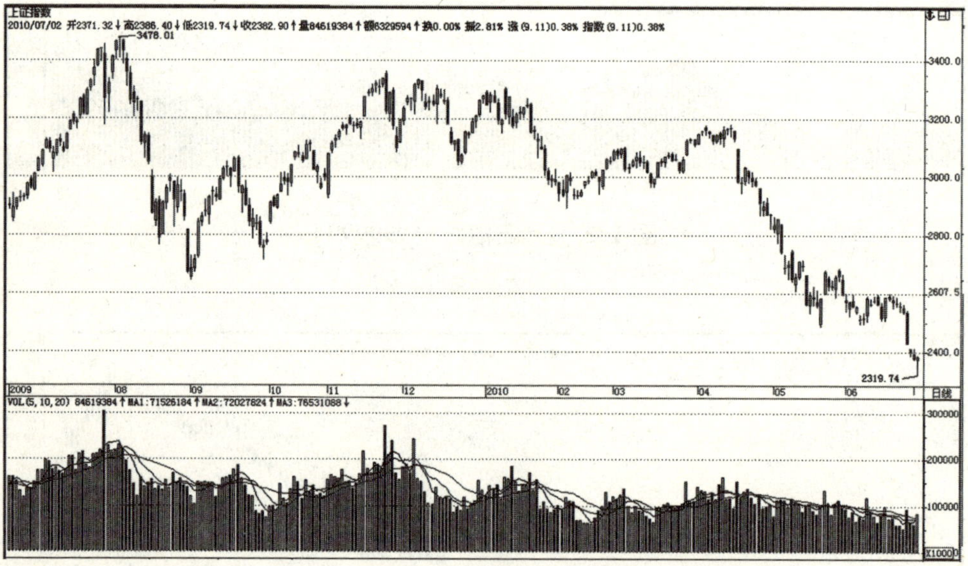

图137　上证指数（999999）

再让我们回顾一下2008年那段猛熊暴走的行情，见图139。在不到一年的时间内，大盘的跌幅超过了70%，一段不堪回首的岁月啊！如果在这样的惨境中还要去炒股，勇气可嘉。看看那时候个股的表现，惨不忍睹。图140是浦发银行与此同时的K线走势图，在不到一年的时间内，该股的跌幅同样超过了70%。仔细观察这段走势，虽然其中仍有个别的交易机会存在，但与面临的风险相比，这样的机会微不足道。

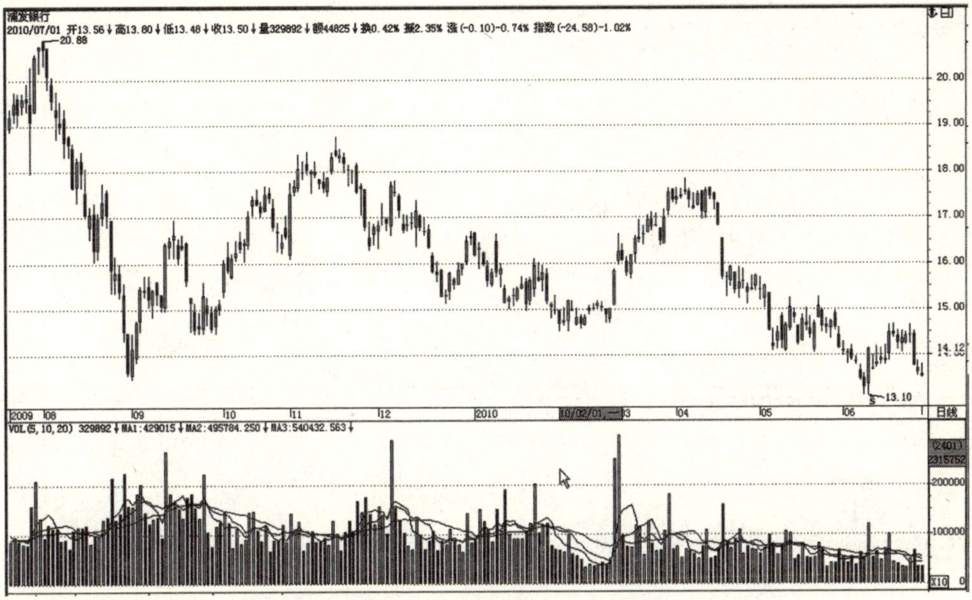

图 138　浦发银行（600000）

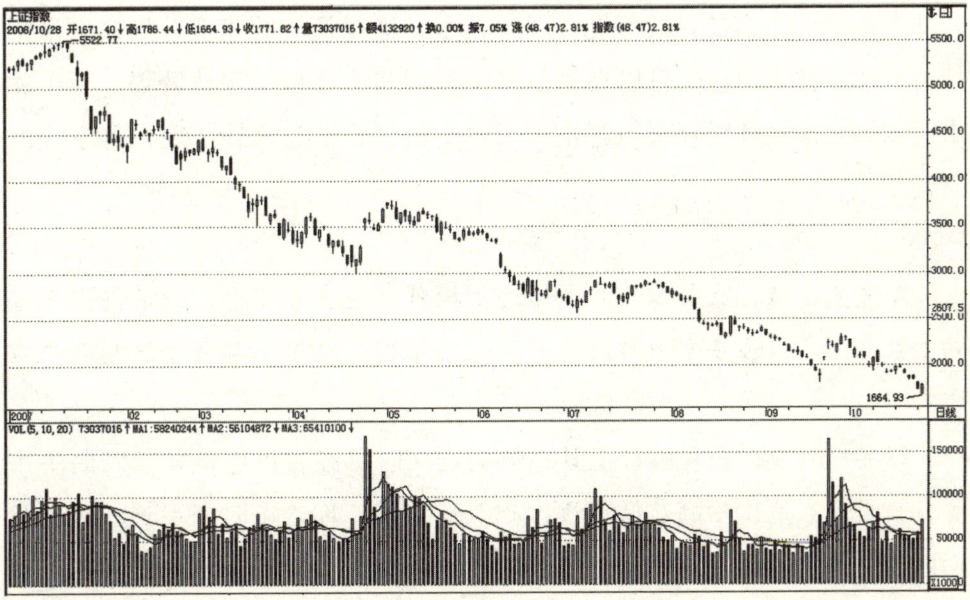

图 139　上证指数（999999）

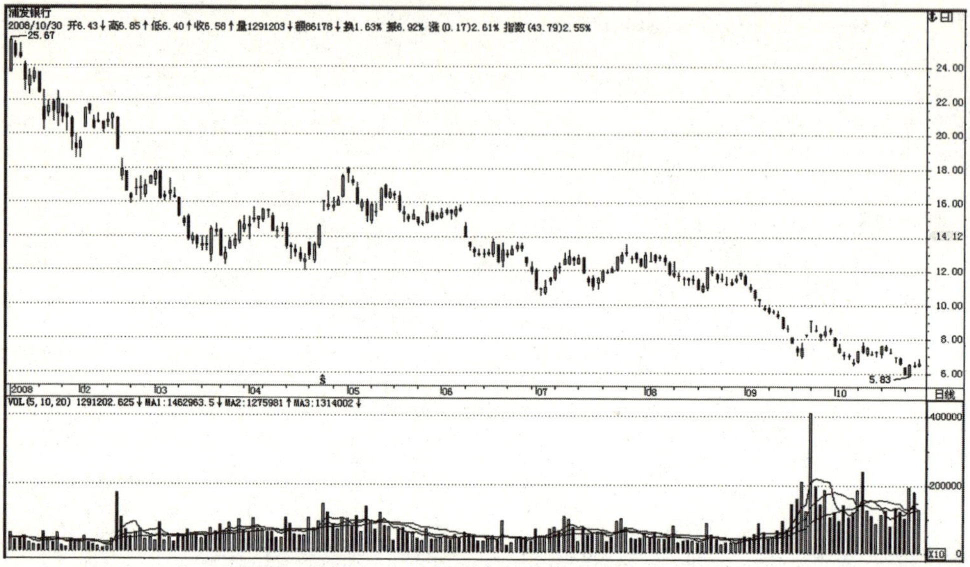

图 140　浦发银行（600000）

通过比较这三个时间段，相信你也可以看出在上升趋势中操作个股的成功率最高，那么被套的可能性就最低了。这就是我的建议，只在牛市中炒股！如果技术出色，可以在振荡市中寻找机会，但要保持警惕。至于熊市，该离开市场呼吸呼吸新鲜空气了，牛市每日忙着赚钱，现在是享受的时候了。

A 先生： 哦，原来如此。我的这次操作就是在熊市中，怪不得那么容易就被套了。只在牛市中炒股，我也认为很对。可是，怎么才能判断牛市呢？

铁手： 其实，我在解释上升趋势的定义时已经告诉你该如何判断牛市了，就是高点逐次抬高、低点逐次抬高。当然，你入市时间不长，对于盘面的变化缺乏敏感性，那么，你可以借助一些辅助指标进行趋势判断。

第一个就要推荐移动平均线。只要你能活用移动平均线，判断趋势轻而易举。图 141 中采用了 3 条移动平均线，分别是 20 日移动平均线、60 日移动平均线和 120 日移动平均线。20 日移动平均线可以代表月趋势，60 日移动平均线可以代表季趋势，120 日移动平均线可以代表半年趋势。

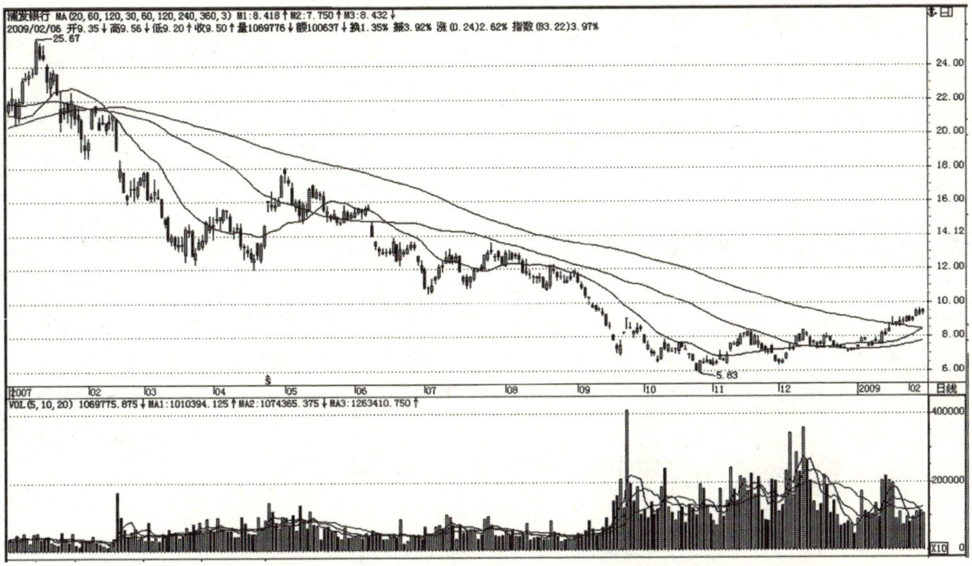

图 141　浦发银行（600000）

在观测牛熊市时，建议采用半年线。当股价运行于半年线下时，熊市；当股价运行于半年线上时，牛市。月线和季线可以用来判断中短期趋势。在熊市中，月线和季线可以用来识别市场见底的迹象，以便帮助投资者在牛市初期入场。在牛市中，月线和季线可以用来识别市场见顶的迹象，以便帮助投资者在熊市初期离场。

第二个要推荐 MACD。当 MACD 处于 0 轴线之下时，市场处于熊市之中，投资者拿着钱看着就行了。当 MCAD 处于 0 轴线之上时，市场处于牛市中，投资者选好股票耐心拿着就行了，等牛转熊时记得入场收割。如果 MACD 围绕 0 轴上下波动，说明市场处于振荡行情中，如果交易技术出色，可以进行高抛低吸的波段操作。

这两个指标简单易用，只要使用得当，完全可以把握趋势变化。

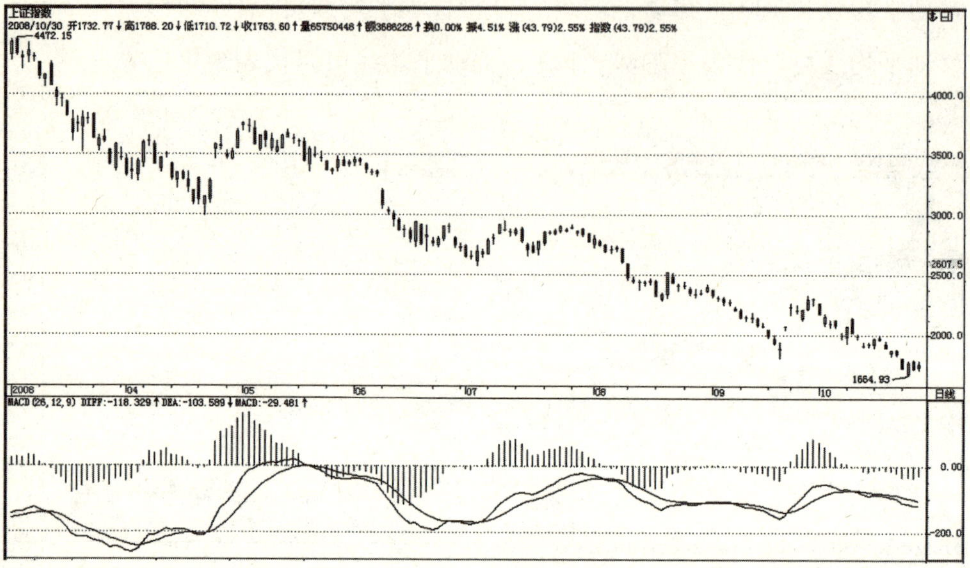

图 142 上证指数（999999）

拓展阅读

散户解套的七大绝活

进入股市的投资者几乎都被套牢过，这是一个人人不愿提起，但又人人不能回避的问题。它是每个投资者迈向成熟的一道必经门槛。既然不能简单回避，就要勇敢地面对它，找出适合自己的解决方案。

解套的策略分为主动性解套策略和被动性解套策略。

（1）主动性解套策略

①斩仓：当发现自己的买入是一种很严重的错误，特别是买在前期暴涨过牛股顶峰时，这时一定要拿出壮士断腕的决心，及时斩仓割肉，才能丢车保帅。只要能保证资金不受大的损失，股市中永远有无数的机会可以

再赚回来。

②换股：手中的股被套牢后处于弱势状态，仍有下跌空间时，如果准确地判断另一只股的后市上涨空间大，走势必将强于自己手中的品种，可以果断换股，以新买品种的盈利抵消前者的损失。

③做空：或许有人认为中国股市没有做空机制，不能做空，这是错的，被套的股就可以做空。当发现已经被深套而无法斩仓，又确认后市大盘或个股仍有进一步深跌的空间时，可以采用做空方式，先把套牢股卖出，等到更低的位置再买回，达到有效降低成本的目的。

④盘中T+0：按照现有制度是不能做T+0的，但被套的股却有这个先决条件，要充分加以运用。平时对该股的方方面面多加了解，稍有风吹草动，就进去捞一把。现在佣金下调，成本仅几分钱，进出很方便。

(2) 被动性解套策略

①摊平：当买入的价位不高，或对将来的大盘坚定看好时，可以选用摊平的技巧。普通投资者的资金通常只能经得起一两次摊平，因此，最重要的是摊平的时机一定要选择好。

②坐等：当已经满仓被深度套牢，既不能割，也无力补仓时，就只有采用这种消极等待的方法。只要是自己的钱，只要不是借的、贷的，还怕不能等吗？

最后的解套策略也是最好的解套策略，那就是你对自己的心态把握。套牢后，首先不能慌，要冷静地思考有没有做错，错在哪里，采用何种方式应变。

千万不要情绪化地破罐破摔，或盲目补仓，或轻易割肉地乱做一气。套牢并不可怕，杨百万曾说过，“有时候不套不赚钱，套住了反而赚大钱”，对此我深有同感。所以，不要单纯地把套牢认为是一种灾难，如果应变得法，它完全有可能会演变成一种机遇。

不比较，无强弱

A 先生：我在 2009 年 1 月份买了韶钢松山，买入后股价涨得很不错。可是，最近不行了，不上不下地折腾。我想问一下，这只股票该如何操作？

铁手：我先看看这只股票的走势情况。我个人的看盘习惯是在研究个股的 K 线走势图的同时，观察大盘走势图。观察大盘，可以判断市场的大势，从而明确个股操作的风险。如果大盘走势良好，那么通过比较个股与大盘的走势，可以看出个股的强弱。若个股强于大盘，应该坚定持有，强者恒强，这样才有可能获得良好的收益。若个股弱于大盘，应该考虑换股操作。牛市来之不易，既然抱着赚钱的目标进入市场，就必须充分利用牛市获得更大的收益。

看看韶钢松山的 K 线走势图吧。从中可以看出，该股处于明显的调整行情中，其重要压力位是乌云压顶（见图 143 中的方框）的最高点 4.63 元。最近，该股结束回调重新进入上升趋势中。然而，在乌云压顶高点的压力面前，该股显然暂时无力突破，从逐渐萎缩的成交量就可以判断。如果后市股价突破前高的压力，该股才真正有持有价值。

再看看深证成指的走势图。从中可以看出，指数已经结束调整，重新进入上涨趋势中。通过比较韶钢松山和深证成指的走势，可以明显感觉到韶钢松山呈现弱势。在指数处于明显上涨趋势中时，最佳的投资策略就是选择强势股票持有，直至大盘出现明显的见顶形态。因此，我建议逢高减仓或者清仓，然后另选强势个股操作。

除了比较 K 线走势辨别个股的强弱之外，还可以通过分时走势图进行判断。看看 2009 年 4 月 17 日韶钢松山和深证成指的分时走势图吧！

相信不用我多说，你已经可以看出两者之间的强弱了。深证成指上下

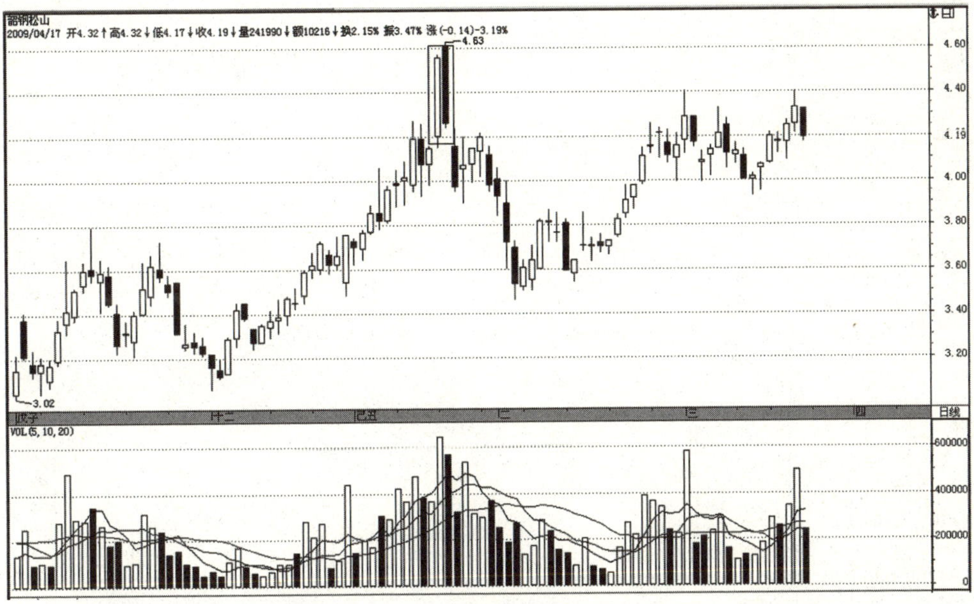

图 143　韶钢松山（000717）

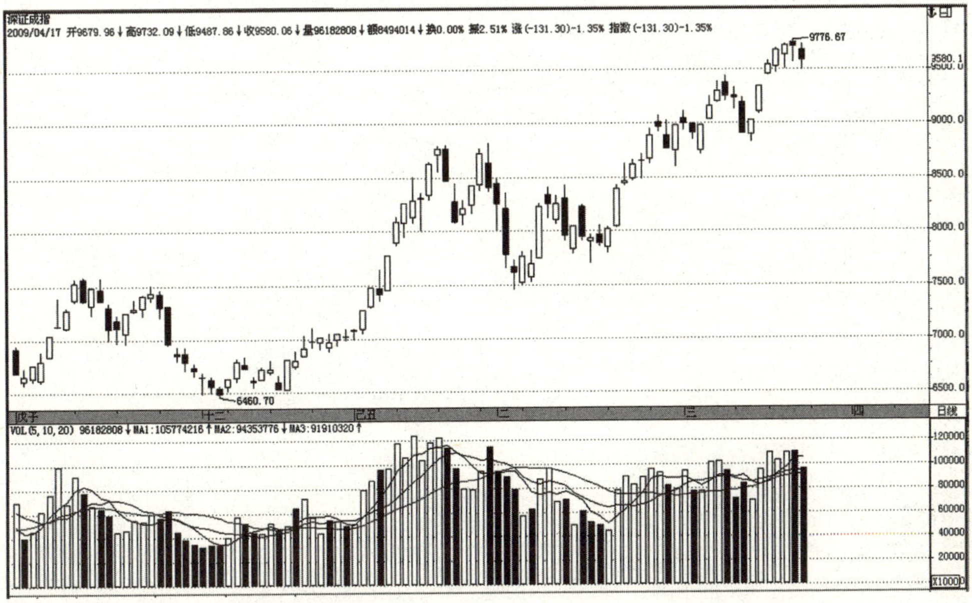

图 144　深证成指（399001）

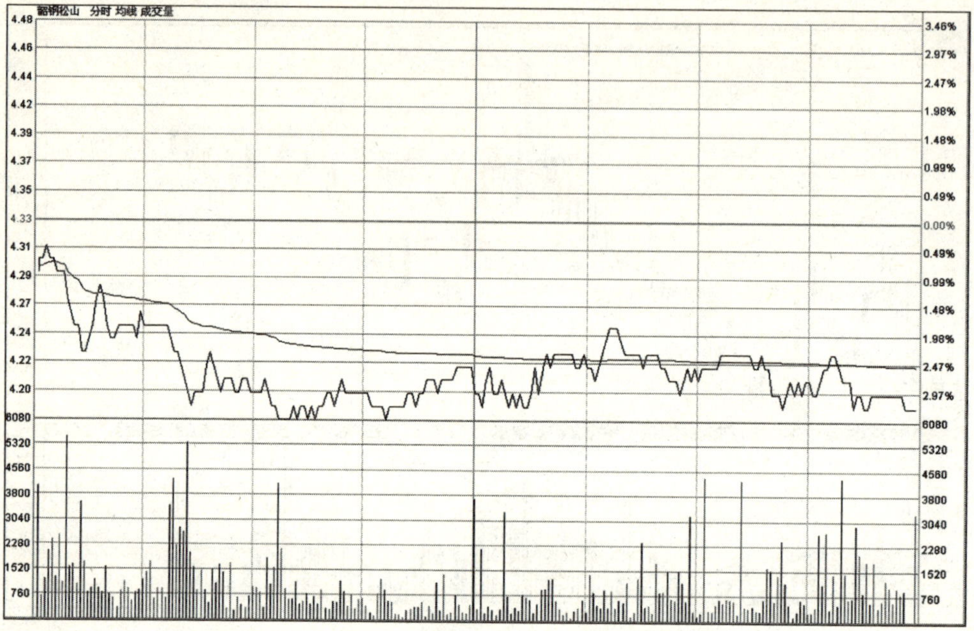

图 145 韶钢松山（000717）

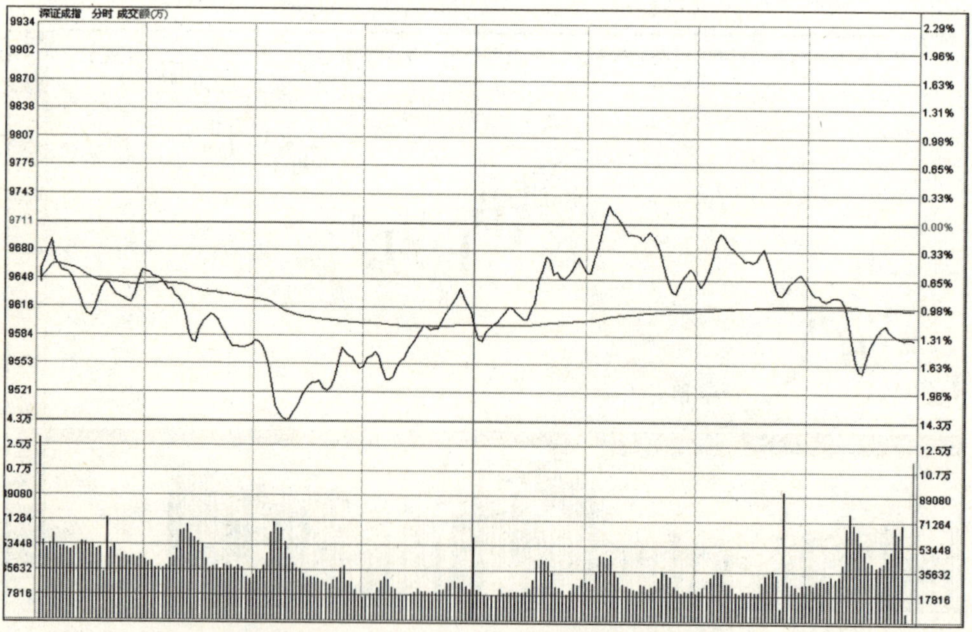

图 146 深证成指（399001）

波动，振幅为2.51%，最高价突破了前一交易日的收盘价，显示出一定的活跃度。反观韶钢松山，就是死水一潭，虽然振幅为3.46%，但盘中实际并没有明显的波动，说明个股并没有积极消化卖压的行为。另外，韶钢松山的最高价就是开盘价，并没有随大盘波动试图冲击前一交易日的收盘价，说明个股缺乏向上的冲击力。

在大盘处于牛市中时，个股缺乏向上的动能，可见其短期之内不会有太大作为。因此，投资者应该考虑换股操作。

除了比较K线走势图和分时走势图，还可以比较技术指标的强弱。这里选取成交量和MACD指标进行比较。先看成交量，韶钢松山涨时放量、跌势缩量，量价配合健康，不过相比大盘的连续放量，个股成交量明显不足，说明该股的追求者不多，那么，想推高股价不容易啊！再看看MACD指标，大盘MACD始终处于0轴线之上，而韶钢松山却一度跌破0轴线，同样呈现一定的弱势。牛市中拿着弱势股，那不就是“别人赚钱我们看着嘛”！

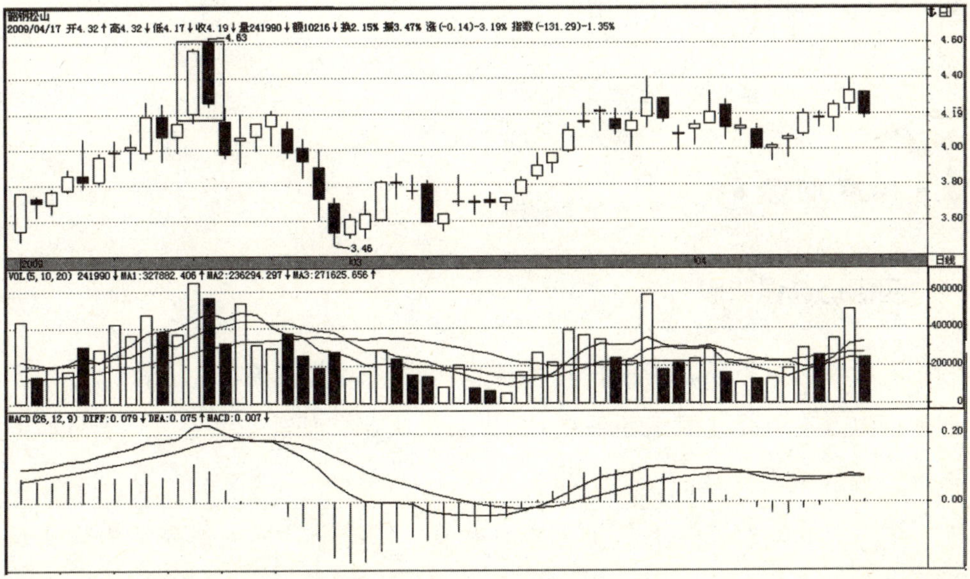

图147 韶钢松山（000717）

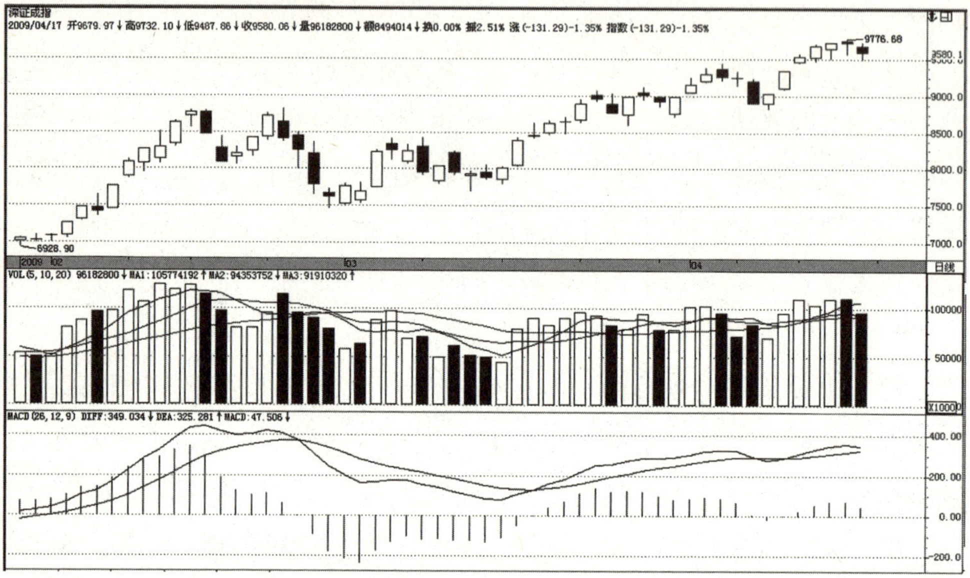

图 148　深证成指（399001）

综合上述判断，换股应该是首选。如果你看好这只股票的未来，那不妨等着它转强时再重新介入吧。

•拓展阅读•

四招巧选强势股

选股要选强势股。香港投资家曹仁超说“趁势创富”，还说“止蚀不止赚，沟上不沟落（买涨不买跌）；宁买当头起、莫买当头跌”，这些都是强调“势”的重要性。

固然，股票的“势能”与基本面有关，但每个投资者都要清醒地认识到，在我们面前永远存在一道“遮蔽之幕”，我们不可能完全了解上市公司的真实情况。那么，能不能通过一些外在表象推测股票的强弱呢？笔者凭借多年的经验，并翻阅有关资料，总结出选股四招。

第一招：巧用大盘调整检验个股

所谓“疾风知劲草”“岁寒然后知松柏之后凋也”，往往在大盘回调中才能发现强势股。强势个股在大盘调整时都会比较抗跌，强于大盘和多数同类个股。比如，同为电子信息板块的同洲电子与广电网络，在2010年1月下旬到2月初的这波调整中，前者跌幅达18.86%，跌破30日均线，而后者不仅不跌，反而维持在20日均线上，略涨5%。以此观之，广电网络强于同洲电子。查“股东研究”（按电脑F10可见），广电网络前十大流通股东就有9家公募基金，大股东2009年1月以来持续增持。而同洲电子前十大流通股东中只有1家基金，其余都是个人股东。

第二招：利用大盘启动逮住“黑马”

大盘在回调多日后出现反弹，那些强势股往往在开盘后率先启动，并且涨幅较大。比如，2009年4月后，房地产板块有一波行情。这个板块中谁更强？从行情启动第一天就能看出端倪。4月29日，大盘在数日下跌后强劲反弹，上证指数上涨2.78%，并且放量。同日，万科涨4.04%。从这天的开盘价算起，到7月6日行情最高点，万科最大涨幅为88.39%。泛海建设同期最大涨幅为118.40%，而4月29日这天，泛海建设涨停，这说明该股对大盘上涨的形势更加敏感。因此，在第二天买入这个股更好。如果能盯盘看，只要在地产股板块中进行涨幅排序，当天就可逮住这匹“黑马”。

第三招：从成交量中挖掘个股

现在一些机构热衷于统计每日资金流向，笔者认为净流入、净流出的统计很难准确，也不能完全说明问题。比较直观的还是观察量比、换手率、涨幅。比如美克股份、远光软件、康强电子这三只股票，笔者以大盘反弹的2月24日的表现来观察，康强电子在三只股票中换手率最高、量比最高、涨幅最大，在这三只股中最强，其次为美克股份，再次为远光软件。远光软件已经处于高位，就更不可取。量是价的基础。在这几只股票中，如果某一只盘中涨幅虽然不大，但量比、换手率最高，极有可能到收盘的时候它反而超过其他先涨的股票。而且，以上这些方法最好综合运用。

第四招：紧跟强势股不放

以上只是演示方法，股民绝不可以其推测结果为投资依据。笔者对股市探究越多，越感到股市充满神秘性。金融经济学创始人路易斯·巴舍利耶曾经搜集大量的数据，试图用概率的方法来确定股票未来的价格，然而得出的结论令他无比失望。他发现有太多的决定因素在发挥作用，从而得出结论：股票价格是无法估计的（见《应该读点经济学》一书）。连经济学家尚且如此，何况普通股民？因此，选出了可能的潜力股，还应按照“试错法”，对表现较强的股票多批次、少批量地买入，尽量减少风险。

台湾分析师丁元恒先生曾给笔者传授从价值投资角度选股的方法，即“四低四高”的标准。四低：股价低、市盈率低、市净率低、资产负债率低；四高：高成长、高投资回报率（净资产收益率）、高分红、高现金流（存货和应收账款少）。但他也承认，在A股市场不完全是这样。现在很多涨停股为亏损股、高市盈率股，不知为什么。所以，在重质的同时更应该重“势”，追随强势板块中的强势股。

突破是很好的介入时机

A先生：2009年10月19日，发现大元股份（600146）出现上升三角形形态。上升三角形属于看涨的形态，那么是否可以此时建仓？在这个上升三角形出现之前，该股已经涨了很多，那么高的位置买入风险是不是很大？

铁手：上升三角形属于常见的看涨形态，后市往往会选择向上突破，但这并不意味着后市肯定向上突破。因此，当发现上升三角形时，投资者可以在下边线附近择机介入，上边线附近逢高离场，但不适合持股不动等待突破。如果三角形的空间不够高抛低吸，投资者应该耐心空仓等待突破。如果后市股价向上有效突破，投资者可以跟随建仓。如果后市股价向下突破，股价也并不一定就此见顶，有可能是假突破，投资者应继续关注几个交易日。

回到本例，此时的股价与三角形上边线和下边线的距离相当，没有高抛低吸的空间。另外，大盘已经转势，单边上涨的好时光过去了，因此，建议继续等待更好的时机。如果后市该股放量向上突破，可以适度建仓跟进。

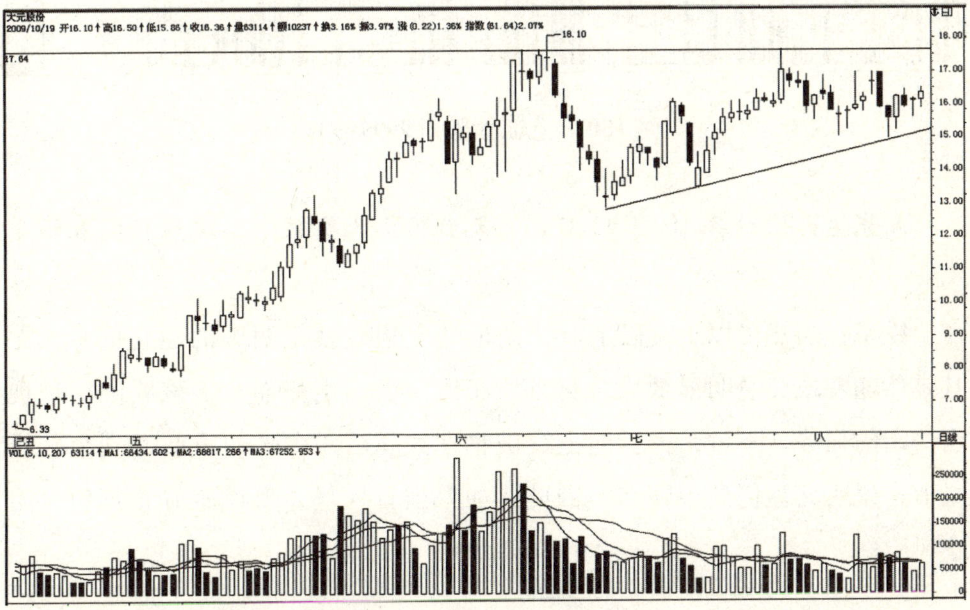

图 149　大元股份（600146）

至于介入的风险，与股价的高低没有太大的关系，在涨势中谁都不知道何处是顶。交易的风险主要源于交易者，只要投资者拥有良好的交易系统，并能够严格遵守交易规则，风险自然较低。

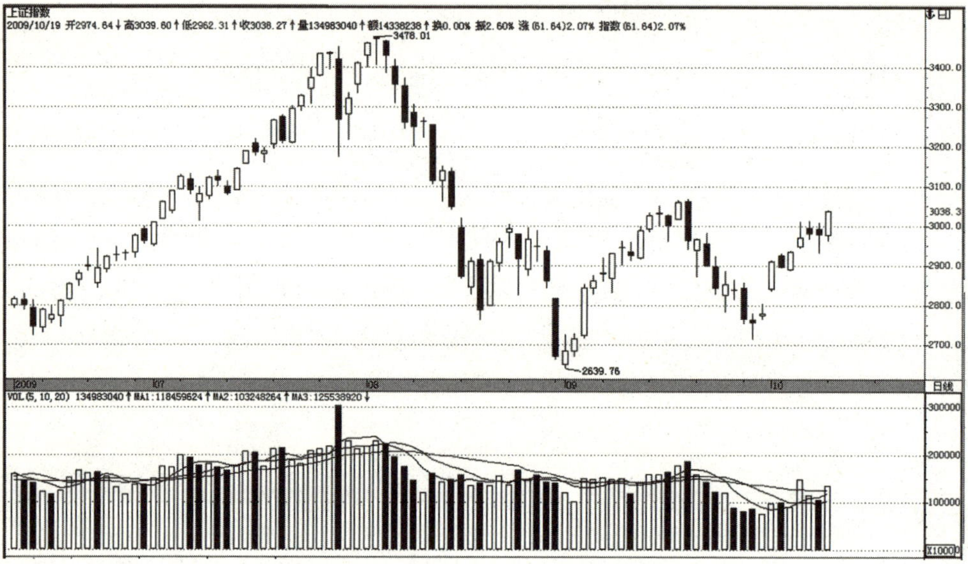

图 150　上证指数（999999）

A 先生： 2009 年 10 月 22 日，大元股份向上突破了，现在可以入场了吗？

铁手： 当然可以，突破上升三角形的上边线就是明确的建仓信号，尤其是伴随着成交量明显放大。另外，相比大盘的走势而言，该股确实呈现出一定的强势。不过，大盘向上突破整理区间后，今日却重新回到突破线之下，说明大盘仍处于弱势。因此，如果当日入场，要设置好止损位，防止风险。

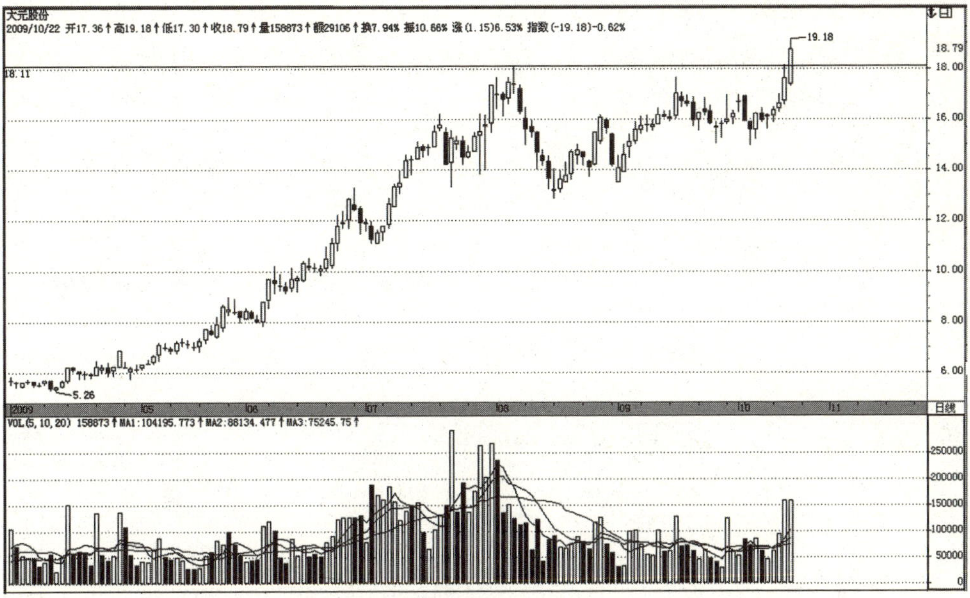

图 151 大元股份（600146）

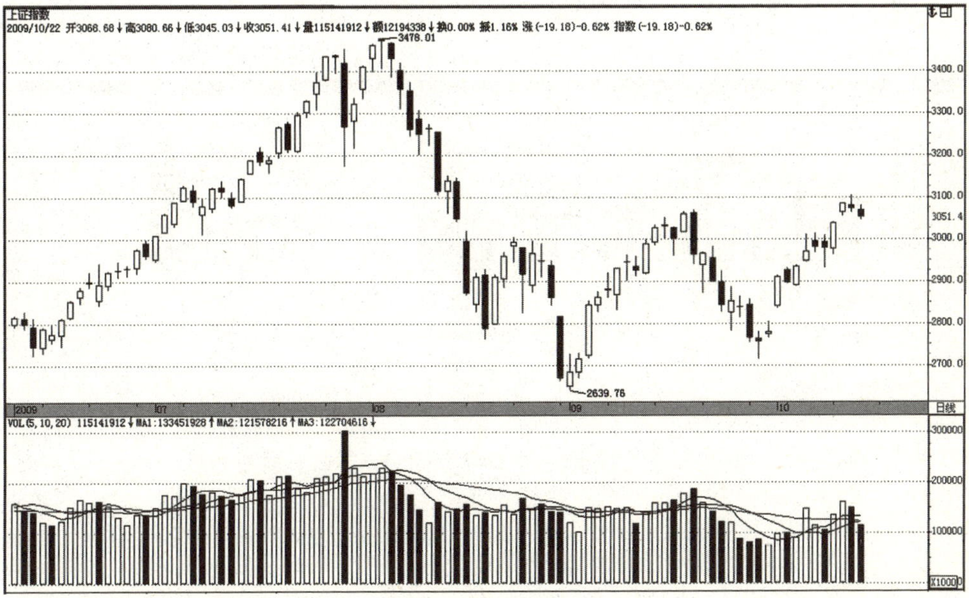

图 152 上证指数（999999）

A 先生：哦，那该如何设置止损位呢？

铁手：如果未来的 3 个交易日内股价重新回到上升三角形的上边线内，就应该止损离场了。

A 先生：2009 年 10 月 26 日，股价回到了上升三角形的上边线之下了，怎么办？

铁手：大盘走好了，个股却走坏了。没办法，这看来又是一次假突破，只能止损离场了。

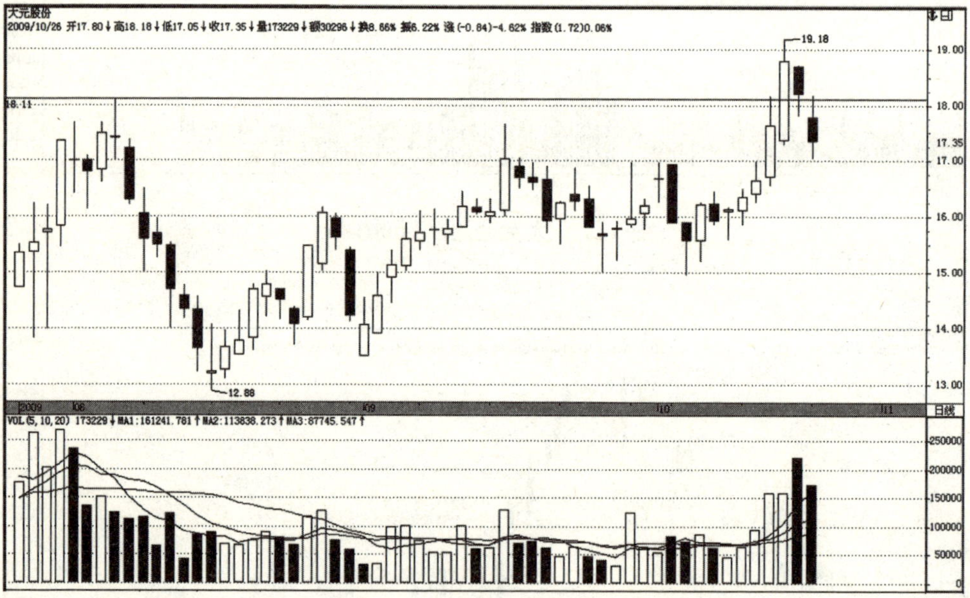

图 153　大元股份（600146）

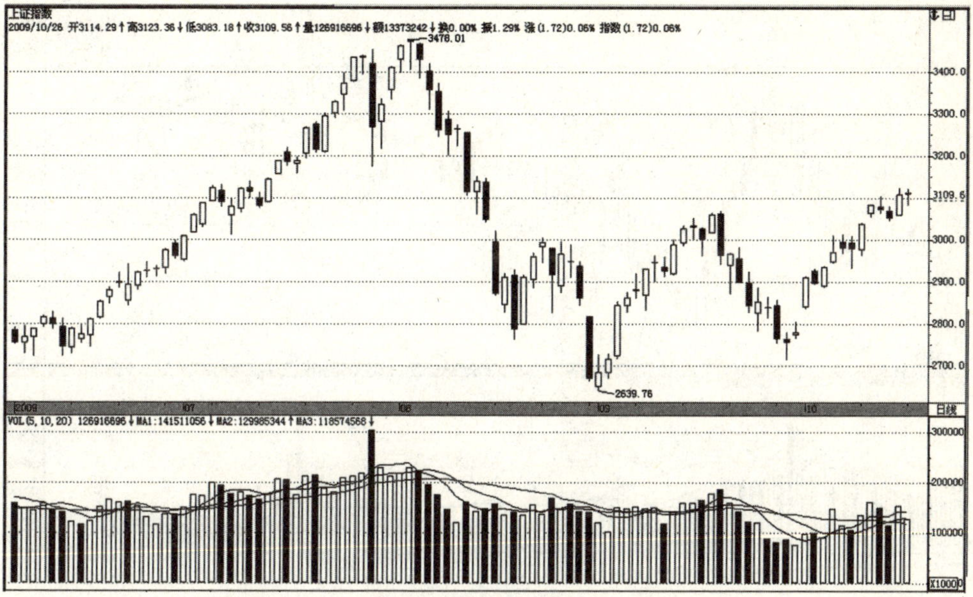

图 154 上证指数（999999）

A 先生：2009 年 11 月 23 日，大元股份又向上突破了，还敢买吗？

铁手：大盘涨的时候它不涨，现在大盘进入压力区，眼看着要回调了，它开始突破。这种走势比较奇怪，后市要么大涨，要么现在就是拉高出货。我们不猜测，只要是交易信号，我们就应该坚定立场，否则不就又失去原则了吗？

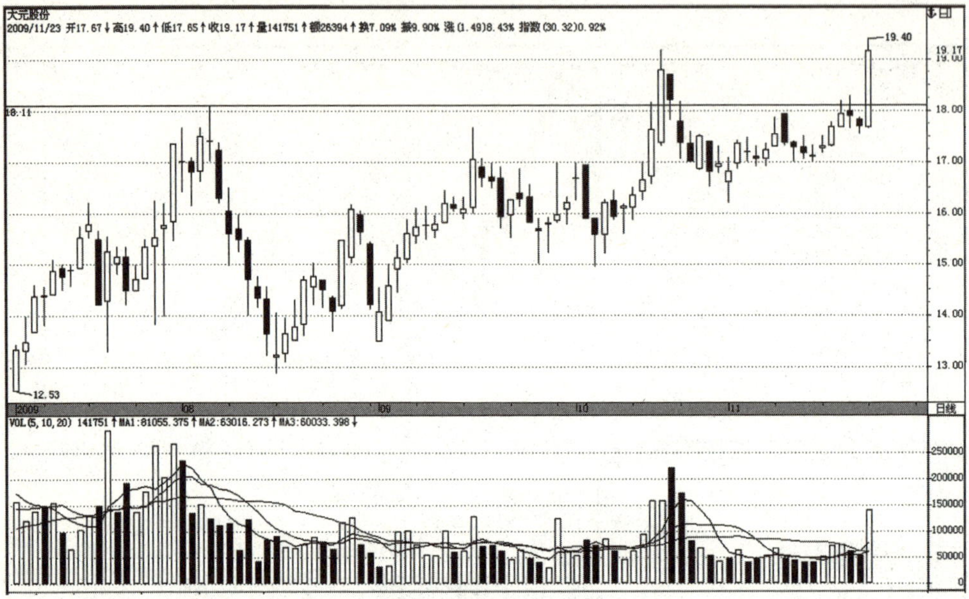

图 155　大元股份（600146）

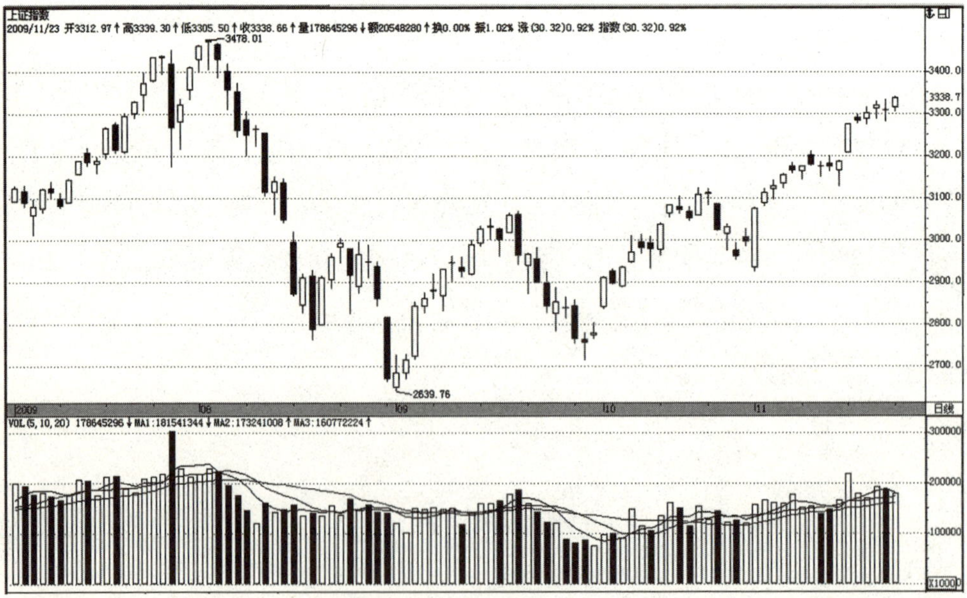

图 156　上证指数（999999）

A 先生：2009 年 11 月 24 日，大盘开始暴跌了，大元股份的股价又回到线下了，怎么办？

铁手：真是折腾，在市道不好的时候做股票就是麻烦！按照有效原则，当日股价回到线下的幅度较小，不能确认此前的突破就是假突破。但是，大盘的走势实在是差，明日不知道会是什么情形。如果你能承受更多的亏损，不妨多坚持一天看看，否则，建议你减仓或者清仓。具体只能由你自己决定了，这种微妙的时刻要结合个人的承受能力和风险偏好了。

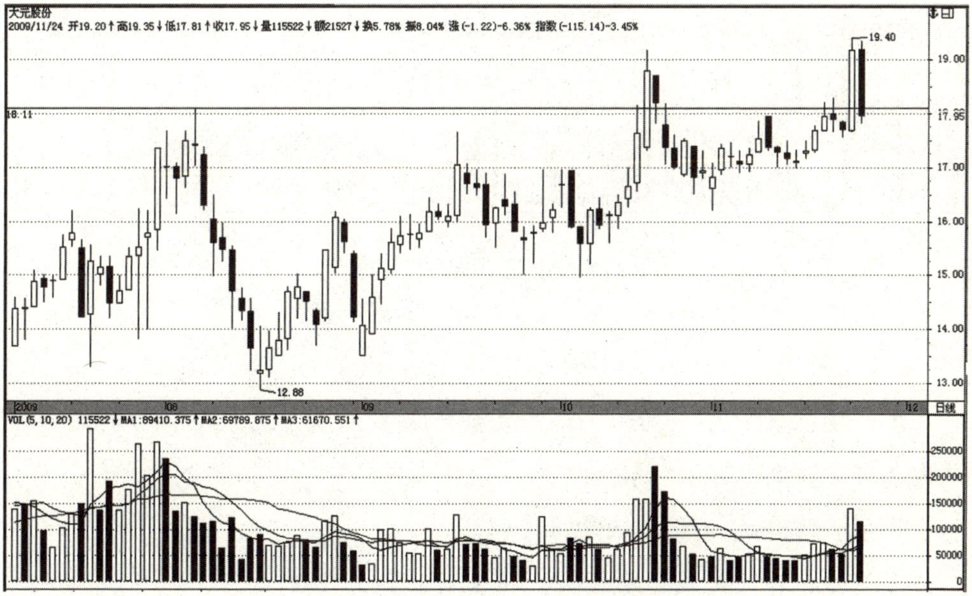

图 157　大元股份（600146）

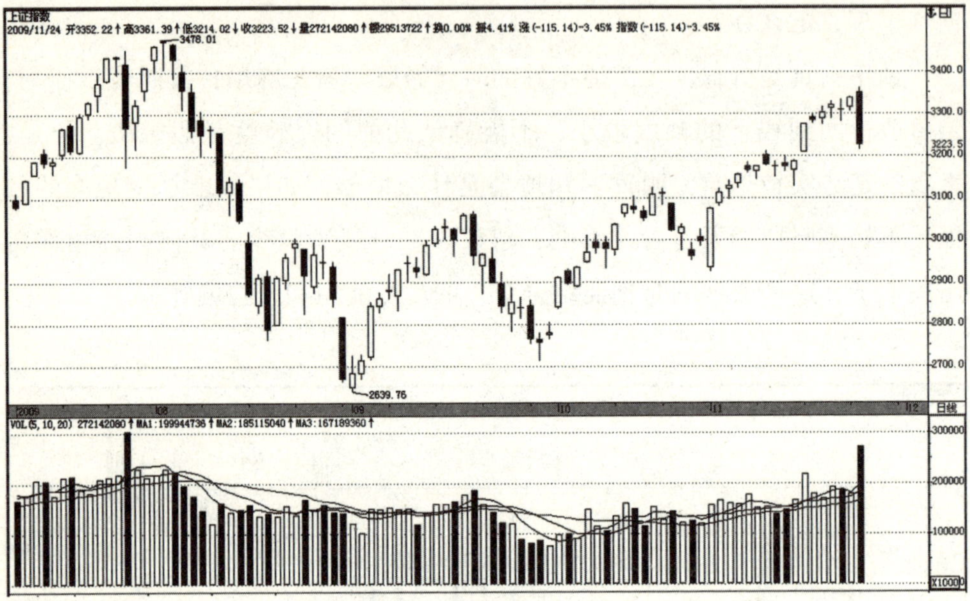

图 158　上证指数（999999）

A 先生：2009 年 11 月 25 日，大盘又调头上涨了，大元股份的股价再次向上突破，怎么办？

铁手：你昨天如何操作的？

A 先生：我还是减了些仓位，现在剩余 2/3 左右。

铁手：那就把仓位再补回去。

A 先生：这样不是低买高卖了吗？

铁手：如果还能更高卖就没问题吧？

A 先生：今天已经涨了很多了哦（注：当时还未涨停）。

铁手：那不是交易原则，不要迷于表象。

A 先生：那好吧！

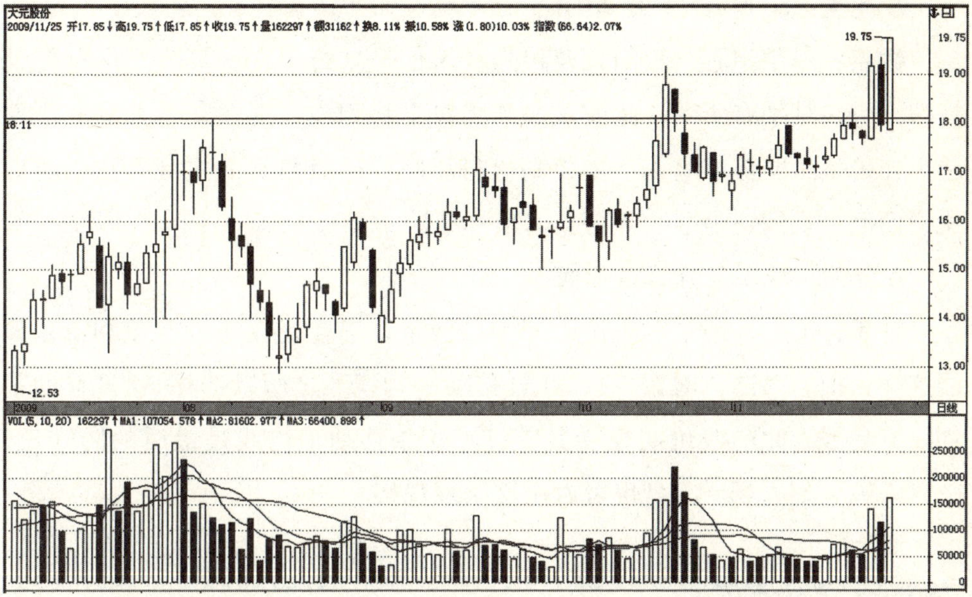

图 159　大元股份（600146）

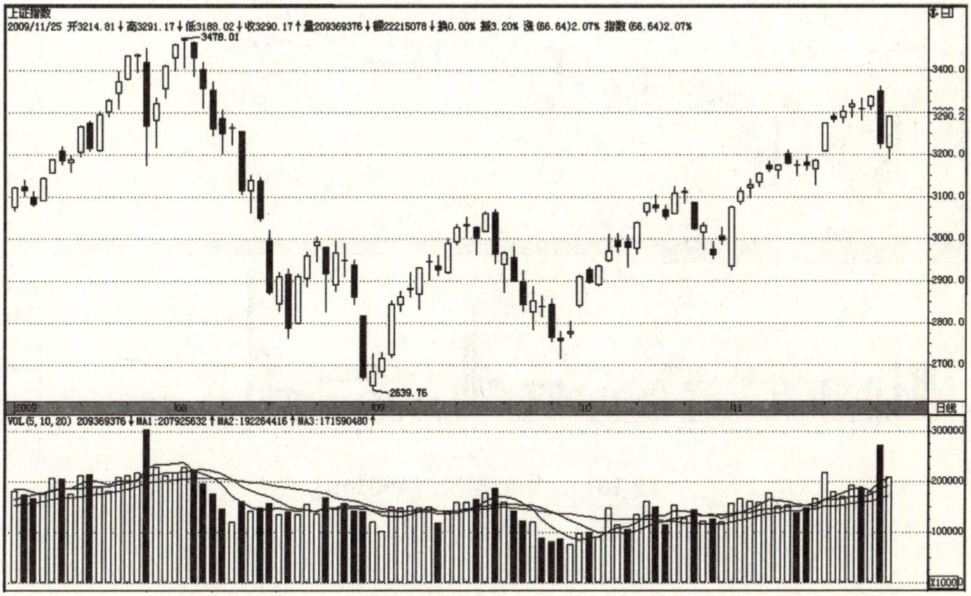

图 160　上证指数（999999）

A 先生：2009 年 11 月 26 日，大元股份又开始暴跌了，怎么办?

铁手：不用担心，我们只要跟随技术信号就行了。这只股票最近使劲折腾，应该是别有所图。此前该股与大盘走势相逆，现在又与大盘亦步亦趋，如果是真弱势，应该不用拉高再打压吧？这只是我的主观看法，顺口说说而已，我们还是继续等待技术信号吧！

A 先生：现在等什么信号呢?

铁手：第一，还是等股价跌回突破线下，毕竟现在还没有盈利嘛，只能这样止损。第二，增加一条 30 日移动平均线。之所以选择 30 日移动平均线，是因为此前股价明显受其支撑。这条移动平均线是最后的防守位，一旦跌破立刻离场。大盘也可以用这条线观察。

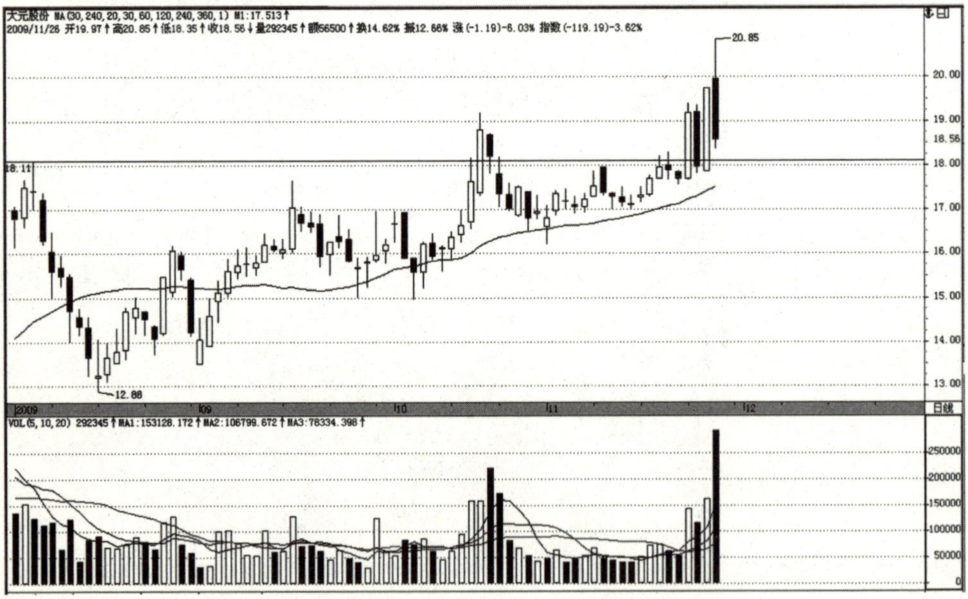

图 161　大元股份（600146）

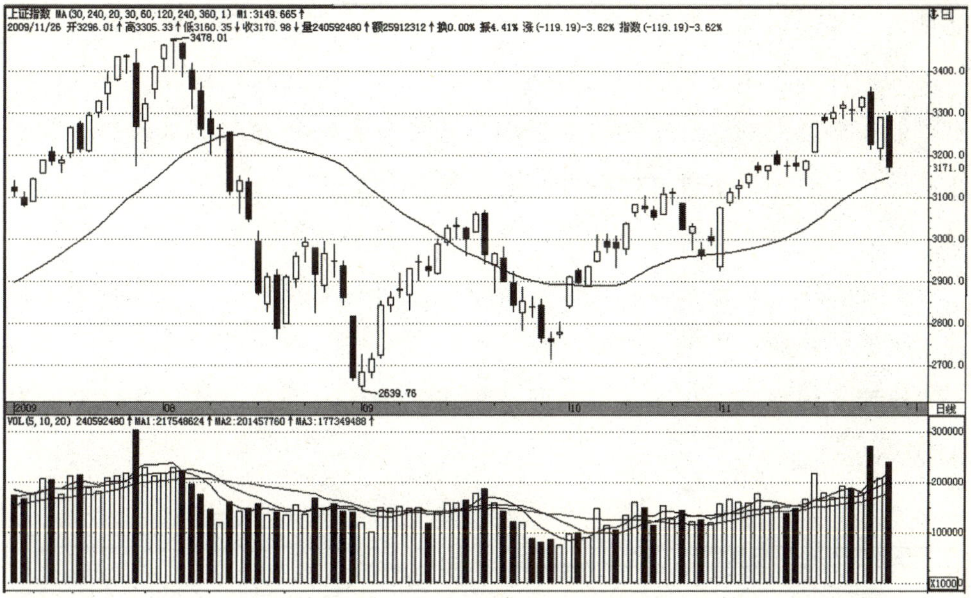

图 162　上证指数（999999）

A 先生：2009 年 12 月 18 日，这几天大元股份涨得真不错啊！可惜我没经受住前些日子的折腾，减了很多仓位，现在回过头来看都没有破当时你设定的止损位。不过，不管怎样，账户总算还是赚钱的，谢谢！

铁手：不用客气，这主要是你自己帮了自己。说实话，这种行情里能赚钱已经很不错了，你选中这样的股票，说明功力还是很深厚的嘛！

A 先生：瞎碰的而已。后市你怎么看？

铁手：现在终于进入涨势了，账面也已经有获利。不过，大盘走势非常糟糕，已经有 M 头的雏形了。在这样的背景下，建议采用更加紧密的跟踪止赢。

A 先生：如何设置更加紧密的止赢？

铁手：紧密止赢的方法很多。比如，将移动平均线的参数调整为 5 日，这样就肯定保护住一部分利润了。再比如，股价跌破前高就离场，那样也能锁定一部分利润。当然，具体选择哪种止赢方式，要结合自己的交易偏好。如果你愿意承受更多的利润回吐，那就可以把止赢设得宽一些，这样有可能获得更大的上升空间；如果你不愿意看着账面利润缩水，那么就把止赢设得窄一些，不过这样有可能被洗盘洗出去。

A 先生：难道没有两全其美的方法吗？鱼和熊掌，都不愿意舍啊！当时在突破位附近折腾时，就是想不清楚这些问题才减了仓，结果错过了现在这么多的涨势，遗憾。

铁手：很抱歉，我还真没有两全其美的方法。交易就是这样，无法追求完美的。

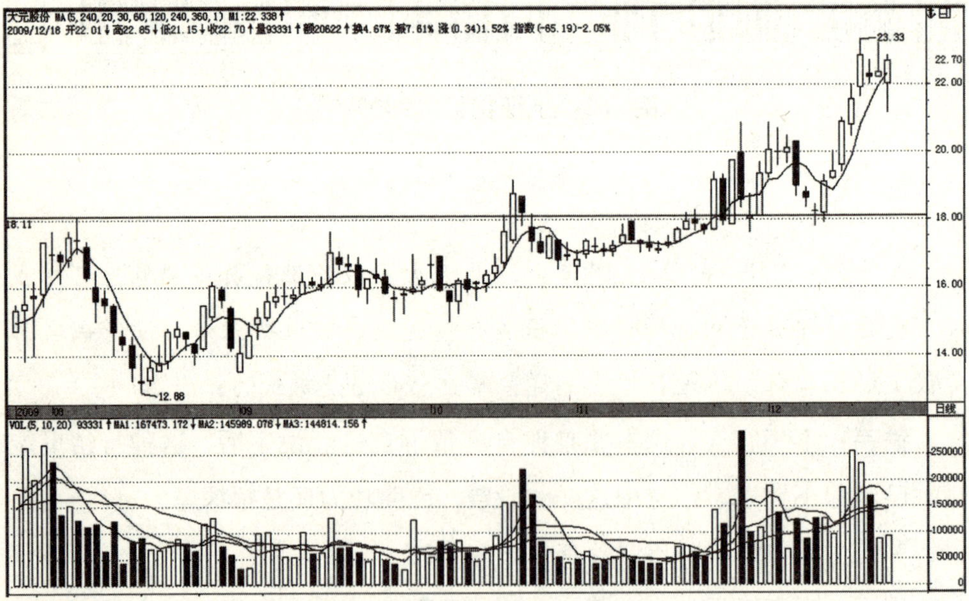

图 163 大元股份（600146）

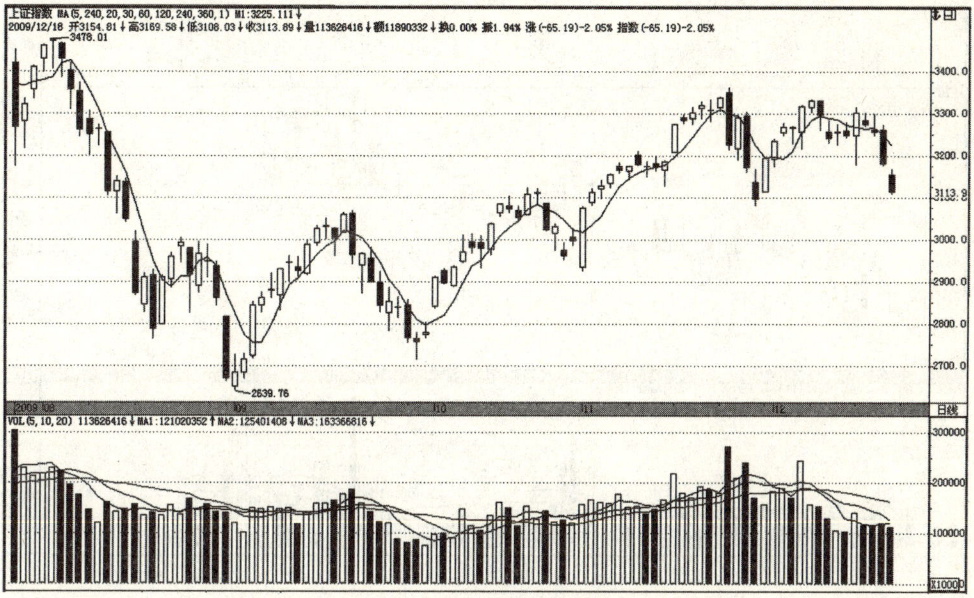

图 164　上证指数（999999）

A 先生：股价跌破 5 日均线支撑了，怎么办？全部清仓？

铁手：如果以 5 日移动平均线作为移动止损线，现在就是离场的时候了。单看 K 线走势，该股却又没有呈现出转势的迹象，两难啊！看看此时大盘的走势，M 头已经确认，后市下跌难以避免了。那么，该股的强势还能持续多久呢？我的建议，覆巢之下岂有完卵，触发了止损就先撤吧！当然，具体行动，还是要你自行决定，我只能把形势分析一下，供参考。

A 先生：看到大盘的走势，我本来就打算全部清仓了。既然意见一致，就撤吧！

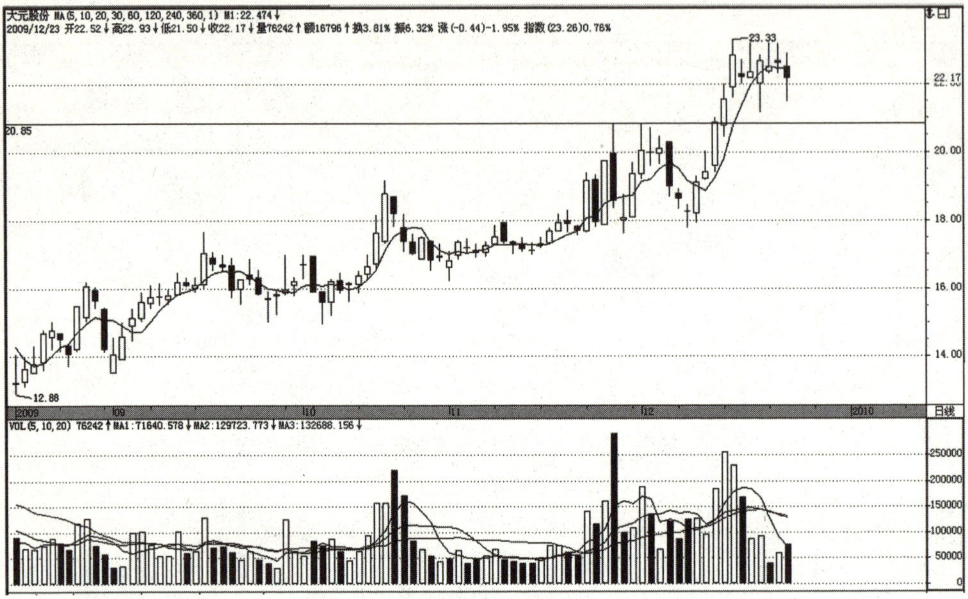

图 165　大元股份（600146）

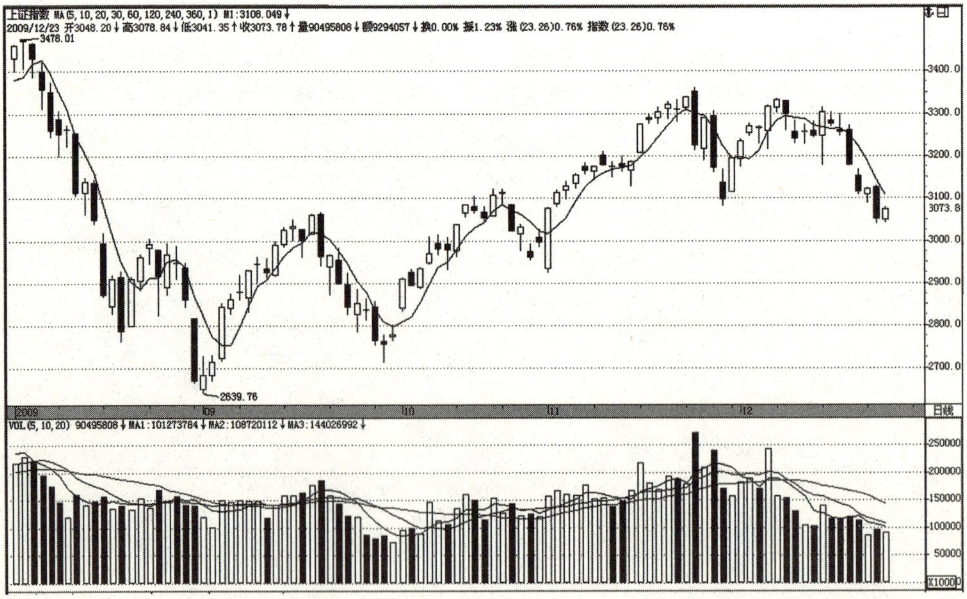

图 166　上证指数（999999）

A 先生：2010 年 2 月 4 日，大元股份现在应该真正见顶了。看这段时间的走势，本来可以多赚一些的。

铁手：只能说可以多持有一段时间。要想多赚一些，就必须在创出 27.33 元新高时离场，这不太可能。创完新高，该股就直接停牌了。再次复牌时，直接跌停。复牌第二日倒是有些高位可以出场，不过此时多赚不了多少。当然，相比大盘的走势，这样操作还是明智的。

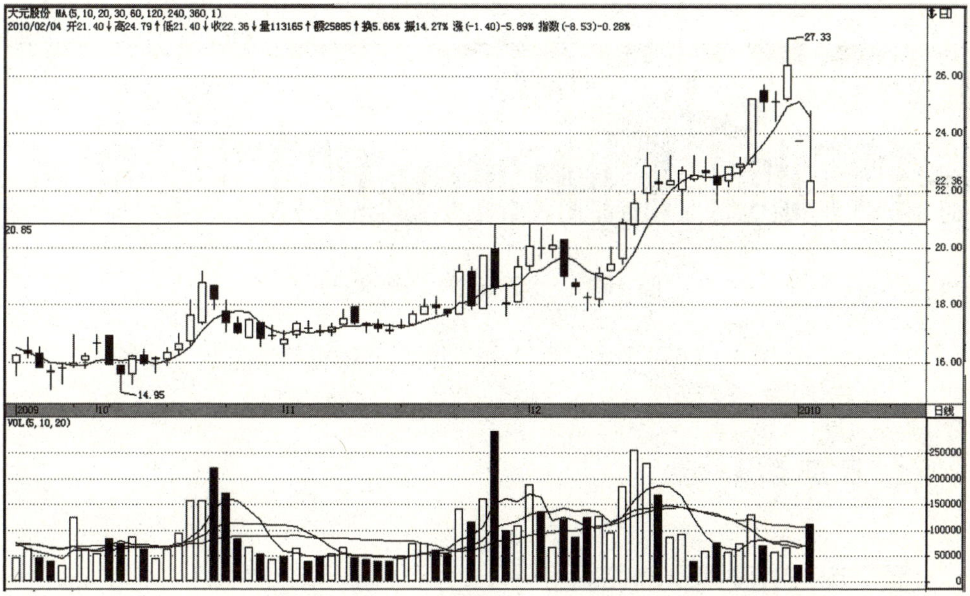

图 167　大元股份（600146）

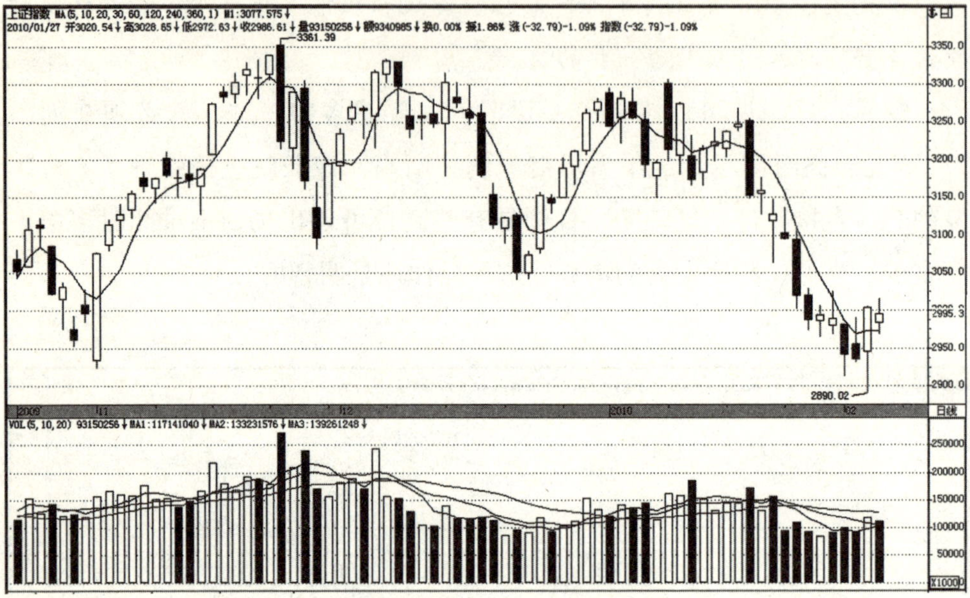

图 168　上证指数（999999）

拓展阅读

蓄势突破的股票是你的银行

笔者观察了十几年深沪股市的股票运行图，发现涨得又快又稳的最佳短线介入时机是前期头部向下 6% 的价格区域，这个区域往往是不引起市场投资者注意的地方。大家翻翻每天的涨幅榜，大多数股票是在过头的时候走得无比坚挺，在前期头部以下建仓介入该股票，突破头部的时候往往会出现一个加速上攻的过程。这是主力为了快速脱离成本区域，提高账面利润。那么好了，赚上 6% 之后再来一个 5% 左右的利润，每次短线进出 10% 应不成问题。

问题是，不是所有的股票都能够突破前期高点，如何判断顺利突破是关键的条件。

（1）先决条件：现价格离主力成本区域不远

①判断主力的持仓成本，不少软件中有移动成本分布的指标，基本揭示了主力的成本转化的过程。具体的运用参考有关软件实战技巧介绍。

②目测法，是根据密集成交区域的底部放量进行判断。一般老股民都会使用该方法。

③由于主力的成本往往高于实际成本，并且主力在拉抬股价的过程中，由于技巧的高低不同，所耗费的资金也不同。要比较准确地计算主力的动态成本（简单的算法是把成交量叠加），这是肉眼和其他指标无法比拟的。并且一只要突破的股票，它的成本线与压力线是慢慢收敛的，充分地揭示了主力在偷偷建仓。只有拿的筹码与主力成本基本一致，在接下来的一系列短线运作中，胜算才能很高。

（2）突破前主力明显的各种试盘动作

一个主力为了成功地将前期头部的压力带顺利突破，往往采取各种手段：

①高开低走大阴线，这种图形往往是场内控盘主力早盘高开后，将股价快速打压至昨天的收盘价附近，使一部分既得利益者心态不稳而出局，以消化前期头部的压力。

②上攻未果，主力在前期高点附近地区常常利用人们对压力的耿耿于怀，早盘对敲冲高后，尾盘通过几笔大单将其打下，造成所谓的主力资金实力有限的假象，过了几天之后又急匆匆地梅开二度，再来一波。

③放量持续上攻形组合。主力为了达到低位大幅度建仓的目的，常常连续性放量在前期头部以下地区，造成敲山震虎的目的，以便以后完全放量过顶。

④先上后下，这是为了消化前期头部的压力，同时达到振仓的目的。先向下洗盘再往上做，残酷洗盘达到目的后，再翻身上攻。

以上的四种试盘+洗盘的组合方式大概可以将大部分主力的欲穿越前期头部前的迹象归纳完毕。其他的变化也逃离不了这几种方式，请大家熟记于心。

(3) 缓慢的上攻趋势线

缓慢的上攻趋势线，通俗点说就是跑道线，在股票进行大幅拉升前都会有一个助跑期，一只能顺利通过前期头部的股票必然会有这一表现。因此，这点对把握股票上攻的节奏很有帮助。

回调提供安全的买点

A先生： 2009年3月2日，郑州煤电调整到前期高点附近，应该符合回调买入的条件了吧！现在可以建仓了吗?

铁手： 利用股价回调进行建仓，属于比较安全的买入方式，看来你属于稳健型的投资者。这种方法有三个关键点：一是个股处于上升趋势中(最好大盘也处于上升趋势中)，二是个股回调到某一位置后获得明显支撑，三是回调结束后股价重新进入涨势。这三个要点缺一不可！下面让我们打开这只股票的K线走势图和大盘走势图，看看是否满足这些要求。

图170是上证指数的K线走势图。从中可以看出，大盘处于上升趋势中，近期则处于明显的调整阶段。目前，大盘回到了前期高点附近，应该会有一定的支撑，但是否能就此反转向上，仍然无法判断。简言之，大盘处于上升趋势中，应以做多为主要方向；目前形势不明，短期应该等待趋势进一步明朗。

图169是郑州煤电的K线走势图。对比郑州煤电和上证指数的K线走

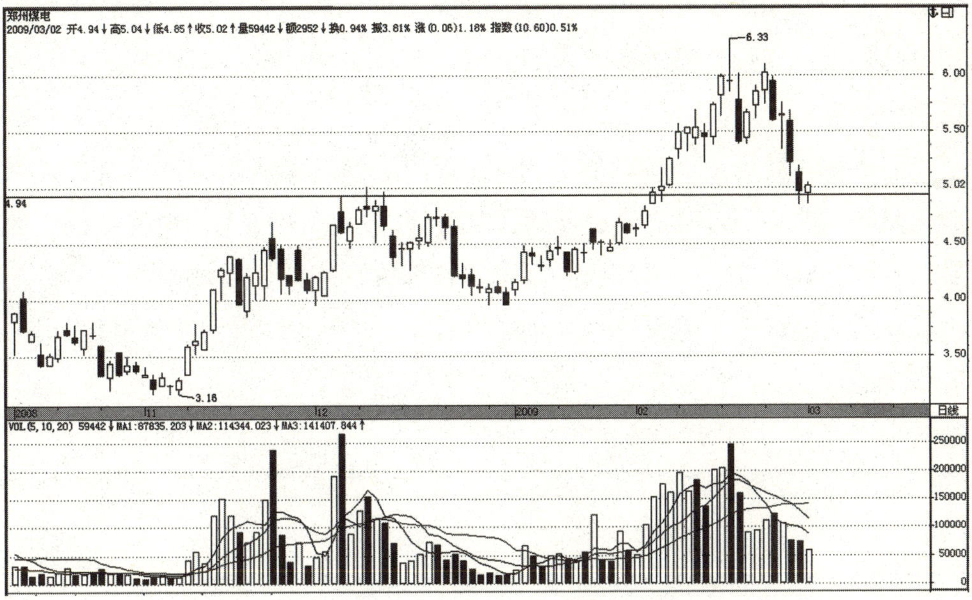

图 169　郑州煤电（600121）

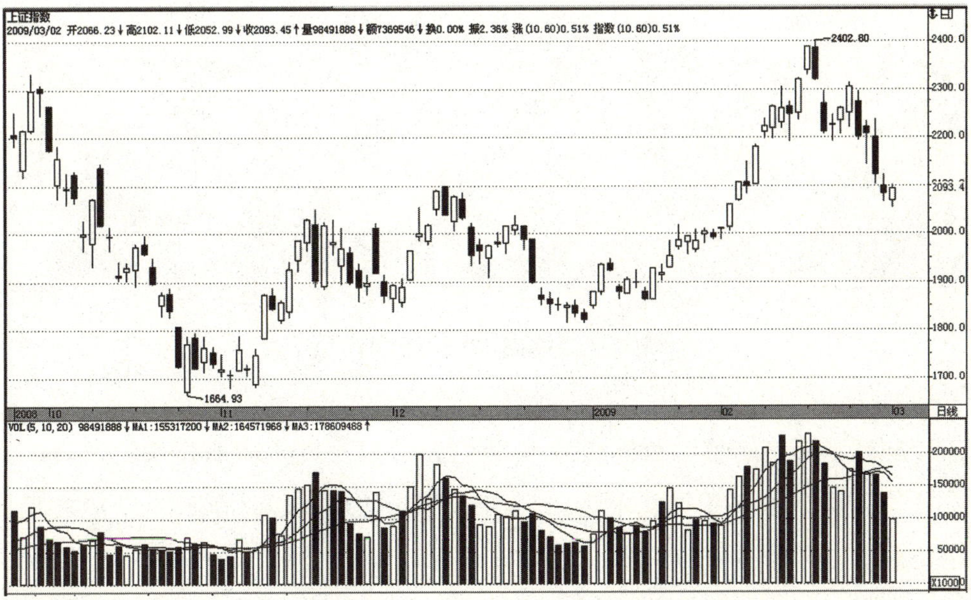

图 170　上证指数（999999）

势图，可以发现两者走势非常相似。因此，尽管郑州煤电的股价已经回到了前高附近，投资者仍然不能入场，应该等待更明确的转势迹象之后再入场，哪怕买入价更高。

为了说明何为更明确的转势迹象，请看图 171。从图中可以看出，当股价回调到前高附近时，该股获得了明显的支撑，见图 171 中的方框；随后，股价开始脱离这根支撑线向上发展，即方框中的上影线阳线，虽然上影线显示卖压沉重，但股价的波动重心实际已经上移，说明股价开始转势，后市看涨。

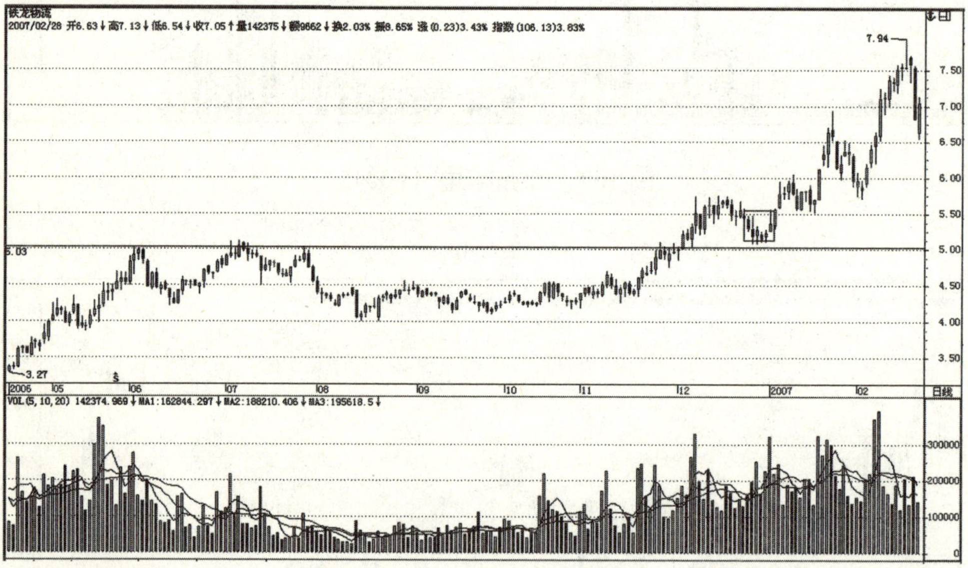

图 171　铁龙物流（600125）

在判断回调结束时，见底的 K 线组合可以发挥很大的作用。换言之，在股价回调至重要支撑线附近时，出现曙光初现、旭日东升、希望之星、塔形底等 K 线组合，说明回调结束，后市将继续上涨趋势。

有时候，股价回调会经过两次探底之后才结束。如果投资者利用回调结束进行建仓，可能要等待比较长的时间才会获利。毕竟，这种建仓方式的最大优点是安全，而不是追求短期利润。图 172 中雅戈尔在前高附近连续两次获得支撑，第一个支撑位建仓的投资者必然要经受长时间浮亏的考验。另外，两个支撑位出现后，该股的整体走势实际已经形成下降三角形形态，这对投资者持股是更大的考验。

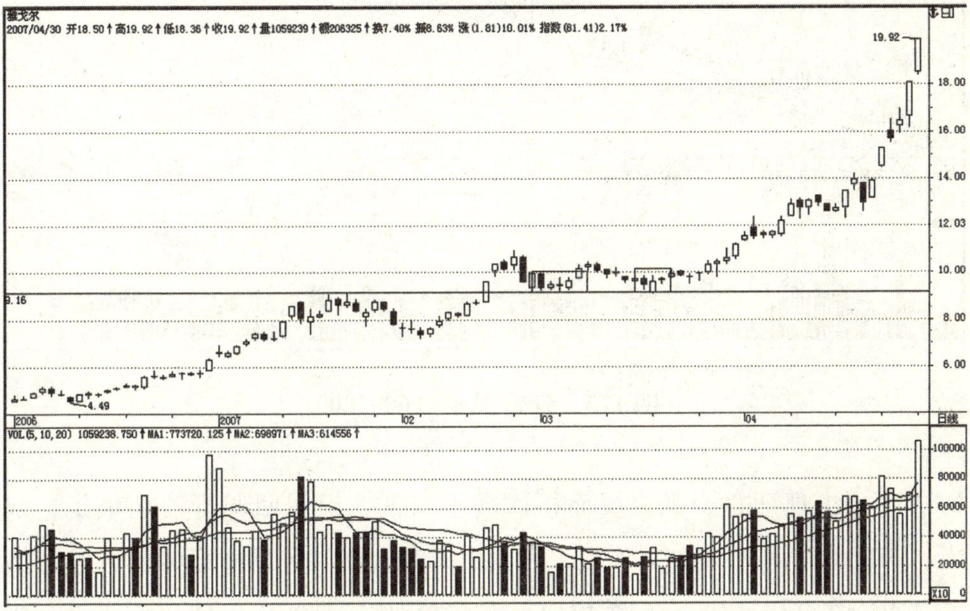

图 172　雅戈尔（600177）

除了利用支撑线作为回调的观测点之外，投资者还可以利用移动平均线观察股价的回调。如果股价回调至某条移动平均线时止跌，那么我们也可以跟随入场。图 173 中采用了 20 日移动平均线作为该股上涨的支撑线。之所以选择 20 日移动平均线，是因为该股第一波涨势的回调在该线上方结束。此后出现多次小幅度的回调，都是投资者介入的好机会，见图 173 中方框。

当然，技术指标也能提供观察回调结束与否的信号。以 MACD 为例，在股价回调过程中，MACD 中的 DIF 线会逐渐降低，如果 DIF 线下滑至

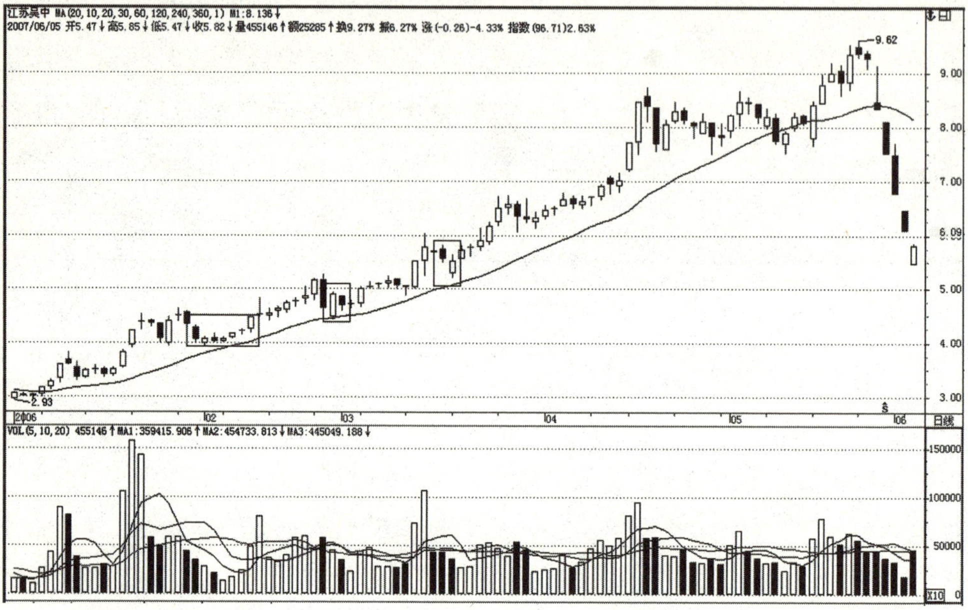

图 173　江苏吴中（600200）

DEA 线未出现死亡交叉，反而再次向上扩散，说明回调行情结束了；或者，DIF 线与 DEA 死亡交叉后，再次出现黄金交叉，同样意味着调整行情的结束。在有研硅股（见图 174）调整过程中，MACD 出现死亡交叉。当 MACD 经过一段时间的下滑后再次黄金交叉，该股的调整宣告结束，由此进入又一段上涨行情中。

还有，黄金分割线也可以用来监测股价回调结束与否。图 175 中，民生银行在一波涨势结束后，股价进入调整行情中。当股价调整到此前涨势的 1/2 处时明显获得支撑，随后股价重新进入涨势，证明回调结束。巧合的是，这个 50% 的回调位置恰好在 20 日移动平均线上。同时出现两条支撑线，这个价位自然值得投资者重点关注了。

通过这些例子，希望可以给你一些启发，从而应对郑州煤电的这次调整。

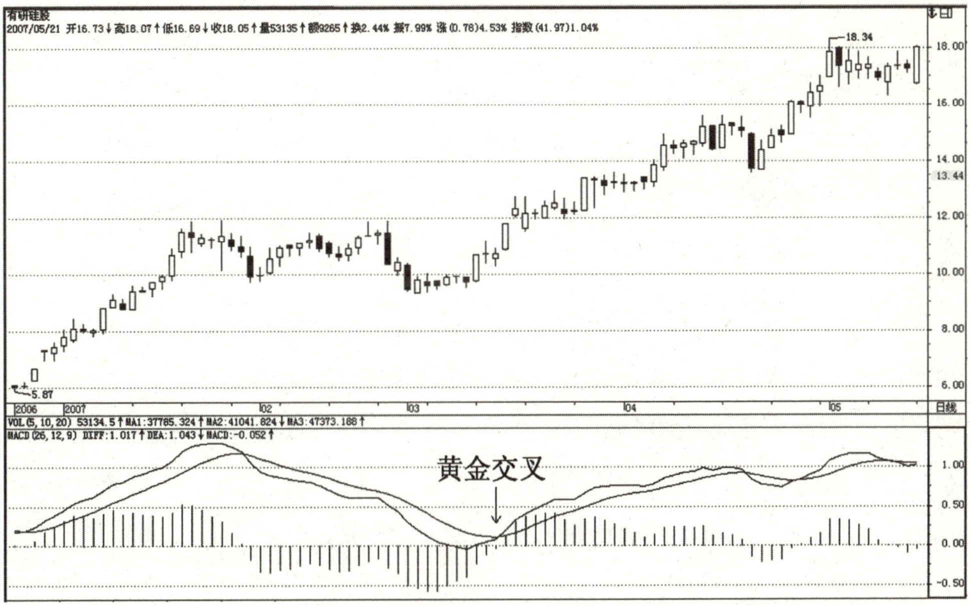

图 174　有研硅股（600206）

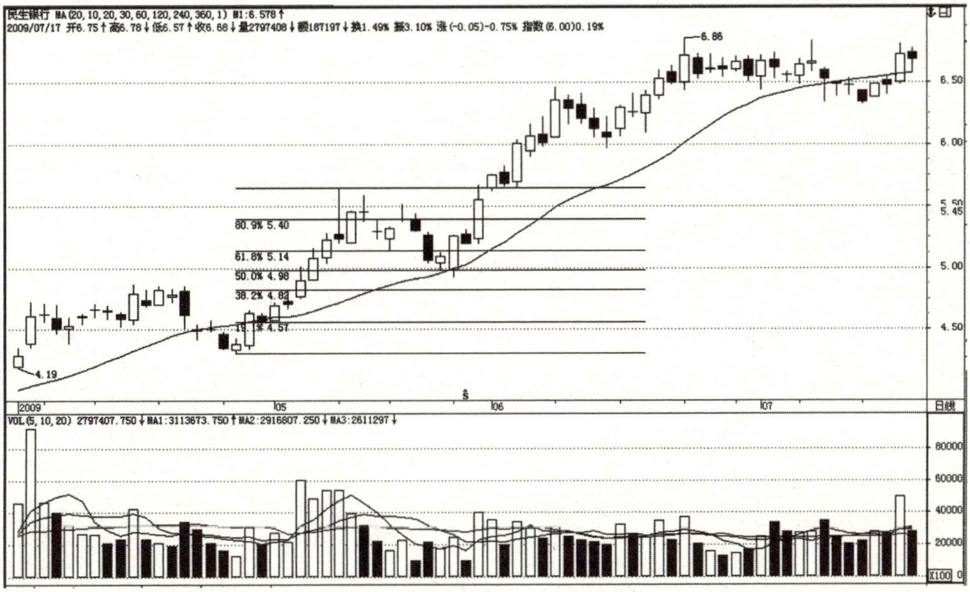

图 175　民生银行（600016）

•拓展阅读•

江恩回调法则

回调是指价格在主运动趋势中的暂时的反转运动。回调理论是江恩价格理论中重要的一部分。根据价格水平线的概念，50%、63%、100%作为回调位置，将对价格运动趋势构成强大的支持或阻力。

例如，某只股票从40元最高点下降到20元最低点开始反转，价格带的空间是40元减去20元，为20元。这一趋势的50%为10元，即上升到30元时将回调。而30元与20元的价格带的50%为5元，即回调到25元时再继续上升。升势一直到40元与20元的75%，即35元再进行50%的回调，最后上升到40元完成对前一个熊市的100%回调。

江恩50%回调法则是基于江恩的50%回调或63%回调概念之上的。

江恩认为：不论价格上升或下降，最重要的价位是在50%的位置，在这个位置经常会发生价格的回调，如果在这个价位没有发生回调，那么，在63%的价位上就会出现回调。在江恩价位中，50%、63%、100%最为重要，它们分别与几何角度45度、63度和90度相对应，这些价位通常用来决定建立50%回调带。

投资者计算50%回调位的方法是：将最高价和最低价之差除以2，再将所得结果加上最低价或从最高价减去。当然，价格的走势是难以预测的，我们在预测走势上应该留有余地，实际价格也许高于或低于50%的预测。

炒股要看成交量

A先生：2010年6月23日，我前日追涨停买了海南航空。昨天涨得很不错，可是今天却跳空低开，不过股价还在前高之上，那这是不是庄家在洗盘啊？我还可不可以继续持股？

铁手：先来看看海南航空和上证指数的K线走势图。你能否告知选择海南航空的原因？

A先生：我关注海南航空是因为它在低位反弹时出现涨停（见图176左侧方框）。在低位率先出现涨停，说明该股强势，那么反弹的高度应该也会高一些。因此，当海南航空再次在差不多的位置出现涨停时，我就追涨停买了这只股票。

铁手：寻找低位涨停个股，确实是寻找强势股的常用方法。你能选择在第二个涨停出现时顺利介入该股，说明你把握买点（尤其是短线买点）的水平还是相当高的。把握好买点，再把握好卖点，一笔成功的交易就算是完成了。今天，你已经发现该股出现异常，也就是说感觉到风险了，说明对卖点的感觉也很不错。只是，现在你有些犹豫，还有些不甘，因为你现在卖出，扣除手续费基本也就是盈亏持平。这就是情绪在影响你的操作了！

先看看大盘的K线走势图。大盘在2500点一带有明显的支撑，这一点你应该已经看出来了。不过，其整体走势仍然在下滑，我们画两条线就可以看到下降三角形的影子。在大盘没有企稳的情况下，个股的涨势先要定义为反弹。抢反弹，最重要的就是快进快出。快进，是指发现买点就入场；快出，就是发现卖点就出场。目的就是避免大盘继续走低，引发个股快速下滑，导致投资者被深度套牢。

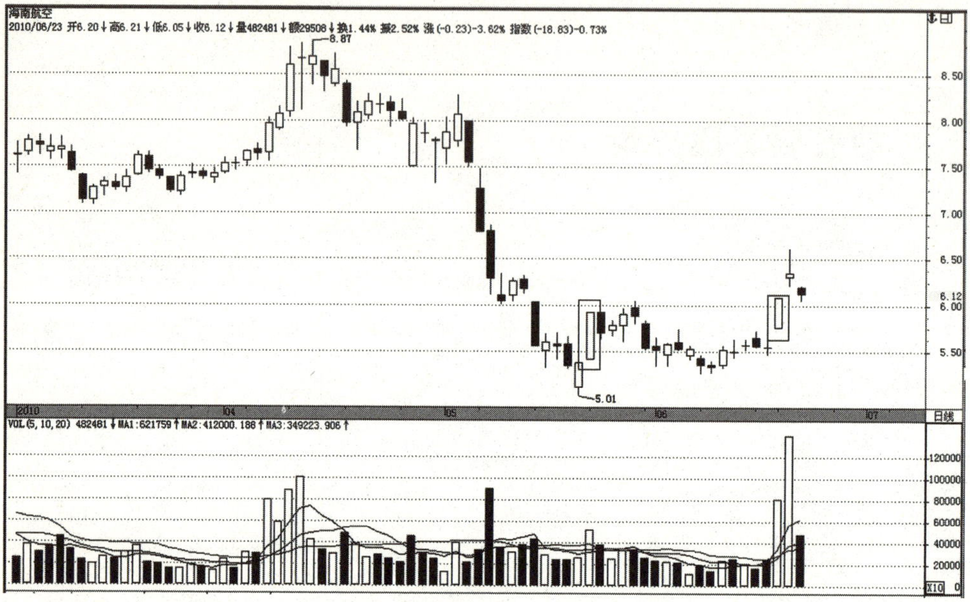

图 176　海南航空（600221）

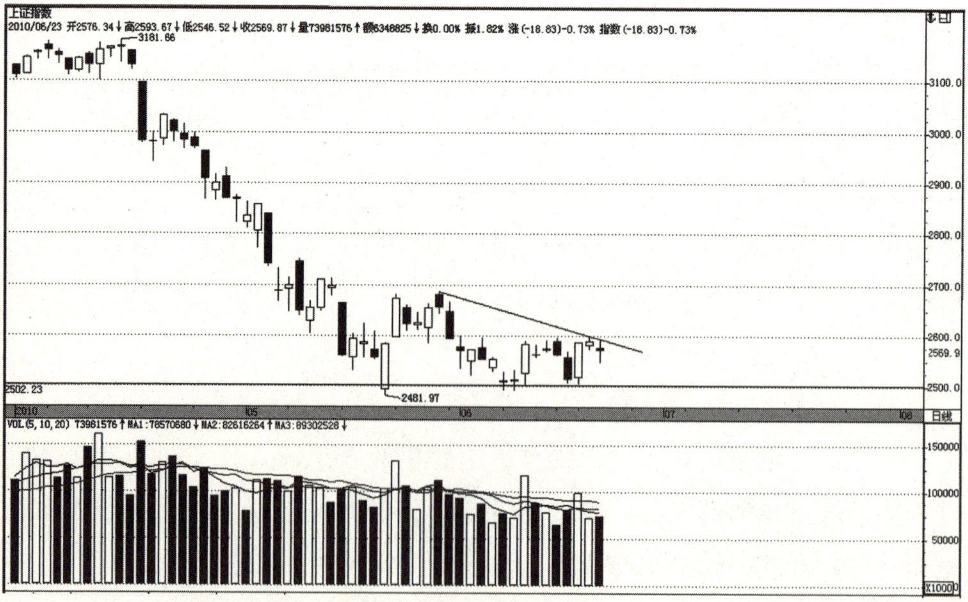

图 177　上证指数（999999）

然后，我们再看看个股的K线走势图。只看K线走势，前日该股涨停的时候突破了前期高点的压力，从而形成了W底突破，后市看涨。昨日，该股跳空高开继续上涨，进一步印证了看涨的判断。今日，股价跳空低开，不过还是在前高之上，仿佛只是回抽W底颈线，调整结束后将继续上涨。

我经常说，炒股是个整体性的工程。很多投资者缺乏整体观念，总是将炒股割裂开来进行研究，自然效果很不理想。刚才分析的K线走势，还看不出很糟糕的迹象，可是，如果我们结合成交量进行研究，就会发现很严重的问题。

前日涨停伴随明显放量，这符合涨时放量的要求。昨日股价高开高走，成交量继续明显放大，但最终却留下了很长的上影线，就已经显示出一丝危险。今日，如果后市仍有上涨空间，暂且不论涨跌，至少成交量应该仍然保持在相对高位，也就是说应该持续放量。然而，今日该股的成交量急速萎缩，说明该股缺乏持续资金的关注。股价没有成交量的持续推动，很容易就跌下来了，这不就是很危险的信号吗?

因此，在大盘不稳的前提下，我的建议就是尽快离场回避。至于这个举动是不是庄家在洗盘，只有庄家最清楚了。如果非让我给个判断，暂时看有点像庄家在吸筹。特别声明，这个判断仅供娱乐。

顺接这个话题，再谈谈成交量在炒股中的作用。先看几个巨量引发调整的案例，和这只股票有些类似之处，可以供各位参考。

图178中出现了高位巨量长阴，这种走势通常不用看次日走势就知道该股将见顶了。此后，该股冲破这根巨量长阴的最高点压力，结果再次以大阴线报收，可见此价格区域的卖压何等沉重。

图179中的巨量中阳线，出现在下跌趋势的反弹行情中。经过两波下跌后，该股才形成一波像样的反弹。然而，当股价反弹至第一波下跌之后的整理区域附近时，就出现了天量，说明上涨的压力十分沉重，意味着这波反弹随时都有可能结束。

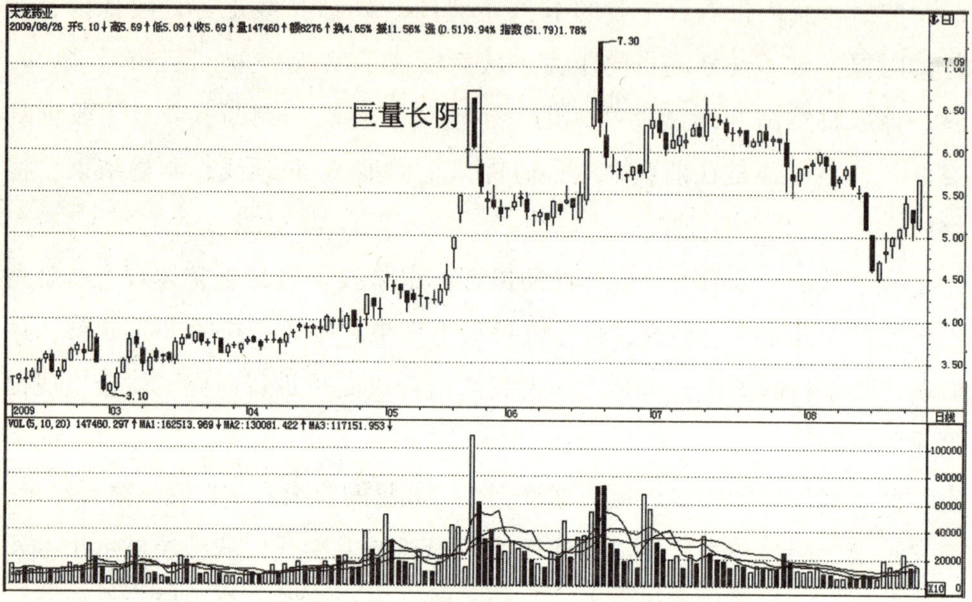

图 178　太龙药业（600222）

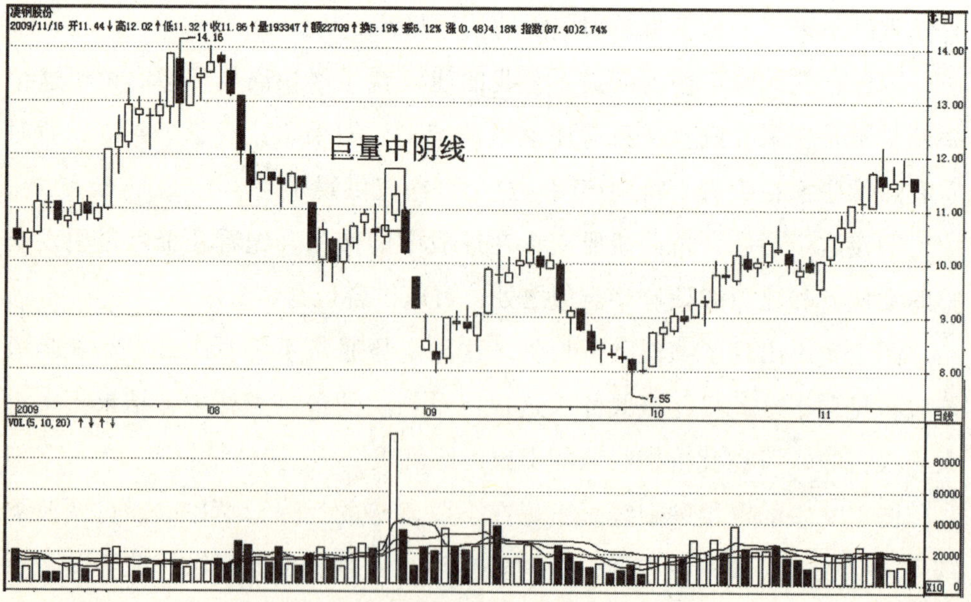

图 179　凌钢股份（600231）

图 180 中出现了巨量阴阳线。首先是第一根涨停阳线。对比桂冠电力和上证指数当日的分时走势图，强弱不言自明。正是个股分时的这种强势，加上突破前高后给人的想象空间，吸引了很多人的目光。从拔地而起的成交量可以看出，投资者追涨热情高涨。然而，次日该股却突然停牌。直至一个月后，该股才复牌。在停牌期间，大盘走势良好，该股复盘后至少应该有所补涨吧！可惜，事与愿违，复牌后首日却出现了一根大阴线，其走势却令人大跌眼镜。面对这根放巨量的大阴线，可见有多少筹码在蜂拥而出，后市不妙。

当然，不排除庄家利用巨量进行洗盘的可能。图中就出现了一根巨量长阴，但股价并没有就此陷入低迷，反而仅经过数个交易日的整理之后就进入上涨趋势中。这说明这根巨量长阴为庄家洗盘所为。当然，这是事后诸葛亮，当时谁都预料不到这样的走势，庄家除外。要避免被庄家洗盘也很容易，要么降低获利要求，设置一个宽松的移动止损；要么先离场，等股价突破长阴时再重新入场，中间的差价就算是买保险了。

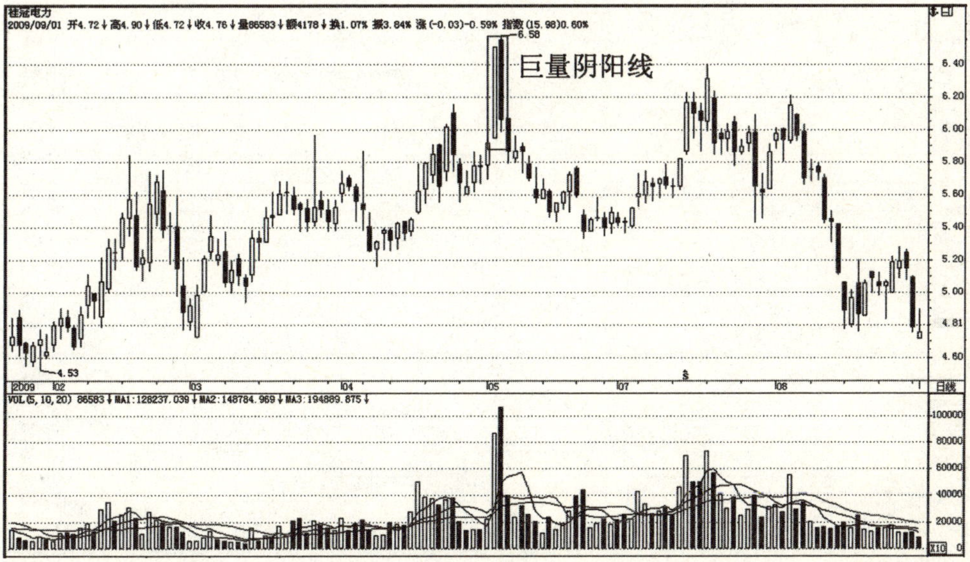

图 180　桂冠电力（600236）

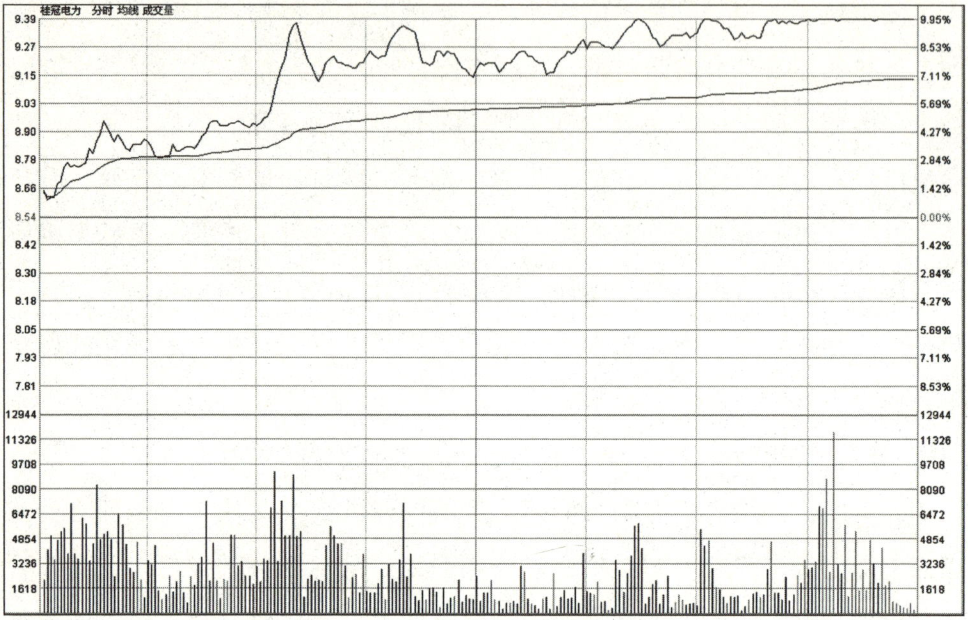

图 181 桂冠电力（600236）

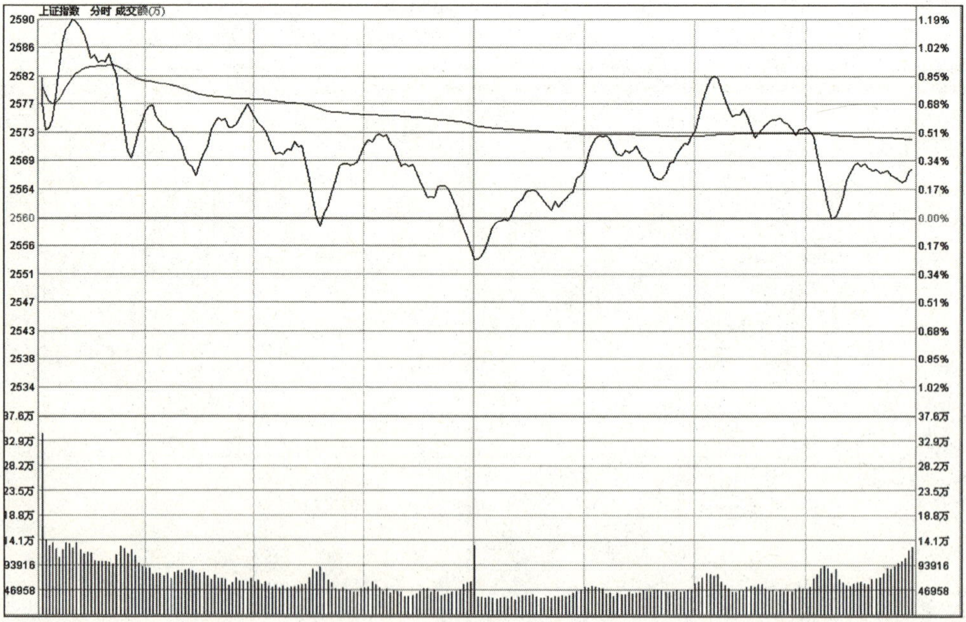

图 182 上证指数（999999）

图 183　鲁商置业（600223）

通过这几个例子，可以了解突发巨量之后的走势情况。但是，无论如何，巨量都属于明显的异动，投资者必须加以警惕，认真对待。至于其真正的含义，要结合实际情况进行分析。通常而言，高位巨量即使不见顶，也距离顶部不远了；低位巨量，可能是庄家刻意吸筹，不过调整难以避免；下跌中的巨量，说明股价未来很可能还会继续下跌。

突发巨量，异动特征非常明显，很容易辨认，不过出现的概率不高。下面，让我们看看正常的量价配合关系，熟悉这种关系，才能更好地指导实战交易。

价涨量增，是指在个股成交量增加的同时，股价也随之上涨的一种量价配合现象。价涨量增出现在上升行情中，而且大部分出现在上升行情初期，也有小部分是出现在上升行情的中途。经过一轮较长时间的下跌和底部盘整后，市场中逐渐出现诸多利好因素，这些利好因素增强了市场预期向好的心理，换手逐渐活跃，从而导致价涨量增。图 184 中，南纺股份处于明显的上涨趋势中，伴随着股价的上涨，成交量也随之逐渐放大，即价涨量增。

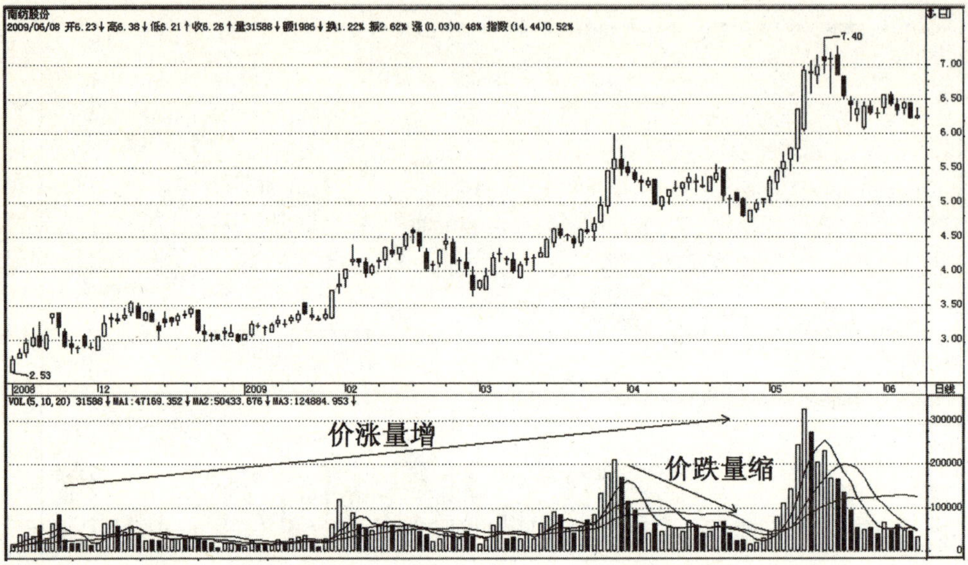

图 184　南纺股份（600250）

价跌量缩，是指在个股成交量减少的同时，股价也随之下跌的一种量价配合现象。价跌量缩现象，既可能出现在下跌行情的中期，也可能出现在上升行情的中期。下跌行情中的量缩价跌表明投资者在出货后不再做空头回补，股价还将维持下跌，投资者应以持币观望为主。图 184 中的价跌量缩，出现在上涨趋势的回调行情中，调整结束后，后市继续上涨。图 185 中的价跌量缩，出现在下跌趋势中，伴随着股价的不断下滑，成交量逐渐萎缩，说明投资者对市场的关注度越来越低。

价平量增，是指在个股成交量增加的情况下，股价维持在一定价位区域内上下波动的一种量价配合现象。价平量增可能在任何行情中出现。如果股价在经过一段较长时间的下跌后处于低价位区，成交量开始持续放出，股价却没有同步上扬，这种走势可能预示着有新的资金在打压建仓。一旦股价在成交量的有效配合下掉头向上，则表明底部已形成。图 186 中出现价平量增现象，比较股价见底前后的成交量变化，可以明显看出资金正在积极入场，这就是主力频繁吸筹的迹象。

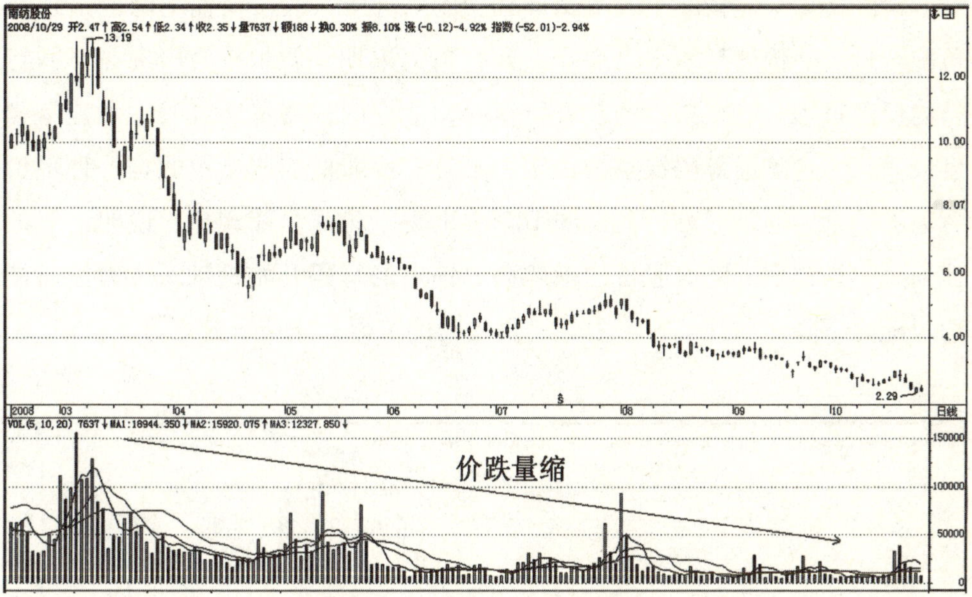

图 185 南纺股份（600250）

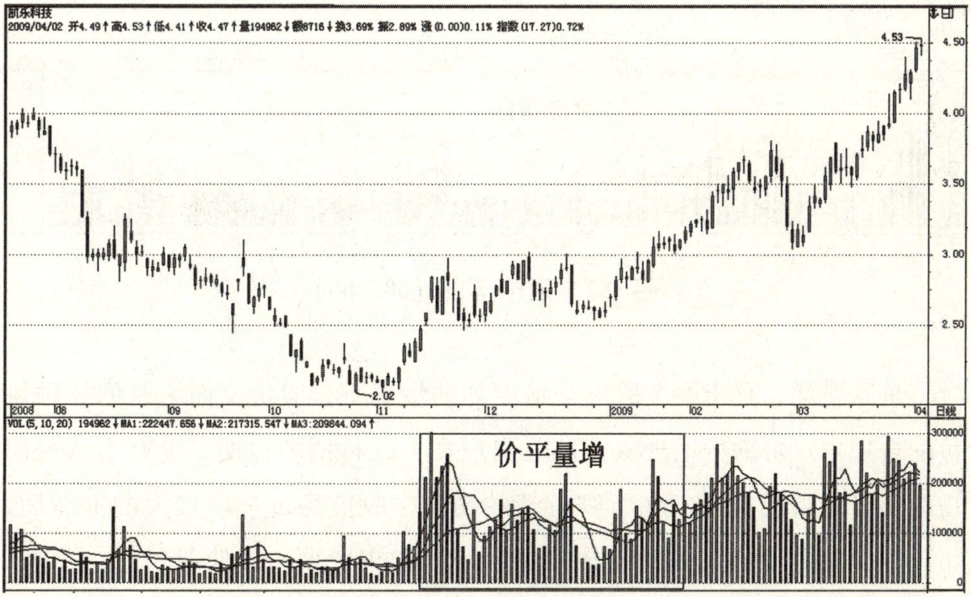

图 186 凯乐科技（600260）

价涨量缩，是指在个股成交量减少的情况下，股价反而上涨的一种量价配合现象。价涨量缩多出现在上升行情的末期，偶尔也会出现在下跌行情的反弹过程中。在持续的上升行情中，适度的价涨量缩表明主力控盘程度较高，大量流通筹码被主力锁定。不过，价涨量缩所显示的是一种量价背离的关系，通常很难持久。图 187 中出现了价涨量缩现象，说明该股的流通筹码被锁定。随着股价逐渐爬高，锁定的筹码开始松动，主力控盘能力也随之下降。如此运行下去，迟早松动的筹码会压垮上升之势。

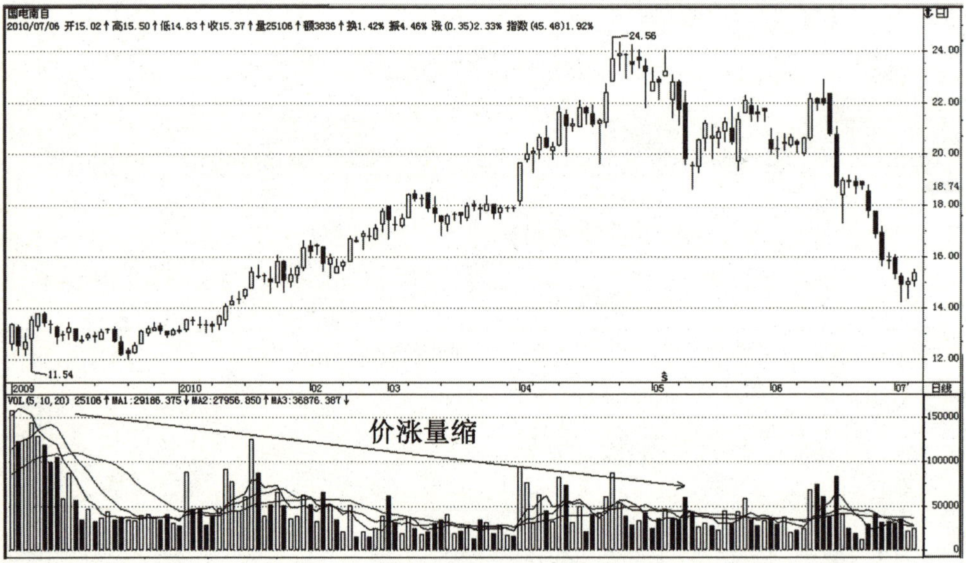

图 187　国电南自（600268）

价跌量增，是指在个股成交量增加的情况下，股价反而下跌的一种量价配合现象。价跌量增现象大部分出现在下跌行情的初期，也有小部分出现在上升行情的初期。在下跌行情的初期，股价经过一段较大的上涨后，市场上的获利筹码越来越多，投资者纷纷抛出股票，致使股价开始下跌，这种高位量增价跌现象是卖出的信号。图 188 中就出现了价跌量增现象，可以看出，伴随着股价的下跌，无数的筹码蜂拥而出，以求尽快逃离熊掌。

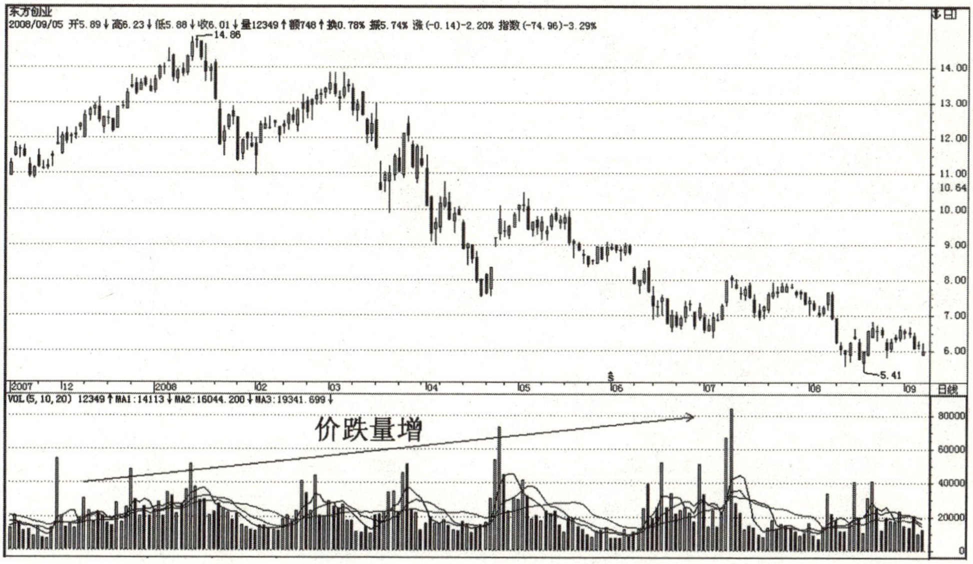

图188 东方创业（600278）

至此，量价配合的主要关系就介绍完了。限于时间关系，这里无法给出更细致的解释，希望各位回去后认真研究，一定能发现更多的价值点。

拓展阅读

何为成交量

成交量是一种供需的表现，当供不应求时，人潮汹涌，都要买进，成交量自然放大；反之，供过于求，市场冷清无人，买气稀少，成交量势必萎缩。广义的成交量包括成交股数、成交金额、换手率；狭义的也是最常用的成交量仅指成交股数。

（1）市场分歧促成成交

所谓成交，当然是有买有卖才会达成，光有买或光有卖绝对达不成成交。成交必然是一部分人看空后市，另外一部分人看多后市，造成巨大的分歧，又各取所需，才会成交。

（2）缩量

缩量是指市场成交极为清淡，大部分人对市场后期走势十分认同，意见十分一致。这里面又分两种情况：一是市场人士都十分看淡后市，造成只有人卖，却没有人买，所以急剧缩量；二是市场人士都对后市十分看好，只有人买，却没有人卖，所以又急剧缩量。缩量一般发生在趋势的中期，大家都对后市走势十分认同，下跌缩量，碰到这种情况，就应坚决出局，等量缩到一定程度，开始放量上攻时再买入。同样，上涨缩量，碰到这种情况，就应坚决买进，坐等获利，等股价上冲乏力，有巨量放出的时候再卖出。

（3）放量

放量一般发生在市场趋势发生转折的转折点处，市场各方力量对后市分歧逐渐加大，在一部分人坚决看空后市时，另一部分人却对后市坚决看好，一些人纷纷把家底甩出，另一部分人却在大手笔吸纳。放量相对于缩量来说，有很大的虚假成分，控盘主力利用手中的筹码大手笔对敲放出天量，是非常简单的事。只要分析透了主力的用意，也就可以将计就计。

（4）堆量

当主力意欲拉升时，常把成交量做得非常漂亮，几日或几周以来，成交量缓慢放大，股价慢慢推高，成交量在近期的K线图上，形成了一个状似土堆的形态，堆得越漂亮，就越可能产生大行情。相反，在高位的堆量表明主力已不想玩了，在大举出货。

（5）量不规则性放大或缩小

这种情况一般是没有突发利好或大局基本稳定的前提下的庄家所为。风平浪静时突然放出历史巨量，随后又没了后音，一般是实力不强的庄家在吸引市场关注，以便出货。